广 州 图 书 馆 学 术 丛 书

打造儿童友好型图书馆

广州图书馆少儿服务十年

（2013—2022）

招建平⊙主编

国家图书馆出版社

图书在版编目（CIP）数据

打造儿童友好型图书馆：广州图书馆少儿服务十年：2013—2022/ 招建平主编 .—北京：国家图书馆出版社，2024.12
（广州图书馆学术丛书）
ISBN 978-7-5013-7943-9

Ⅰ. ①打… Ⅱ. ①招… Ⅲ. ①公共图书馆 - 图书馆服务 - 广州 -2013-2022 Ⅳ. ① G259.276.51

中国国家版本馆 CIP 数据核字（2024）第 037028 号

书　　名　打造儿童友好型图书馆——广州图书馆少儿服务十年（2013—2022）
DAZAO ERTONG YOUHAOXING TUSHUGUAN——GUANGZHOU TUSHUGUAN SHAO’ER FUWU SHINIAN（2013—2022）
著　　者　招建平　主编
责任编辑　张晴池
封面设计　耕者设计工作室

出版发行　国家图书馆出版社（北京市西城区文津街 7 号　100034）
（原书目文献出版社　北京图书馆出版社）
010-66114536　63802249　nlcpress@nlc.cn（邮购）
网　　址　http://www.nlcpress.com
排　　版　北京旅教文化传播有限公司
印　　装　北京科信印刷有限公司
版次印次　2024 年 12 月第 1 版　2024 年 12 月第 1 次印刷

开　　本　710mm×1000mm　1/16
印　　张　26.5
字　　数　392 千字
书　　号　ISBN 978-7-5013-7943-9
定　　价　228.00 元

广州图书馆学术丛书
编委会

本书编委会

顾　　　问： 吴翠红

主　　　编： 招建平

执 行 主 编： 冯　莉

执行副主编： 胡晨曦　钟　伟

编　　　者：（按姓氏笔画排序）

王嘉宁　方筱盈　邓杰明　冯　蕾

邱　骋　宋　青　宋昀真　张　伟

陈思任　陈思航　陈超天　范加丽

冼伟红　郭起云　黄　卉　温　戈

学 术 支 持： 付跃安　蒋啸南　聂勇浩

目 录

发展篇

实践案例篇

读者故事篇

前 言

2013 年 6 月广州图书馆新馆全面开放，到 2022 年开放将近十年，这十年也是广州市“图书馆之城”少儿服务飞速发展的十年。在发展规划层面，这十年的发展经历了“十二五”“十三五”“十四五”三个发展时期，广州图书馆在每一个发展时期所编制的发展规划中，都为少儿服务指明了方向。在立法与政策层面，《中华人民共和国公共文化服务保障法》《中华人民共和国公共图书馆法》《“十四五”公共文化服务体系建设规划》陆续颁布，为公共图书馆少儿服务提供了政策保障。在国际图书馆界层面，2022 年联合国教科文组织与国际图联联合发布了新版《公共图书馆宣言》，在公共图书馆少儿服务任务相关内容上，从 1994 版《公共图书馆宣言》“培养并加强儿童养成早期阅读习惯”扩展至 2022 版“培养并加强儿童从出生到成年时期的阅读习惯”，即终身阅读习惯，为公共图书馆少儿服务提出了崭新的方向与要求。《打造儿童友好型图书馆——广州图书馆少儿服务十年（2013—2022）》一书对广州图书馆近十年的少儿阅读服务创新发展进行总结并作出科学审视，对未来十年的服务提出前瞻性规划。

本书共分为环境篇、发展篇、实践案例篇、读者故事篇和附录五部分。第一部分为环境篇，对广州图书馆新馆开放十年以来政策和法律环境、社会文化环境和技术环境进行了整体性分析，描绘了广州图书馆少儿服务过往十年发展的环境面貌，让我们更好地认清前行道路上的风景；第二部分为发展篇，从服务理念、服务人群、服务空间、服务实施、服务体系五方面梳理了广州图书馆少儿服务十年来的发展特色，并对未来发展走向作出了前瞻；第三部分为实践案例篇，以 10 个典型服务案例充分彰显了广州图书馆少儿服务的温度与气度，十年奋进，少儿阅读推广服务已硕果飘香；第四部分为读者故事篇，以一封封读者来信展现出一个个朴实感人的故事，完整地刻画出了读者对广州图书馆少儿服务最真实的情感；第五部分为附录，每一组服务数据、每一个奖项、每一篇研究论文、每一项科研课题，都凝结了每一位“广图少儿人”的心血与汗水，此部分向图书馆业界、学界以及社会公众呈现了广州图书馆近十年的少儿阅读服务的创新发展成绩，展示广州图书馆少儿服务发展的成就。本书的出版，期待可以为其他公共图书馆少儿服务发展提供借鉴，推动公共图书馆事业高质量发展。

2023 年 6 月，广州图书馆儿童与青少年部申报的广州市哲学社会科学发展“十四五”规划 2023 年度课题“广州儿童友好图书馆高质量发展路径研究：基于儿童参与的视角”（课题编号：2023GZGJ266）有幸获准立项。本书作为该项目成果之一，通过梳理广州图书馆少儿服务十年，在字里行间为“打造儿童友好型图书馆”的目标提供了丰硕的研究成果。

本书图片除特别注明的外，均由广州图书馆提供。

本书编写组

2023 年 8 月

环境篇

第一章　政策与法律环境

第一节　未成年人保护政策与法律环境

联合国 1989 年通过的《儿童权利公约》，是第一部有关保障儿童权利且具有法律约束力的国际性约定，于 1990 年生效。1991 年我国批准了《儿童权利公约》，从此，《儿童权利公约》成为我国具有法律约束力的国际性公约。《儿童权利公约》提道，“儿童因身心尚未成熟，在其出生以前和以后均需要特殊的保护和照料，包括法律上的适当保护”。我国高度重视未成年人保护工作，《中华人民共和国宪法》第四十六条规定：“国家培养青年、少年、儿童在品德、智力、体质等方面全面发展。”《中华人民共和国宪法》从国家最高制度规范层面确立未成年人保护和发展的价值导向，为我国未成年人保护法律体系奠定重要基础。截至 2022 年，从国家层面的法律，以及地方的法规制度、立法规范制度和司法解释等方面来看，我国未成年人保护政策和法律保护体系已形成。

我国国家层面的未成年人保护法律主要有两部，分别为《中华人民共和国未成年人保护法》和《中华人民共和国预防未成年人犯罪法》，两部法律均在 2020 年进行了修订。其中《中华人民共和国未成年人保护法》是我国未成年人保护基本法，规定了家庭保护、学校保护、社会保护、网络保护、政府保护、司法保护六大保护。我国于 2011 年颁布实施的《中国儿童发展纲要（2011—2020 年）》，对儿童发展在健康、教育、福利、环境和法律保护等五大保护领域进行了规划。在部门规章层面，2013 年到 2022 年国家各部委共出台 21 部规章，其中包括中华人民共和国民政部 2013 年发布的《关于开展未成年人社会保护试点工作的通知》、中华人民共和国教育部2021年实施的《未成年人学校保护规定》、中华人民共和国文化和旅游部办公厅2021年发布的《关于加强网络文化市场未成年人保护工作的意见》、国家广播电视总局2021年修订的新版《未成年人节目管理规定》等，这些规章的保护范围涉及学校保护、网络保护、社会保护等。为加强对未成年人保护工作的统筹、协调、督促和指导，国务院办公厅于2021年成立国务院未成年人保护工作领导小组并将其作为议事机构。

在地方层面，地方法律法规成为保护未成年人的主要形式。江西省、新疆维吾尔自治区、云南省以及北京市、天津市、上海市、广州市、武汉市、包头市均颁布了未成年人保护条例或者预防未成年人犯罪条例，地方保护未成年人法律体系初步成型。内蒙古自治区2020年通过《内蒙古自治区人民代表大会常务委员会关于进一步加强未成年人检察工作的决定》，进一步健全完善未成年人检察工作机制，实现对未成年人的全面系统保护；为促进未成年人健康成长，推进家庭教育事业发展，贵州省2017年颁布实施了《贵州省未成年人家庭教育促进条例》；为了促进儿童友好城市建设，广东省在2023年初发布《广东省儿童友好城市建设实施方案》，方案指出，要“研究制定儿童友好图书馆等领域建设指引，推进图书馆等向儿童免费开放，组织面向儿童的阅读推广、文艺演出、展览游览等活动”。《广州市未成年人保护规定》规定：“市、区教育、公安、财政、民政、市场监督管理、司法行政、卫生、文化广电、新闻出版、人力资源和社会保障、交通、城市管理、城乡建设、水务、科技、应急等管理部门应当按照各自职责，做好未成年人保护工作。”地方性法规兼顾传统未成年人全面立法保护与司法保护、家庭保护等单行法立法并行，让未成年人法律保护体系更系统。

除了立法层面对未成年人保护作出法律保障以外，国家在司法层面也不断加大对未成年人健康成长的保护。如2019年最高人民法院发布保护未成年人权益十大优秀案例，2020年最高人民检察院发布3件依法严惩利用未成年人实施黑恶势力犯罪典型案例。为加强未成年人检察工作专业化建设，2016年最高人民检察院发布《关于加强未成年人检察工作专业化建设的意见》。为切实做好未成年人保护和犯罪预防工作，2020年最高人民法院发布

《关于加强新时代未成年人审判工作的意见》。此外，最高人民检察院持续发布有关未成年人保护公益诉讼和法律监督专项行动典型案例，其中2022年5月发布的北京市检察机关督促爱国主义教育基地对未成年人免费开放公益诉讼案，成为未成年人普惠政策落实落地的典型案例。

除了国内立法和司法对未成年人进行保护以外，国际条约也越来越重视对未成年人的保护。首先，联合国儿童权利委员会是《儿童权利公约》规定成立的，负责监督缔约国履行公约义务情况的工作委员会。其次，联合国儿童权利委员会通过17项一般性意见，进一步推动保护儿童权利，内容包括儿童教育权利、无父母陪伴儿童待遇、幼儿期儿童权利、残疾儿童权利、儿童免受暴力侵害等。其中，2013年通过的第17号一般性意见“关于儿童享有休息和闲暇、从事游戏和娱乐活动、参加文化生活和艺术活动的权利”指出，“促进文化生活”包括儿童有权促进以精神、物质、智力和情感方式对文化和艺术的表达，从而推动其所属社会的发展与转型。2013年通过的第14号一般性意见“儿童将他或她的最大利益列为一种首要考虑的权利”指出：“作出会对儿童产生影响的决策时，将儿童的利益列为首要的评判和考虑；采取若干项执行措施，并确保将儿童的最大利益列为一切行动的首要考虑。”

综上，我国未成年人保护政策法律体系以《儿童权利公约》中的不歧视原则，儿童的最大利益原则，确保儿童的生命权、生存权和发展权的完整原则，尊重儿童的意见原则为基础，以《中华人民共和国未成年人保护法》中的家庭保护、学校保护、社会保护、网络保护、政府保护、司法保护为内容，从立法保护和司法保护两个维度构建了较为完善、系统的政策法律保护环境。

第二节　公共图书馆行业政策与法律环境

近十年是我国公共图书馆事业高速发展的十年。公共文化事业和公共图书馆事业相关法律法规的逐步完善，让公共图书馆事业迈进有法可依时代。

一、国家层面法律的价值导向

从国家层面来看，2013—2022年图书馆行业最重要的国家立法就是《中华人民共和国公共文化服务保障法》和《中华人民共和国公共图书馆法》。2017年3月1日实施的《中华人民共和国公共文化服务保障法》全面规定了加强公共文化服务体系建设责任、目标和价值导向，全面规定了公共文化设施建设与管理、公共文化服务提供、保障措施等，为加强公共文化服务体系建设、丰富人民群众精神文化生活提供了重要法律保障。其中，第九和第十条专门规定了公共文化服务未成年人保障和服务。第九条规定："各级人民政府应当根据未成年人、老年人、残疾人和流动人口等群体的特点与需求，提供相应的公共文化服务。"第十条规定："国家鼓励和支持公共文化服务与学校教育相结合，充分发挥公共文化服务的社会教育功能，提高青少年思想道德和科学文化素质。"两个条款均属于总则内容，对公共文化设施提供的未成年人服务作出原则性和价值性导向，使得公共文化设施在未成年人的服务方面更具方向性。

我国首部全国性公共图书馆法律《中华人民共和国公共图书馆法》在2018年1月1日正式实施，这标志着我国公共图书馆事业迈进有法可依的发展新时代。《中华人民共和国公共图书馆法》的颁布实施，有力保障了我国公共图书馆事业管理运营与发展，其中第二条为"公共图书馆"作出了法律定义："公共图书馆是指向社会公众免费开放，收集、整理、保存文献信息并提供查询、借阅及相关服务，开展社会教育的公共文化设施。"其中"免费开放""开展社会教育""公共文化设施"是最重要的三个关键词，强调公共图书馆要坚持公益、平等、开放、共享等社会重要理念和价值。《中华人民共和国公共图书馆法》共六章，五十五条，对公共图书馆的设立、运营和服务作出了规定，并对公共图书馆事业作出基础原则和价值规定。如第四条体现了国家保障原则："县级以上人民政府应当将公共图书馆事业纳入本级国民经济和社会发展规划……将所需经费列入本级政府预算，并及时、足额拨付。"第二十九条体现了公益原则："公共图书馆的设施设备场地不得用于与其服务无关的商业经营活动。”第三十四条体现了平等原则：“政府设立的公共图书馆应当考虑老年人、残疾人等群体的特点，积极创造条件，提供适合其需要的文献信息、无障碍设施设备和服务等。”《中华人民共和国公共图书馆法》对保障未成年人文化权利也作出了专门规定，如第三十四条：“政府设立的公共图书馆应当设置少年儿童阅览区域，根据少年儿童的特点配备相应的专业人员，开展面向少年儿童的阅读指导和社会教育活动，并为学校开展有关课外活动提供支持。有条件的地区可以单独设立少年儿童图书馆。”该条全面规定公共图书馆开展未成年人服务的空间、人员、阅读推广活动等相关规定，为公共图书馆未成年人阅读服务提供最有利的价值导向。其中“开展面向少年儿童的阅读指导和社会教育活动，并为学校开展有关课外活动提供支持”更是为公共图书馆未成年人阅读推广提供指引和方向，指出公共图书馆要开展阅读指导和社会教育活动，强调少年儿童阅读推广工作应贴近阅读、贴近教育、贴近学校等。除了第三十四条以外，《中华人民共和国公共图书馆法》中直接对少年儿童阅读服务作出规定的还有第三十七条：“公共图书馆向社会公众提供文献信息，应当遵守有关法律、行政法规的规定，不得向未成年人提供内容不适宜的文献信息。”总之，《中华人民共和国公共图书馆法》的颁布为公共图书馆事业发展提供更强有力的法律保障，更为公共图书馆少儿阅读推广作出方向性和价值性指引。

二、地方性法律法规的政府保障

《中华人民共和国公共文化服务保障法》和《中华人民共和国公共图书馆法》对公共图书馆事业发展作出原则性和价值性规定以及引导，而地方性法律法规的作用更多地体现在地方特色、具体操作性以及公共图书馆技术细节问题上。截至 2022 年，我国公共图书馆地方性法规有 8 部，地方性规章有 9 部。

表 1-1-1　我国公共图书馆地方性法规、规章

公共图书馆地方性法规	四川省公共图书馆条例 广州市公共图书馆条例（2020 年修正） 北京市图书馆条例（2016 年修正） 深圳经济特区公共图书馆条例（2019 年修正） 贵州省公共图书馆条例 安徽省实施《中华人民共和国公共图书馆法》办法 内蒙古自治区公共图书馆条例（2022 年修正） 湖北省公共图书馆条例（2022 年修订）
公共图书馆地方性规章	河南省公共图书馆管理办法 浙江省公共图书馆管理办法 乌鲁木齐市公共图书馆管理办法 山东省公共图书馆管理办法 上海市公共图书馆管理办法（2015 年修正） 东莞市公共图书馆管理办法 重庆市公共图书馆管理办法 佛山市公共图书馆管理办法 忻州市公共图书馆管理办法

从以上地方性法规的制定地点上看，主要以省、自治区、直辖市为主，也有广州和深圳这两个副省级城市。从地方性规章制定地点上看，既有省级也有地级市，从最新制定的公共图书馆管理办法来看，地级市居多。从我国公共图书馆地方性法规、规章总体来看，广东省内广州、深圳、东莞、佛山 4 地都制定了法规或规章，成为我国公共图书馆地方性法规成就最为显著的地方。从内容上看，这些法规、规章多以保障公民文化权利，促进文化传承为目的，规定公共图书馆设立、运行、服务等内容，其中有些条款结合地方自身特色和实际，对本地区公共图书馆服务和事业发展做出规定，为公民平等、免费使用公共图书馆服务提供强有力的保障。

我国地方性公共图书馆法规、规章中大多明确公共图书馆未成年人服务的具体条款，主要涉及公共图书馆少儿服务空间、开放时间、便利服务、工作人员、文献资源等内容。如《贵州省公共图书馆条例》："政府设立的公共图书馆应当设置少儿阅览区域。”《广州市公共图书馆条例》：“公共图书馆的少年儿童阅览区域面积应当不低于全馆借阅服务区域面积的百分之二十。”《佛山市公共图书馆管理办法》：“政府设立的公共图书馆应当根据未成年人的特点配备相应的专业人员，开展面向未成年人的阅读指导和社会教育活动，并为学校开展有关课外活动提供支持。”《河南省公共图书馆管理办法》：“少年儿童图书馆的文献资料应当符合少年儿童的特点，借阅范围不得含有不利于少年儿童身心健康的内容。”以上条款均属于强制性条款，对公共图书馆少儿服务保障有着至关重要的作用。更多条款见下表。

表 1–1–2　我国公共图书馆地方性法规、规章少儿服务条款

序号	公共图书馆地方性法规、规章	少儿服务条款
1	湖北省公共图书馆条例（2022年修订）	第十一条　推广儿童友好型图书馆（室）建设，有条件的地方可以单独设立少年儿童图书馆。政府设立的公共图书馆应当设置少儿服务区域，配备必要设施设备，少儿服务面积应当不低于全馆总服务面积的百分之十。 第三十条　少年儿童图书馆、公共图书馆少年儿童服务区域在学校寒暑假期间，除闭馆等特殊情况外，每天开放时间应当不少于八小时，有条件的地方可以适当延长
2	安徽省实施《中华人民共和国公共图书馆法》办法	第七条　县级以上人民政府应当设立公共图书馆。鼓励有条件的地区结合实际单独设立少年儿童图书馆。 第二十二条　政府设立的公共图书馆应当积极创造条件，为残疾人、少年儿童、老年人等群体，提供适合其需要的无障碍设施、盲文阅读以及适老化等服务

续表

序号	公共图书馆地方性法规、规章	少儿服务条款
3	四川省公共图书馆条例	第十六条　公共图书馆应当设置少年儿童分馆或者少年儿童阅览室（区），有条件的公共图书馆应当设置残疾人阅览室（区）或者阅览专座。 第三十条　公共图书馆少年儿童分馆或者少年儿童阅览室，每周应当开放 40 小时以上；节假日和寒暑假期每天开放 8 小时以上
4	北京市图书馆条例（2016 年修正）	第二十一条　少年儿童图书馆每周的开放时间不少于 43 小时。在国家法定节假日和学生寒暑假期间，每天开放时间不少于 8 小时
5	广州市公共图书馆条例（2020 年修正）	第十四条　市人民政府应当设立少年儿童图书馆。区人民政府可以设立少年儿童图书馆。市、区人民政府设立的少年儿童图书馆为中心馆、区域总馆的专业性分馆。中心馆、区域总馆应当设置少年儿童阅览区域。 第十六条　公共图书馆的少年儿童阅览区域面积应当不低于全馆借阅服务区域面积的百分之二十。 第三十条　在本市依法登记注册的出版单位出版的图书、报纸、期刊、音像制品、缩微制品、电子出版物等，应当在出版之日起六十日内，向广州图书馆呈缴两册（件）；少年儿童出版物应当同时向广州少年儿童图书馆呈缴两册（件）。 第三十九条　公共图书馆应当通过推荐优秀读物、组织读书会、开展阅读辅导等形式，面向社会公众、重点面向少年儿童和青年倡导、推广阅读。 第四十二条　少年儿童图书馆每周的开放时间不少于四十八小时，在学校寒暑假期间，每天开放时间应当适当延长

续表

序号	公共图书馆地方性法规、规章	少儿服务条款
6	贵州省公共图书馆条例	第三十四条　政府设立的公共图书馆应当设置少儿阅览区域。市州、县（市、区）公共图书馆少儿阅览区域面积不低于全馆借阅服务区域的 20%。有条件的地区可以设立少年儿童图书馆。政府设立的公共图书馆应当为未成年人、老年人、残疾人等提供适合其需要的文献信息、设施设备和服务
7	忻州市公共图书馆管理办法	第十一条　市、有条件的县（市、区）和乡、镇（街道）可以单独设立少年儿童图书馆。 第十七条　市、县级公共图书馆应当具有独立馆舍，其中少年儿童阅览区域面积不低于 20%
8	佛山市公共图书馆管理办法	第十五条　中心馆、区总馆、镇街分馆的少年儿童服务区域面积不得低于全馆服务区域面积的 20%。 第四十三条　政府设立的公共图书馆应当根据未成年人的特点配备相应的专业人员，开展面向未成年人的阅读指导和社会教育活动，并为学校开展有关课外活动提供支持
9	东莞市公共图书馆管理办法	第十六条　公共图书馆的少年儿童阅览区域面积应当不低于全馆借阅服务区域面积的百分之二十。 第四十五条　少年儿童图书馆（室）每周的开放时间不少于四十八小时，在学校寒暑假期间，每天开放时间应当适当延长。 四十六条　镇（街）公共图书馆与少年儿童图书馆应当推进与中小学校图书馆的合作，通过服务点、图书流动车等方式向中小学生提供服务

续表

序号	公共图书馆地方性法规、规章	少儿服务条款
10	重庆市公共图书馆管理办法	第八条　有条件的区县，应当设置独立建制的少年儿童图书馆，无独立建制少年儿童图书馆的区县，应当在公共图书馆内设置独立的少年儿童阅览室（区）。 第二十二条　独立建制的少年儿童图书馆每周开放时间不少于 40 小时。独立建制的少年儿童图书馆与公共图书馆开设的少年儿童阅览室（区）在双休日和学校寒暑假期间每天的开放时间不得少于 8 小时
11	上海市公共图书馆管理办法（2015 年修正）	第二十四条 （四）独立建制的少年儿童图书馆和公共图书馆开设的少年儿童图书室为 36 小时以上。 独立建制的少年儿童图书馆与公共图书馆开设的少年儿童图书室周六、周日和学生寒暑假期间每天的开放时间不得少于 8 小时
12	乌鲁木齐市公共图书馆管理办法	第十一条　有条件的区（县）和乡、镇（街道）可以单独设立少年儿童图书馆。 第二十一条　国家法定节假日和学生寒暑假期间，公共图书馆每天开放时间不少于 8 小时。 第二十四条　公共图书馆应当实行开架或者半开架制度，提高文献信息资源利用率，图书馆内应开设少年儿童图书室，不断拓展服务领域
13	浙江省公共图书馆管理办法	第十六条　公共图书馆每周开放时间： （四）少年儿童图书馆 43 小时以上
14	河南省公共图书馆管理办法	第十二条　公共图书馆每周开放时间应当达到下列标准：省图书馆不少于 80 小时，市级图书馆不少于 63 小时，县级图书馆不少于 56 小时，少年儿童图书馆不少于 40 小时。 第十四条　少年儿童图书馆的文献资料应当符合少年儿童的特点，借阅范围不得含有不利于少年儿童身心健康的内容。 第十七条　公共图书馆对图书、报刊借阅实行免费服务，优先照顾未成年人、老年人和残疾人

《广州市公共图书馆条例》于2015年颁布实施，条例结合广州特点在地方立法中体现理论和实践的巨大创新，为广州市公共图书馆事业和未成年人阅读服务提供了重要法律保障。如第五条："市、区人民政府应当将公共图书馆事业纳入国民经济和社会发展规划和年度计划、所需经费列入本级财政预算，使财政投入与经济社会发展和公共图书馆的服务人口、服务范围、服务需求、服务功能等相适应。"第十一条："市、区人民政府应当逐步完善公共图书馆的配套公共交通、市政设施，并按照有关标准改善公共图书馆周边的安全、卫生和环境状况。"第三十九条："公共图书馆应当通过推荐优秀读物、组织读书会、开展阅读辅导等形式，面向社会公众、重点面向少年儿童和青年倡导、推广阅读。"第四十九条："少年儿童图书馆应当推进与中小学校图书馆的合作，通过流动站、流动车等方式向中小学生提供服务。"这些规定进一步拓宽了公共图书馆未成年人服务的深度和广度，为本地区公共图书馆未成年人阅读推广服务提供了有力的政府保障和支持。

三、规范性文件的行业支撑

公共图书馆事业健康发展除了需要国家和地方性法律法规的引导以及政府的支持以外，更离不开行业规范性文件对公共图书馆运行和服务的指引。

在国家层面，中华人民共和国文化和旅游部根据国家发展战略和公共图书馆发展实际制定全国公共图书馆事业发展规划，全面规划5年内公共图书馆发展重点和服务方向，以丰富服务内容、强化资源整合、提高服务效能等为主要内容。规划均以政府主导、创新发展、服务基层为基本原则，为公共图书馆发展与服务提供重要行业支撑。规划中也有专门针对未成年服务的内容，如2013年，中华人民共和国文化和旅游部印发的《全国公共图书馆事业发展"十二五"规划》中，"十二五"时期重点任务第六方面第二点"加强对农村基层、特殊群体的服务"中提道："在实现均等普惠的公共服务基础上，加强面向农村基层、特殊人群的文化关怀，丰富农村、偏远山区、弱势群体的精神文化生活。加强面向农民、进城务工人员、老年人、未成年人、低收入人群、残障人群等特殊人群的图书馆服务，开辟服务渠道，丰富服务内容，探索建立长效机制，有效提高对弱势群体的公共文化供给能力。开辟面向未成年人的绿色网络空间，为青少年健康利用网络、提高信息素养提供条件，积极探索面向儿童的阅读服务。”2017年，中华人民共和国文化部印发的《“十三五”时期全国公共图书馆事业发展规划》中提道，“完善针对不同读者群体的优秀读物推荐机制；加强图书特殊服务：加强对少年儿童的阅读指导，开展面向农村留守儿童的基础阅读促进工作。推进公共图书馆与独立建制少儿图书馆的阅读资源共享，为中小学图书馆开展阅读活动提供资源保障和业务支持”。该文件在“全国少年儿童图书馆阅读提升计划”中也提道：“为全国少年儿童阅读提供服务和指导，评选优秀少儿读物。深入推进全国少年儿童阅读研究，编制少儿阅读指导书目，发布少儿阅读调查报告，为少年儿童阅读服务和图书出版提供科学依据。”这两个规划对公共图书馆未成年群体阅读推广工作作出了明确要求，对公共图书馆未成年人阅读推广工作起到战略性作用。

除了发展规划，公共图书馆行业内还发布了《公共图书馆少年儿童服务规范》。《公共图书馆少年儿童服务规范》于2019年4月开始实施，该规范主要对公共图书馆0—18周岁少年儿童的服务资源、服务政策、服务内容和要求、服务宣传、合作共享、服务绩效评估等内容进行了规定，还规定了公共图书馆少年儿童服务的基本原则为健康向上、平等服务、分级服务、安全第一等，不但考虑了公共图书馆服务特点，而且坚持了少年儿童优先原则，充分考虑了少年儿童身体和心理特点，对我国公共图书馆未成年人服务具有重要规范作用。

广州市也颁布了公共图书馆规范性文件，如2017年颁布的《广州市公共图书馆服务规范》，有六条直接规定了公共图书馆少儿服务内容。其中第十六条：“少年儿童读者证可以采取积分制等方式进行管理。”第二十二条：“少年儿童图书馆应当通过少儿图书馆联盟等方式推进与中小学校图书馆的合作，通过流动站、流动车等方式向中小学生提供服务，促进馆校资源共建共享。”第二十六条：“公共图书馆应当结合‘广州读书月’等全市性大型活动，以公众阅读需求为出发点，通过推荐优秀读物、组织读书会、开展阅读辅导等形式，组织开展全民阅读活动，面向社会公众倡导、推广阅读，重点培养青少年形成良好的阅读习惯。”广州市文化广电旅游局2019年发布《广州市公共文化设施管理办法》，第二十一条提道：“鼓励公共文化设施管理单位积极开展中小学师生参观、演出、作品展览等专场活动，充分发挥公共文化设施提升青少年艺术素养的作用。”为促进公共图书馆事业科学发展，形成全面、客观、专业的评估机制，2018年广州市文化广电旅游局颁布实施《广州市公共图书馆第三方评估管理办法》，其内容包括公共图书馆的服务评估，以及阅读推广、通借通还、免费服务与成本服务、开放时间、服务公示、用户权利、用户信息保护、开放服务、特殊服务、交流合作与信息资源共享、志愿服务和用户监督等。其中对未成年少儿阅览区域，以及未成年人服务作出了规定：向青少年推荐优秀读物、组织读书会、开展青少年阅读辅导活动；公共电子阅览室有引导未成年人控制上网时间的措施，未成年人每天连续上网时间不宜超过2小时。

四、发展规划的方向引领

公共图书馆的五年发展规划，是对图书馆过去五年发展的一次全面评估、对图书馆内外部环境的深入分析，以及对未来五年的发展方向、发展目标和行动策略编制的总领性文本。十年来，广州图书馆高度重视发展规划编制工作，根据“十二五”“十三五”“十四五”三个时期的发展需求，分别制定了“十二五”时期的《广州图书馆2011—2015年发展规划》、“十三五”时期的《广州图书馆2016—2020年发展规划》和“十四五”时期的《广州图书馆2021—2025年发展规划》。在发展规划的引领下，广州图书馆十年间实现跨越式、创新性发展，推动全馆图书馆事业从高速发展向高质量发展的新阶段迈进。

十年间，广州图书馆少儿服务也在广州图书馆发展规划目标引领下不断发展。《广州图书馆2011—2015年发展规划》提出了“激发儿童阅读兴趣，培养儿童从小阅读的习惯”“设立亲子阅读空间，配备适合婴幼儿特点的家具、设备，配备绘本、视听资源，提供日常性的婴幼儿与父母共读的亲子阅读活动”“实施趣味阅读项目，激发儿童阅读兴趣，培养儿童阅读习惯，建立绘本阅读活动品牌”等针对少儿服务的一系列行动方案。在《广州图书馆2011—2015年发展规划》期发展规划的引领下，广州图书馆新馆少儿服务走过了基础建设阶段，设立了亲子阅读绘本馆，创立了众多特色鲜明的青少年素质教育阅读推广品牌。

《广州图书馆2016—2020年发展规划》提出了“优化传统服务，拓展特色活动‘阅读+’，推进未成年人阅读”的策略，该策略包括“优化亲子绘本阅读服务，亲子读书会等阅读推广活动品牌化、系列化、专业化”“推进玩具服务品牌化，延伸阅读推广服务”“针对中小学生群体，深化社会合作和分级阅读服务”“发挥对外交流优势，强化国际合作……培养新的活动品牌”等行动方案。在《广州图书馆2016—2020年发展规划》的引领下，广州图书馆少儿服务高速发展，小河马玩具馆面向读者开放服务，少儿创客系列活动、阅读攀登计划、青少年书签设计交流等阅读推广项目持续得到优化和迭代。

《广州图书馆2021—2025年发展规划》提出“系统优化服务供给，促进未成年人阅读”的策略，该策略包括“依托图书馆学、教育学、心理学等理论，针对不同服务群体的需求设计阅读推广项目，提升‘阅读攀登计划’的精准度及衔接性”“面向未成年人群体内部差异和未成年人特殊群体阅读需求，提供系列化、多样化和针对性服务，深入推广重点读者活动品牌”“针对未成年人新型阅读开展探索性服务项目，加强专业研究”等行动方案。在《广州图书馆2021—2025年发展规划》的引领下，广州图书馆少儿服务走进高质量发展阶段，原有少儿阅读推广品牌持续优化，针对不同重点少儿群体，开展阅读推广活动，并贯彻落实国家文旅融合战略要求，推出青少年研学活动等。

广州图书馆五年发展规划的制定，与外部政策法律环境有着密切的关系，并且直接影响和作用于广州图书馆少儿服务的发展。十年间在三个五年发展规划的引领下，广州图书馆少儿服务不断适应发展环境的变化，并实现了自我变革与转型创新。

第三节 政策与法律环境的功能与应对

法律与社会的相互影响是法社会学的重要课题，社会变迁发展会影响法律法规政策出台和修订，法律法规出台和修订反过来也会对社会产生影响。从利益法学角度看，法律是人制定的，因此也会对人的权利和义务产生影响。

从公共图书馆法律法规来看，近年来，公共文化特别是公共图书馆法律法规的出台进一步保障了公共图书馆事业健康快速发展。从法律主体的角度来看，公共图书馆法律法规出台主要影响三类主体：一是政府，公共图书馆法律法规把政府保障、社会参与作为一个主要立法原则，让政府切实履行对公共图书馆设立、运营、服务等财政支持义务，让公共图书馆正常健康发展，满足本地区的公共文化需求。二是公共图书馆，公共图书馆法律法规主体内容规定了公共图书馆服务义务，一方面加大公共图书馆运营和服务压力，特别是基层图书馆，另一方面促进公共图书馆职能转化，使之进一步适应新法律体系下公共图书馆公共职能。三是社会公众，公共图书馆法律法规的出台是为了保障社会公众使用公共图书馆的权利，因此社会公众是最大受益者。随着公共图书馆发展和职能转换，社会公众也将成为公共文化发展最大受益者。从法律影响效果看，一是公共图书馆法律法规正逐渐改变政府和公共图书馆行为，政府和公共图书馆必须依法办事。公共图书馆在法律法规出台后面临着职能转换和服务变革的压力，在法律法规面前，公共图书馆如无法履行法定义务，则要承担相应法律责任。二是具体法律法规直接影响公共图书馆公共决策和服务方向，在公共图书馆设立、运行和服务方面都有相关具体规定，这使得公共图书馆行为必须在公共图书馆法律法规具体情境中。三是社会公众对公共图书馆事业的内在感受。公共图书馆法律法规会使人们改变对公共图书馆的看法和观点，让公共图书馆的平等、自由、公益等社会价值得以彰显，让人民从法律法规中进一步了解、传播、实践公共图书馆精神。

（本章执笔人：邓杰明）

第二章　社会文化环境

第一节　社会文化环境与公共图书馆发展的关系

图书馆作为人类社会发展的一种制度性安排，其发展与社会文化环境的变化密切相关。公共图书馆是社会文化环境的重要组成部分，而社会文化环境又是公共图书馆发展的重要影响因素之一，社会文化环境与公共图书馆发展之间存在着相互作用、相互依存的关系。

首先，社会文化环境对公共图书馆的需求和发展方向产生了影响。随着科技的进步和知识经济时代的到来，人们对信息获取和知识传播的需求越来越高。这就要求公共图书馆不仅要提供传统纸质书籍借阅服务，还要面向数字时代转型升级，提供电子资源和在线服务等多元化服务。另外，人们对个性化服务和体验也有了更高的期待，这要求公共图书馆需要根据用户需求进行差异化服务，并且注重用户体验。其次，社会文化环境对公共图书馆管理模式和运营机制产生了影响。在现代社会中，市场经济成为主导模式，而公共图书馆作为政府投资兴建并由政府管理的公益性机构，则需要在市场竞争中寻找合适的定位和运营方式。同时，全球范围内出现了各种类型的非营利性组织、志愿者团队以及社区自组织等新型组织形态，这些新型组织形态在某些领域已经取得了极大成功，它们的出现也给公共图书馆带来启示：公共图书馆可以通过与其他非营利性组织或志愿者团队合作开展项目、拓展服务范围，并且通过与社区居民协同运营等方式更好地融入当地社区。

从某种意义上说，公共图书馆的发展就是一个不断适应环境变化、调整改革自身的服务方式和管理的过程。在当今复杂多变的社会环境下，公共图书馆只有紧密结合社会环境变化并不断更新自身理念、方法才能保持活力并持续做好服务工作。因此，我们应该注重研究社会文化环境变化及其对公共图书馆事业发展所带来的影响，并根据其变化做出相应调整以适应未来挑战。

第二节　影响公共图书馆事业发展的社会环境分析

本节将从人口、社会发展、生活条件、社会文化等方面具体分析社会文化环境对图书馆事业发展的影响。

一、人口因素

人是图书馆服务中最核心、最关键的要素之一，人口特征及其变化对图书馆总体战略目标和具体战略定位都会产生重要影响。人口因素对图书馆的影响表现在人口数量、人口密度、年龄结构、重点人群的数量与比重，以及外籍居民情况等。国内外都关注图书馆事业发展过程中人口与图书馆建设的关系，不少图书馆相关法律或者标准都明确规定了人口比例与图书馆建设的关系。《中华人民共和国公共图书馆法》规定："县级以上地方人民政府应当根据本行政区域内人口数量、人口分布、环境和交通条件等因素，因地制宜确定公共图书馆的数量、规模、结构和分布，加强固定馆舍和流动服务设施、自助服务设施建设。"《广州市公共图书馆条例》第五条规定，政府财政投入应该"与经济社会发展和公共图书馆的服务人口、服务范围、服务需要、服务功能等相适应"。第十六条规定："公共图书馆的建筑面积依据服务范围内的常住人口数量并适当考虑人口增长因素确定。"第十八条规定了"以公共图书馆服务范围内常住人口为基数计算，公共图书馆年人均入藏纸质信息资源"应当达到的要求。由于政府对公共图书馆的建设具有法定的职责，人口总量的变化最终影响的是政府层面对公共图书馆的财政投入，因此人口因素是决定政府设立公共图书馆以及向公共图书馆投入各种资源的重要依据。

根据广州市统计局数据，2021 年广州市常住人口为 1881.06 万人，年末户籍人口为 1011.53 万人，近 9 年，广州市年均新增人口 50 万人以上，满足继续增长的人口对公共文化服务的需求，这是图书馆持续发展的现实基础。人口结构的变化则影响图书馆的服务结构。广州市的人口结构呈现如下特点：中心区域人口密度不断提升，尤其是广州图书馆所在的天河区的人口密度增长最明显。人口年龄结构呈现两头高、中间低的趋势，即低龄人口和老龄人口在户籍人口中的占比持续增长，而中青年人口在户籍人口中的占比持续下降。尤其需要注意的是，18 岁以下户籍人口占比从 2014 年的 17.31% 增长至 2021 年的 22.14%，增长 4.83 个百分点，在各年龄段中增长最明显。

表 1-2-1　2013—2021 年广州市中心城区常住人口密度

单位：万人 / 平方千米

年份	荔湾区	越秀区	海珠区	天河区
2013 年	1.72	3.20	1.82	1.77
2014 年	1.77	3.16	1.87	1.85
2015 年	1.85	3.14	1.91	1.92
2016 年	1.88	3.09	1.95	2.06
2017 年	1.95	3.05	1.98	2.16
2018 年	1.99	3.03	1.99	2.23
2019 年	2.06	3.06	2.00	2.27
2020 年	2.10	3.07	2.01	2.34
2021 年	1.91	3.10	2.02	2.32

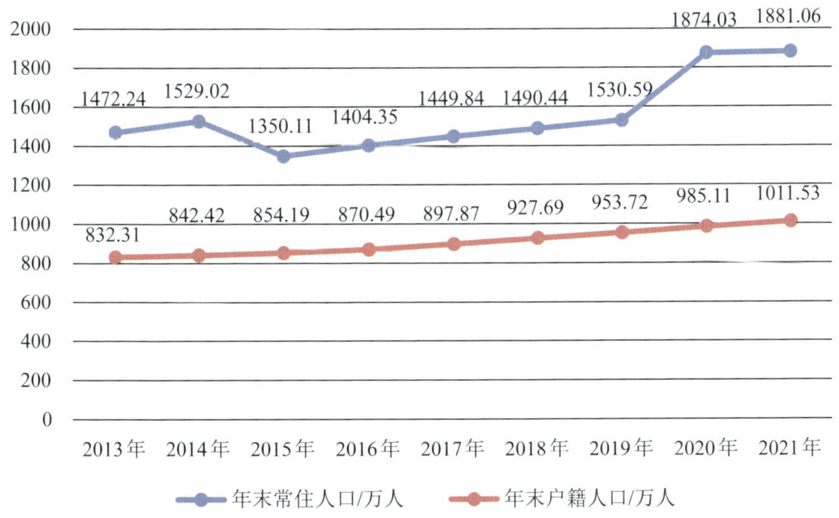

图 1-2-1　2013—2021 年广州市常住人口和户籍人口变化图

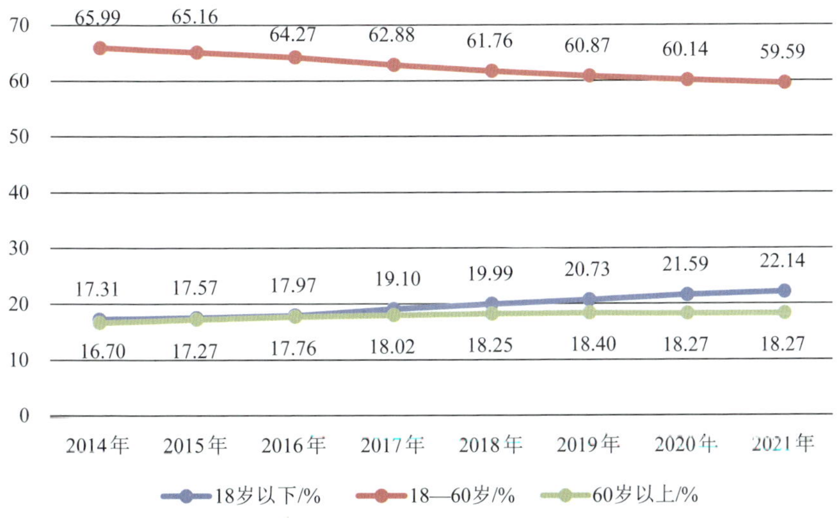

图 1-2-2　2014—2021 年广州市各年龄段户籍人口占比变化图

近十年来广州市人口的快速增长对公共图书馆事业发展产生了积极影响。这种快速增长的人口，尤其是未成年人口的迅速增长为公共图书馆事业提供了更多的潜在读者群体，未成年人是未来的社会主流力量，培养他们的阅读习惯和文化消费观念将有助于形成良好的阅读氛围。图书馆作为公共文化服务的供给方，如何扩大服务范围、提高服务质量，承载持续增长的读者群体，满足各年龄层尤其是青少年读者的需求，成为广州图书馆在少儿服务方面需要解决的重要问题。

二、社会发展

党的十八大以来，以习近平同志为核心的党中央把培养好少年儿童作为一项战略性、基础性工作，坚持儿童优先原则，大力发展儿童事业，保障儿童权利的法律法规政策体系得到进一步完善，党委领导，政府主责，妇女儿童工作委员会（以下简称“妇儿工委”）协调，多部门合作，儿童健康状况持续改善，受教育水平和福利水平稳步提升，成长发展环境进一步优化，保护儿童的法律法规体系和体制机制进一步健全。截至 2020 年底，婴儿、5 岁以下儿童死亡率分别从 2010 年的 13.1‰、16.4‰下降到 5.4‰、7.5‰，学前教育毛入园率从 2010 年的 56.6% 上升到 85.2%，九年义务教育巩固率从 2010 年的 91.1% 上升到 95.2%，高中阶段毛入学率从 2010 年的 82.5% 上升到 91.2%；农村留守儿童、困境儿童等弱势群体得到更多关爱和保护[①]。

公众与公共图书馆相关的需求以阅读需求为基础，受阅读意愿、能力、行为、习惯等一系列因素的影响，其中阅读能力是前提条件，这也取决于教育水平[②]。截至 2021 年底，广东全省学前教育毛入园率 104.14%，比 2011 年提高 14.77 个百分点；在实现全面普及的基础上，九年义务教育巩固率达到 96.22%，比 2011 年提高 2.22 个百分点；高中阶段毛入学率 97.71%，比 2011 年提高 7.37 个百分点；高等教育毛入学率 57.65%，比 2011 年提高 29.65 个百分点[③]。第七次全国人口普查数据显示，与 2010 年第六次全国人口普查相比，广州市常住人口平均受教育年限达到 11.61 年，比 2010 年提高

① 《中国儿童发展纲要（2011—2020 年）》终期统计监测报告［EB/OL］.［2023-05-23］. http://www.gov.cn/xinwen/2021-12/21/content_5663694.htm.

② 方家忠. 中国公共图书馆“十四五”规划的战略任务及其实现——兼论广州市近年来的探索实践［J］. 图书情报工作，2020（1）：32-42.

③ 构建高质量教育体系 办好人民满意的教育［EB/OL］.［2023-05-23］. http://www.gdmbjy.cn/html/2022/jyy_1018/4739.html.

0.77年。大学文化程度、高中文化程度、初中文化程度和小学文化程度人口较2010年均有增长，增幅分别为104.5%、39.6%、21.7%和30.0%。以上数据的变化意味着广州全市人口尤其是少年儿童群体的受教育状态不断改善，人民文化素质不断提高，人口质量不断提升，公众接受文化生活的能力提升。公众教育水平和文化素质的提升，使得他们既拥有阅读的需求，又具备了阅读的能力，这是公共图书馆继续开展服务的另一现实条件。

三、生活条件

公众的文化生活、文化需求受到经济、教育、科技、政治等宏观因素的影响，其中经济是基础，经济发展水平对文化需求、消费具有激发和支撑作用。相关研究表明，人均GDP超过5000美元以后，公众的精神文化需求将出现高涨，文化消费将占据主要地位①。按可比价格计算，2012—2021年广州地区生产总值年均增长7.7%，广州人均GDP从2012年的95550元提升至2021年的150366元，2021年是2012年的1.5倍，按常住人口计算，人均GDP已突破2万美元，达到世界银行高收入经济体水平。

城镇居民人均可支配收入和人均消费支出是两个非常重要的经济和民生指标。城镇居民人均可支配收入标志着居民的购买力，城镇居民人均消费支出体现的则是居民的消费水平。广州市城镇居民人均可支配收入连续10年保持增长，从2013年的4.2万元增长到2021年的7.4万元，增长1.76倍；广州市城镇居民人均消费支出除2020年之外，从2013年的3.3万元增长到2021年的4.7万元，增长1.42倍。以上数据的增长，表明广州市城镇居民的消费能力持续提升。

同时，随着经济实力提升，市民消费习惯也步入新的周期，文化产品及服务的消费需求日益提升。除2020年受新冠疫情影响人均文化娱乐消费比2019年下降外，城镇居民人均文化娱乐支出从2014年的不足3000元增加至2021年的6145元，占人均消费支出比重从8.9%提升至13.0%。从消费结构

① 方家忠. 中国公共图书馆“十四五”规划的战略任务及其实现——兼论广州市近年来的探索实践[J]. 图书情报工作，2020(1):32-42.

来看，人均文化消费支出及其在总消费中所占的比重逐步提升，广州文化消费处于较高水平，文化消费正成为市民新的消费选择。

改革开放以来，尤其是最近十年，随着广州市市民生活水平的持续提升，人们的生活观念和消费观念也在发生着深刻变化，市民的消费观念更加理性，广州市民除了物质消费的要求不断提升外，尤其注重精神层面的满足感，文化消费越来越受到市民的青睐。这意味着十年间，广州市民的文化需求持续高涨、文化消费潜能不断释放。另外，消费领域也出现了一些新的变化，随着父母对孩子培养的不断重视，儿童消费群体迅速扩大，儿童消费市场成为文化消费市场一个新的增长点，这为公共文化事业和文化产业带来了前所未有的发展机遇。

四、社会文化

广州是国家重要的中心城市、国际商贸中心、综合交通枢纽，全国第一批历史文化名城之一。它有 2200 多年历史，是岭南文化中心地、海上丝绸之路发祥地、近现代中国革命策源地、改革开放的前沿地，一直以开放、包容、文化多元著称，岭南文化、海丝文化、红色文化、创新文化资源突出。2019 年颁布的《粤港澳大湾区发展规划纲要》给广州的定位是“科技、教育、文化中心，支持广州建设岭南文化中心和对外文化交流的门户”，这也是新时代广州文化的新定位。2019 年广州图书馆联合大湾区 12 家公共文献服务机构联合成立的粤港澳大湾区公共图书馆联盟，为公共图书馆在大湾区范围开展少儿服务交流合作，扩大少儿服务的范围和覆盖面，提升公共图书馆的影响力提供了重要的平台。

2015 年以来，广州市全面贯彻新发展理念，扎实推进“图书馆之城”和“博物馆之城”建设，推动现代公共文化服务高质量发展，为人民群众提供更高质量、更有效率、更加公平、更可持续的公共文化服务。全市现有公共图书馆（分馆、服务点）1300 余个、登记备案博物馆 72 家、文化馆（站）215 个、社区（行政村）综合性文化服务中心 2700 余个，基本形成城市“10 分钟文化圈”和农村“10 里文化圈”，建成社区（行政村）综合性文化服务中心 2767 个，实现四级公共文化网络全面覆盖。公共图书馆作为公共文化服务的重要基础设施，在文旅融合的大背景下，通过跨界融合能够充分整合社会资源，为少儿服务提供更多的可能性。

2011 年，国务院颁布了《中国儿童发展纲要（2011—2020 年）》，这是第二个专门针对儿童推出的国家级发展规划，从健康、教育、福利、环境、法律保护五个领域提出了儿童发展的目标和策略措施。2021 年，国务院印发的第三个儿童发展规划《中国儿童发展纲要（2021—2030 年）》，进一步明确了未来十年儿童事业发展的方向。同年，为落实党中央部署，推进儿童友好城市建设，让儿童成长得更好，国家发展和改革委员会联合 22 部门印发《关于推进儿童友好城市建设的指导意见》，在国家“十四五”规划提出儿童友好城市建设要求的基础上细化目标领域，围绕儿童友好的社会政策、公共服务、权利保障、成长空间和发展环境全面推动落实，旨在以儿童友好城市建设，促进广大儿童身心健康成长，推动儿童事业高质量发展融入经济社会发展全局，让儿童友好成为全社会的共同理念、行动、责任和事业。以上几份重磅文件的发布，进一步推动全社会加强对儿童发展的关注，为儿童的发展提供更加友好的社会文化环境。2021 年 7 月，中共中央办公厅、国务院办公厅印发《关于进一步减轻义务教育阶段学生作业负担和校外培训负担的意见》，学校和家长要引导学生开展阅读和文艺活动，“双减”政策推动了公共图书馆少儿阅读推广服务，同时，也对其服务目标、服务模式、服务平台提出了更高要求。这需要公共图书馆在转变服务理念、丰富服务内涵、创新服务模式、提升服务能力等方面下功夫，以实现公共图书馆少儿阅读推广服务的转型升级[①]。

① 侯习哲. 教育“双减”政策下公共图书馆少儿阅读推广服务转型研究［J］. 大学图书情报学刊，2022（5）：48-53.

第三节　近十年少儿阅读环境变化特点

近十年未成年人阅读环境的变化主要体现在促进阅读的相关政策、阅读设施、阅读资源的配备、阅读意愿以及阅读能力的提升等方面。

一、促进阅读的相关政策营造了推动未成年人阅读的法律环境

2015 年实施的《广州市公共图书馆条例》及其配套政策制度，成为广州公共图书馆事业发展的重要制度保障，并从服务区的设立、资源的配备、服务方式、服务时间等方面对公共图书馆开展少年儿童阅读服务方面作出了相应的规定。比如第十四条规定："市人民政府应当设立少年儿童图书馆。区人民政府可以设立少年儿童图书馆。市、区人民政府设立的少年儿童图书馆为中心馆、区域总馆的专业性分馆。中心馆、区域总馆应当设置少年儿童阅览区域。"第三十条规定："少年儿童出版物应当同时向广州少年儿童图书馆呈缴两册（件）。"第三十九条规定："公共图书馆应当通过推荐优秀读物、组织读书会、开展阅读辅导等形式，面向社会公众、重点面向少年儿童和青年倡导、推广阅读。"第四十二条规定："少年儿童图书馆每周的开放时间不少于四十八小时，在学校寒暑假期间，每天开放时间应当适当延长。"2018 年 1 月施行的《中华人民共和国公共图书馆法》第三十四条明确规定："政府设立的公共图书馆应当设置少年儿童阅览区域，根据少年儿童的特点配备相应的专业人员，开展面向少年儿童的阅读指导和社会教育活动，并为学校开展有关课外活动提供支持。有条件的地区可以单独设立少年儿童图书馆。"2019 年 6 月施行的《广东省全民阅读促进条例》是广东省首次为"全民阅读"立法，其中涵盖了全民阅读各项基本内容，规定了各级政府、相关部门、各类机构、社会组织在推进全民阅读活动中的职权和责任，并在重点群体阅读促进章节设定专门的条款用以促进未成年人阅读。比如第十八条：

“县级以上人民政府及其有关部门应当根据未成年人身心发展状况和实际情况，建立家庭、学校与社会相结合的阅读促进工作机制，并制定未成年人阅读促进计划、实施方案和阅读分类指导目录。”第十九条：“有条件的公共图书馆、文化馆、博物馆等公共文化服务场所应当根据未成年人特点提供阅读资源，开设阅读专区和开展阅读指导培训，营造有利于未成年人的阅读环境。”第二十条：“中小学校和幼儿园在实施素质教育的过程中，应当加强培养未成年人阅读兴趣和阅读习惯，提升其阅读能力。”第二十一条：“县级以上人民政府教育主管部门应当通过各种形式为未成年人的父母或者其他监护人提供阅读引导服务，鼓励和支持开展家庭阅读、亲子阅读等活动。”

二、阅读设施的完善为未成年人阅读的开展提供了硬件基础

截至 2021 年底，广州市实现通借通还的公共图书馆（分馆）、服务点、自助图书馆共 694 个。其中实现通借通还且面向所有公众免费开放的公共图书馆（分馆）321 个，服务点、自助图书馆 87 个，面向特定群体开放的分馆、服务点、自助图书馆 286 个。全市 176 个镇街均设立有公共图书馆（分馆），图书馆覆盖率达到 100%。广州市公共图书馆（分馆）建筑面积合计为 54.88 万平方米，较 2015 年增长 99.2%；每千人建筑面积合计为 29.18 平方米，较 2015 年增长 43.0%[①]。

三、阅读资源的有效供给为推动未成年人阅读提供了资源保障和支撑

截至 2021 年底，广州市公共图书馆馆藏总量合计为 3070.70 万册（件），人均馆藏量合计为 1.64 册（件），分别较 2015 年增长 83.1% 和 32.3%。其中，馆藏少儿类图书为 1112.03 万册（件），占广州市公共图书馆馆藏总量的 36.21%；少儿阅览座席 6103 个，少儿阅览座席占比为 31.22%。

---

① 方家忠. 广州市“图书馆之城”建设年度报告 2021［M］. 广州：广州出版社，2022：28-29.

四、未成年人阅读意愿持续提升

《2017 年广州市未成年人阅读年度报告》显示，79% 的广州市未成年人喜欢阅读，其中学龄前儿童和小学生的阅读热情最为高涨，分别达到 84.8% 和 82.7%；广州市未成年人阅读率达到 97.5%，处于全国领先水平；未成年人人均图书阅读量为 15.3 册，远超全国的 8.34 册[①]。2021 年，广州市少儿图书外借文献量为 2087.43 万册，举办线上线下少儿读者活动场次为 10375 场，参加少儿读者活动人次为 594.56 万人次，在全市外借文献量、举办线上线下读者活动场次和参加线上线下读者活动人次中的占比分别为 63.79%、56.82%、27.65%。另根据《2022 年度广州市公共图书馆未成年人阅读报告》相关数据，少儿注册读者数量占广州市注册读者数量的 30.90%，少儿读者的图书借阅量占全市图书借阅量的 66.32%。其中，小学生仍然是未成年人阅读群体的主体。全年举办少儿读者活动 10356 场次，参加少儿读者活动达 686.26 万人次。

五、市民阅读能力提升为家庭阅读氛围的营造和未成年人阅读习惯的培养带来积极影响

十年来，广州市民在购买图书（纸质和电子图书）消费支出年均增长 5%，其中少儿绘本消费支出迅猛增长达 18% 左右。2020 年度的《广东省全民阅读指数报告》显示，广州的全民阅读指数持续领跑全省，在广东各市排名中稳居第一。另外，广州有 0—8 岁孩子的家庭日均亲子阅读时长约为 38 分钟，青少年纸质读物日均阅读时长将近 1 小时，两项指标均属全省之最。广州全民阅读指数连续第五年居全省首位。可见，广州居民的家庭阅读氛围较为浓郁，为未成年人阅读习惯的培养带来了较为积极的影响。同时，根据中国新闻出版研究院发布的《第二十次全国国民阅读调查结果》，2022 年我

① 广州孩子爱读书，人均图书阅读量远超全国平均水平［EB/OL］.［2023-05-23］. https://www.sohu.com/a/145070911_114731.

国成年国民人均纸质图书和电子书阅读量均较上年有所提升，人均纸质图书阅读量为 4.78 本，人均电子书阅读量为 3.33 本。0—17 周岁未成年人阅读能力平稳提升，阅读率和阅读量均较往年有所增加，0—17 周岁未成年人图书阅读率为 84.2%，未成年人的人均图书阅读量为 11.14 本。以上数据说明，未成年人的阅读能力和阅读水平持续提升，这要求公共图书馆需要认真研究未成年人的阅读特点和阅读需求，在阅读资源的供给方面向未成年人倾斜。

（本章执笔人：张伟）

第三章　技术环境

过往十年，全球图书馆行业的技术环境发生了巨大变化。从线下资源的RFID加工到在线资源普及，从移动设备广泛使用到人工智能和机器学习的推广应用，无一不推动着图书馆行业的技术革新。新技术的应用使知识组织与信息检索的方式发生了深刻改变，从而改变了图书馆的技术运作方式，也改变了社会公众对图书馆的认知。

十年前，图书馆基本上仅提供传统的实体图书借阅服务，如今，电子书籍和在线资源不断丰富，智能手机和平板电脑等传统移动设备的普及，使得读者可以随时随地访问在线资源，这为图书馆构建了新的服务格局。人工智能的快速发展使得图书馆能够更好地进行管理和提供服务。除此以外，更多的新技术开始进入图书馆，例如虚拟现实（VR）和增强现实（AR），这些技术提供了新的人机互动方式，使得图书馆的服务更加生动和丰富。本章将分析这些技术对图书馆的现有影响与未来展望。

第一节　RFID 技术的广泛应用

无线射频识别技术（RFID），是一种通过无线电波自动识别附加在物品上的标签的技术，过去的十余年中在全球的图书馆得到了广泛的应用。RFID标签存储着关于物品的部分信息，这些信息可以被一个RFID阅读器读取并处理。通过这种方式，RFID技术极大地提高了图书馆的工作效率，改善了读者体验，减少了图书馆的人力成本。

RFID可以与各种系统和设备联动，从而提高服务效率和准确性。自助借还书机与 RFID 相结合，能实现自助借还书，使读者借还书过程更加便捷。智能书架通过 RFID 与图书馆的图书馆集成管理系统联动，使读者和馆员可以实时获取图书的状态和位置。此外，RFID 也能与安防系统联动，大多数图书馆都会配备 RFID 图监仪、门禁等设备，实现对图书的防盗。

近场通信（NFC）技术也是 RFID 技术的一种。它是一种短距离的高频无线通信技术，允许电子设备之间在 10 厘米内进行非接触式点对点数据传输。NFC 设备可以进行双向通信，既可以读取 RFID 标签，也可以作为 RFID 标签被读取。这意味着支持 NFC 的智能手机可以通过读取图书馆的 RFID 标签完成借阅等操作。

尽管 RFID 技术在图书馆中的应用已经较为广泛，如智能书架、自动盘点机器人、手持清点仪等设备已经较为成熟，但也面临一些挑战，如标签层叠影响读取、标签读取穿架（超高频标签）等问题。因此，人工智能视觉盘点技术的辅助定位等技术也在近几年内逐步得到推广应用。

第二节　数字图书馆的持续完善

数字图书馆是指利用数字技术和网络平台来收集、保存、组织、管理和提供数字化文献资源的机构或服务，随着信息技术的快速发展和数字化阅读的普及，数字图书馆在全球范围内蓬勃发展。美国的 DPLA（Digital Public Library of America）项目、欧洲的 Europeana 项目[①]等在全球范围内产生了巨大的影响。

数字图书馆通过数字化技术将传统图书、期刊、报纸、文献等转换为数字格式，使其可以在线被访问和利用。这种数字化转换不仅有助于文献资源的长期保存，还提供了更广泛的获取渠道和更便捷的获取方式。随着数字图书馆的发展，电子书籍的普及率大幅度提高，许多大型出版商开始将图书数

① 该项目为前身为 EDLnet，即 European Digital Library Network，欧洲数字图书馆。

字化，读者也开始接受在电子设备上阅读这种方式。图书馆除了收藏传统的实体图书，还开始大量采购电子资源以满足读者的需求。除了电子书籍，其他形式的在线资源也在这段时间得到广泛普及，许多学术期刊和数据库开始提供在线访问。

电子书籍和在线资源的普及并不意味着实体书籍的消亡，许多读者仍然喜欢阅读实体书籍，特别是当他们需要深度阅读或长时间阅读时。因此，图书馆在引入新的电子资源的同时，仍然需要保持实体书籍的收藏。在这个阶段，图书馆开始启用跨库检索或知识发现系统（如 EDS① 和超星发现系统），使读者无论身处何地，都可以访问图书馆收藏的纸本与电子资源。图书馆界学者在研究如何管理和维护这些在线资源，以及如何实现纸电资源的一体化建设方面提出了较多建设性的意见，形成许多研究成果。

电子书籍和在线资源的普及也对图书馆空间使用产生了一定的影响。如今读者可以在家中或其他地方访问图书馆的资源，这使得图书馆的空间服务需求也开始发生变化。一方面，图书馆需要为读者提供足够的插座和高质量的无线网络服务；另一方面，图书馆的阅览空间也开始逐步向学习和交流空间转变。例如，图书馆开始提供更多的学习小组房间、静音区域、多媒体工作站等设备设施，这种新型空间反映了图书馆角色的转变，即从传统的信息提供者向学习和创新中心转变。

与此同时，数字图书馆的建设也产生了诸多负面影响，这种图书馆馆藏结构变化，使数字资源厂商逐步占据资源议价的主导地位，图书馆逐步丧失了对资源的掌控力。在此情况之下，许多图书馆开始注重将所收藏的手稿、地图、照片、视频等各种形式的特色馆藏进行数字化。此外，国际上较多图书馆、机构、个人也加入了开放获取（Open Access）的建设，为用户提供免费或低成本的在线访问和下载服务。传统的学术出版模式中，用户通常通过订阅或购买的方式获取学术期刊和研究论文，这使得许多研究成果只能被付费用户访问。然而，开放获取的出版模式通过采用不同的授权方式，如创建公共领域作品、使用知识共享许可证等，将研究成果免费向公众开放。这使

① EDS，全称为EBSCO Discovery Services，即EBSCO发现服务。

得更多的人能够获取、阅读和利用学术研究成果，有助于降低信息获取的门槛，促进学术研究成果的交流和共享，并促进全球知识的传播。图书馆的自建资源与开放获取在一定程度上影响了数字资源厂商对知识传播产生的影响。

第三节　智能移动设备的推广普及

智能手机和平板电脑等智能移动设备的普及，成为过去十余年图书馆技术环境中的一个重要变化。这一变化不仅推动了数字图书馆的建设，还改变了公众访问图书馆资源的方式。

智能移动设备的普及极大地促进了移动端访问的实现，移动端访问的便利性使得图书馆的服务不再受限于实体空间和开放时间。读者可以在家、咖啡厅、公共交通工具等图书馆以外的场所自由地阅读电子书、查资料，以及使用图书馆的在线服务。这为图书馆提供了新的服务机会，图书馆可以通过电子邮件或社交媒体平台，提供阅读推荐、咨询服务等。智能移动设备的普及使图书馆服务更加自助化。图书馆微信公众号、小程序，支付宝生活号，App 等移动设备内的技术载体使读者可以通过手机完成续借、预约等操作。同时，图书馆也开始利用移动设备进行服务推广和互动，如使用社交媒体进行活动宣传，或者使用消息推送服务提醒读者借阅到期等。

除此之外，一些基于智能移动设备的新技术开始在图书馆使用。例如，图书馆开始在微信小程序中使用人脸识别技术，提供更加便捷的身份验证或账号注册等服务。移动支付也开始在图书馆中得到应用，许多图书馆开始接受微信、支付宝等移动支付方式，读者可以在自己的设备上完成逾期费支付等操作。

然而，智能移动设备的普及也带来了一些挑战。一些数字资源厂商会在读者使用图书馆的移动服务时，采集非必要获取的读者个人信息。图书馆应采取适当的措施保护好读者信息。此外，还有移动设备的可达性问题，虽然移动设备的普及率很高，但并非所有人都有能力或者习惯使用这些设备，如老年人、幼儿等群体就难以顺利使用。因此，图书馆需要在提供移动服务的同时，仍然保持提供传统服务方式（电话咨询、线下服务），以满足所有读者需求，实现均等化服务。

总体而言，智能移动设备的普及实现了图书馆的服务变革，为读者提供了良好的服务体验。但新技术的发展远远不止于此，如智能手表、智能音箱等智能设备，Apple Vision Pro、Microsoft HoloLens 等增强现实技术设备已经开始崭露头角，这些设备颠覆了智能移动设备的交互形式，势必为图书馆服务带来更多的可能性。

第四节　VR、AR 技术在图书馆领域的新尝试

如今，虚拟现实（VR）、增强现实（AR）等技术的应用在图书馆领域引起了一定的关注。这些技术的是对移动设备的补充和革新，也是人类对现实的重构与改造。各类眼镜虽然价格高昂且在图书馆行业内的应用并不广泛，但仍不失为一种新尝试。

VR、AR 技术为图书馆提供了更为直观的教育工具。纸本与电子资源往往仅存在二维层面，而 VR、AR 技术可以让读者拥有三维的沉浸式学习体验，读者可以通过相关设备，亲身体验历史事件、科学现象，从而获得更深入的理解。VR、AR 技术也为图书馆提供了新的空间使用方式。传统的图书馆主要提供实体的阅读空间，而 VR、AR 技术的应用可以提供虚拟的阅读空间。例如，读者可以通过 VR 设备，在家中访问图书馆的虚拟分馆，体验与实体图书馆相似的阅读环境。VR、AR 技术还为图书馆提供了新的服务模式。如广州南沙区的一些图书馆开始尝试为图书馆员配备少量相关设备，通过人脸识别查询读者借阅记录，从而为馆员更加智能地提供服务。

与传统移动设备不同，VR、AR 技术的应用在提供沉浸式服务的同时，势必会收集各类敏感信息。这些信息可能包括但不限于读者的个人信息，如位置信息、视线信息、人脸信息等。图书馆在进行相关的应用时，需在数

据安全和隐私保护的议题上倾注更多的精力，防止这些信息被滥用或泄露。VR、AR技术的确为图书馆行业提供了新的交互模式，但各类眼镜设备的标准并不统一且开放程度不足，限制了图书馆对虚拟现实设备专用的数字资源的建设程度。虽然相关设备的价格在逐渐下降，但可以预见，在未来很长一段时间内，设备价格仍然处于大部分公众无法承受的区间，必将导致部分读者无法享受到相关服务，从而产生新的数字鸿沟，从而影响图书馆的公平性和均等化。

VR、AR技术应用的推广面临成本过高、资源短缺、均等化难以实现等问题，但随着全球制造业与人工智能技术的发展，这些问题会逐步得到解决。随着存储芯片和处理芯片等硬件设备成本下降与人工智能模型性能的提升，这些新型智能设备将会给图书馆服务带来新的机遇与挑战。

第五节　人工智能技术的更新迭代

随着AlphaGo、ChatGPT等人工智能的发展与应用，在图书馆服务中，人工智能技术也在推动着图书馆的智慧化发展。

首先，人工智能数据分析模型为图书馆提供了实现个性化服务的可能。通过读者的借阅历史和搜索行为，人工智能算法可以分析读者的阅读兴趣，为他们提供个性化的阅读推荐。这种服务方式不仅可以帮助读者发现新的阅读资源，也可以提高图书馆资源的使用率。人工智能咨询模型可以有效改善图书馆的咨询服务，如许多图书馆开始使用人工智能聊天机器人提供24小时的咨询服务，这些聊天机器人可以回答读者的常见问题，如开放时间、借阅规则等。

其次，人工智能应用对图书馆资源收藏管理方式也产生了影响。在过去很长一段时间内，馆藏只能按照索书号进行分类，以便读者与馆员对图书进行获取与管理，而新兴的人工智能视觉盘点技术，一方面可以实现实时向读者和馆员展示馆藏的位置与阅览情况，丰富了图书馆对馆藏资源使用的统计维度。另一方面，传统的电子资源之间的关联性较弱，研究者往往需要付出较大的时间成本才能完成阅读与整理。近年来，超星发现系统、国家图书馆细粒度标引项目等通过单模态人工智能模型实现业务场景的人工智能应用的出现都改变了这一现状。超星发现系统实现了一定程度上的知识关联，而国家图书馆细粒度标引项目实现了由文字搜索视频、图片的知识检索。两者都对图书馆行业的业务痛点进行了有效的应对，也获得了一定的社会效益。这些单模态人工智能模型改变了图书馆传统的知识组织结构，可以通过知识联想的方式为用户提供更为细腻且高效的服务，极大地提高了数字资源的可检索性和可用性。

但同样，人工智能技术也存在着一定的缺点。随着较为可控的单模态人工智能模型的发展，类似于ChatGPT的更强大的多模态人工智能模型也逐渐开始影响图书馆行业。多模态人工智能模型相较于单模态人工智能模型利用了更多不同模态的数据（如图像、语音、文本等），共同进行联合建模和推理。通过整合不同模态的信息，多模态人工智能模型能够获得更全面、更准确的理解和分析能力，从而提升任务的完成质量与效果。多模态人工智能模型在计算机视觉、自然语言处理、多媒体分析等领域得到的广泛应用，也成为当前人工智能研究的热点之一。但多模态人工智能技术由于其本身的不可解释性，在数据安全、隐私保护、意识形态等问题上更难被管控。

第六节　图书馆技术对少儿阅读体验的影响

少儿读者群体，以其独特的阅读习惯、认知发展阶段和兴趣偏好，对图书馆技术的应用提出了特别的需求。这些需求旨在满足他们多元化且不断变化的阅读兴趣。与成年读者相比，少儿读者在智能移动设备的使用上存在一定的限制，这不仅体现在他们对手机、平板电脑、VR眼镜和电脑等设备的操作上，也反映在他们对知识的吸收和理解上。成年读者通常拥有更成熟的知识体系和更丰富的生活经验，而少儿则处于学习和成长的关键时期，他们的阅读材料和学习工具需要更加贴合他们的发展阶段。

尽管少儿读者在常规智能移动设备的使用上受到限制，但他们拥有专为他们设计的智能移动设备。在全球化的儿童智能手表市场中，小天才、华为、小米等品牌已经确立了领导地位。这些品牌的儿童智能手表因其功能强大、价格合理，在中国市场上尤其受到家长的青睐。这些设备不仅拥有 NFC 功能，还支持展示微信二维码读者证，使少儿读者无需携带身份证、读者证、羊城通卡等实体介质即可享受图书馆服务。这不仅简化了图书借阅流程，也减少了卡证丢失的风险。

智能音箱的语音交互能力使其成为少儿读者获取阅读服务的重要渠道。小度、喜马拉雅等知名品牌的智能音箱，凭借丰富的音频资源库与便捷的语音操控功能，为识字能力有限的少儿读者提供了一个聆听故事、儿歌及科普知识的平台。这些音箱不仅能播放多样化的阅读内容，还能通过先进的语音识别与合成技术，与少儿进行简单对话交流，从而在潜移默化中培养他们的语言表达与社交能力。

近年来，随着机器人操作系统（ROS）生态的蓬勃发展，人形机器人、机器狗等智能设备逐渐成为公众关注的焦点。为吸引更多的少儿读者并从小培养他们的阅读兴趣，上海少年儿童图书馆等已经将人形机器人引入少儿活动。这些智能设备不仅能表演舞蹈、讲故事、提供互动游戏，还能提供室内引导服务或借还服务。此外，VR 和 AR 技术通过提供沉浸式体验，有助于提高少儿的注意力集中度。这些技术使阅读材料更加生动，从而增强了少儿的阅读参与感和兴趣。

尽管 VR、AR 以及机器人等相关设备无法直接、快速提升少儿的阅读能力，但它们通过提供互动和娱乐，成功激发了少儿的阅读兴趣与好奇心。这种兴趣的激发对少儿的长期阅读习惯养成至关重要，因为它们能够引导孩子们主动探索图书馆的资源，参与阅读活动，从而在潜移默化中培养对阅读的热爱。通过这种创新的方式，图书馆不仅能够吸引少儿读者，还能够为他们提供一个充满乐趣和探索的学习环境，这对少儿的全面发展具有积极的影响。

过去的十年里，技术变革为图书馆领域带来了深远的影响，极大地改变了图书馆的服务模式，也极大地丰富了公众的阅读体验，为少儿服务提供了新的服务思路。

（本章执笔人：陈超天）

发展篇

第一章 服务理念发展

《公共图书馆服务创新战略研究报告》一书将“公共图书馆服务创新”细分为服务理念创新、服务内容创新、服务形式创新和服务体制与机制创新[①]，将“服务理念创新”放在了首位，可见，理念发展对少儿服务的整体发展起到首要驱动作用。

第一节 服务指导理念

一、与政策法律接轨

联合国教科文组织1949年发布的《公共图书馆宣言》，是公共图书馆发展过程中一部极其重要的文件，对图书馆业界发展起着根本性的指导作用。《公共图书馆宣言》在1972年、1994年和2022年历经了三次修订后，始终把从小培养和加强儿童的阅读习惯作为公共图书馆的重要使命之一。公共图书馆少儿服务始终将“培养儿童阅读习惯”视作发展的核心目标。

除此之外，近十年我国颁布实施了多项与图书馆事业发展相关的政策和法规，为广州图书馆少儿服务的发展提供了方向性的指引。

---

① 广州图书馆，中山大学国家文化遗产与文化保护中心.公共图书馆服务创新战略研究报告[M].北京：国家图书馆出版社，2021：37-41.

（一）回应公共文化服务和图书馆相关立法精神

我国公共图书馆事业有着良好的制度基础，上至国家层面立法，下至地方图书馆条例都提出了相应的法治要求。《中华人民共和国公共文化服务保障法》[①]、《中华人民共和国公共图书馆法》[②]、《“十四五”公共文化服务体系建设规划》[③]、《广州市公共图书馆条例》[④]等中提到了“根据未成年人……等群体的特点与需求，提供相应的公共文化服务”“开展面向少年儿童的阅读指导和社会教育活动”“进一步丰富亲子阅读活动。实施青少年阅读素养提升计划”“中心馆、区域总馆应当设置少年儿童阅览区域”等相关法律要求。《公共图书馆业务规范》《公共图书馆服务质量规范》等从内容上吸收了国家立法的成果，《公共图书馆服务质量规范》提及“推动全民阅读，市、区公共图书馆应在做好本馆活动推广的同时，通过联动开展活动、将本馆活动推广资源和服务推送并移植到基层分馆等方式，积极指导和帮助基层图书馆做好阅读推广工作”[⑤]。除了在广州图书馆总馆开展服务以外，馆员还定期将阅读推广项目下沉至直属分馆，并配合广州图书馆中心图书馆办公室定期为基层馆员开展业务培训，并设定实践考核标准。培训由广州图书馆总馆资深绘本阅读推广馆员主讲，内容从绘本的起源出发，详细介绍了绘本的发展历史，再从绘本的结构、类型、主题、讲述等方面系统讲解绘本阅读推广的技巧。每次培训特设互动交流环节，由每位馆员围绕自己选择的绘本故事，分析推荐理由、适合年龄段、讲述方法和延伸方式等问题。

---

① 中华人民共和国公共文化服务保障法［EB/OL］.［2023-04-20］.http://www.npc.gov.cn/npc/c12435/201612/edd80cb56b844ca3ab27b1e8185bc84a.shtml.

② 中华人民共和国公共图书馆法［EB/OL］.［2023-05-30］.http://www.gov.cn/xinwen/2017-11/05/content_5237326.htm.

③ “十四五”公共文化服务体系建设规划［EB/OL］.［2023-06-07］.https://www.gov.cn/zhengce/zhengceku/2021-06/23/5620456/files/d8b05fe78e7442b8b5ee94133417b984.pdf.

④ 广州市公共图书馆条例［EB/OL］.［2023-05-28］.http://www.gd.gov.cn/zwgk/wjk/zcfgk/content/post_2531782.html.

⑤ 公共图书馆服务质量规范［EB/OL］.［2024-12-16］.http://scjgj.gz.gov.cn/attachment/0/119/119233/6547412.pdf.

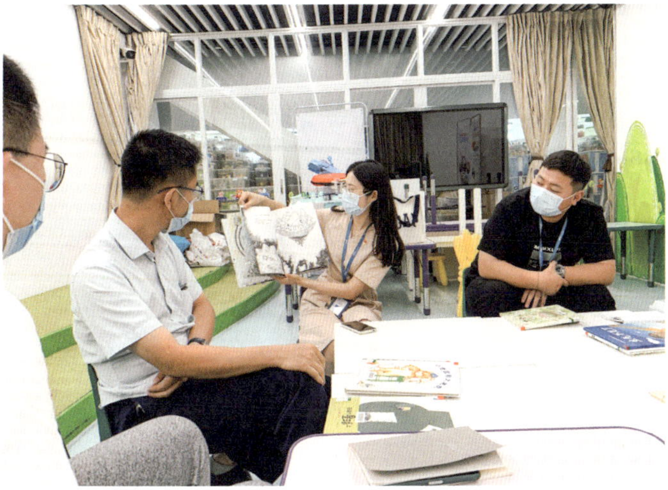

图 2-1-1　广州图书馆开展基层馆员培训

基层馆员通过业务培训，可以在广州图书馆示范性服务体系开展实践活动，以实现理论向实践的有效转化。

（二）链接教育政策，实现跨越式全面发展

2021 年 7 月，中共中央办公厅、国务院办公厅印发《关于进一步减轻义务教育阶段学生作业负担和校外培训负担的意见》①（以下简称“双减”政策），以减轻学生作业负担，充分利用社会资源积极开展丰富多彩的科普、文体、艺术、劳动、阅读等综合素质拓展类活动。“双减”政策对公共图书馆的阅读推广服务提出了更高的要求，给予了中小学生更多参与公共图书馆阅读活动的机会，这就需要公共图书馆不断转变思维，增强创新能力。2022 年实施的《中华人民共和国家庭教育促进法》② 提出图书馆等公共文化服务机构应当定期开展公益性家庭实践活动，开发家庭教育类公共文化服务产品，进一步明确了图书馆在培养家庭阅读素养中的责任，服务对象从个体发展为

① 中共中央办公厅 国务院办公厅印发《关于进一步减轻义务教育阶段学生作业负担和校外培训负担的意见》[EB/OL].[2023-05-20].https://www.gov.cn/zhengce/2021-07/24/content_5627132.htm.

② 中华人民共和国家庭教育促进法［EB/OL］.［2022-05-29］.http://www.gov.cn/xinwen/2021-10/23/content_5644501.htm.

家庭。为进一步推广家庭阅读，广州图书馆特别推出了“n+1家阅读”家庭领读库活动，推动亲子家庭由公共图书馆阅读推广服务对象转型为服务主体，将典型家庭阅读案例组库作为示范，推动个人、家庭、图书馆三者形成良好的阅读推广循环体系。

（三）把握战略内涵，打造图书馆特色项目

2018年，文化部和国家旅游局合并组建为文化和旅游部，自此，公共图书馆加快了对文旅融合服务项目探索的步伐。公共图书馆服务是公共文化服务的一大主体，基于其在文献资源、空间资源方面的优势，“研学旅游”成为公共图书馆最为直接体现国家文旅融合战略内涵的特色服务项目[①]。2021年，为响应“十四五”规划以来各级政府部门的政策号召，适应现代教育和旅游发展新趋势、文旅融合发展新要求，广州图书馆推出“书及远方”广图研学项目，以图书馆特色资源和服务为基础保障，联合社会力量，将研究性学习和旅行体验整合形成“图书馆+研学”系列活动。活动围绕“优秀传统文化”“革命传统教育”“劳动教育”“国防科工”“自然生态”“国情教育”六大主题板块开展。

1996年，为了推进《儿童权利公约》的实施，联合国儿童基金会和联合国人类住区规划署共同发起《儿童友好城市倡议》，旨在推动城市和社区在文化、服务、空间、政策、权利和发展等方面的儿童友好建设。在我国，国家及各省市的“十四五”规划和《中国儿童发展纲要（2021—2030年）》[②]均提出建设儿童友好城市的战略任务，国家发改委等23个部门印发的《关于推进儿童友好城市建设的指导意见》[③]提出“促进儿童参与”丰富儿童文体服务供给“拓展儿童人文参与空间”等目标。近年来，广州图书馆少儿服务结合本馆发展的优势，更多地聚焦于儿童参与的视角展开服务工作，打造了

① 李超平，杨剑.文旅融合之“融合点”及公共文化服务的原则［J］.图书与情报，2020（4）：74-78.

② 中国儿童发展纲要（2021—2030年）［EB/OL］.［2023-04-20］.http://www.gov.cn/zhengce/zhengceku/2022-04/09/content_5684258.htm.

③ 关于推进儿童友好城市建设的指导意见［EB/OL］.［2023-04-20］.https://www.ndrc.gov.cn/xxgk/jd/jd/202110/t20211028_1301429_ext.html.

“小脚丫”家庭志愿服务队、少儿阅读体验官等公益活动品牌，为广州建设儿童友好城市贡献“图书馆”智慧。

二、以发展规划为导向

广东珠三角地区公共图书馆事业发展极具活力及创新精神，如佛山市图书馆实施“项目立馆”，东莞图书馆推行卓越绩效管理。广州图书馆最大的特色是以发展规划为导向，而广州图书馆少儿服务过往十年的发展历程更是以发展规划为导向的重要体现。

（一）“十二五”时期

2010 年，广州图书馆编制了第一个“五年”规划——《广州图书馆 2011—2015 年发展规划》[①]，为新馆建成开放指明业务发展方向，规划内容涉及两大策略、十一个行动方案。在阅读空间方面，设立“亲子阅读空间”“儿童小舞台”“阅读体验馆”等；在阅读推广方面，实施“趣味阅读项目”“故事时间”“图书馆之旅”等项目，其中也提到定期把阅读推广活动带进社区、学校、幼儿园、乡镇，并加强与学校合作，开展志愿者实践活动，增强少年儿童的图书馆意识。可见，“十二五”时期少儿服务主要以基础建设导向为主，阅读空间、阅读推广活动从空白到成型，但专业性辨识度不高；与此同时，广州图书馆在少儿服务方面一直以来保持着与学校的密切合作，这与公共图书馆的社会教育属性密不可分。

（二）“十三五”时期

2015 年是新馆开放的第三年，在少儿读者量激增、服务多样化发展、读者需求不断提升的情况下，广州图书馆编制了《广州图书馆 2016—2020 年

---

① 广州图书馆2011—2015年发展规划[EB/OL].[2023-05-11].https://www.gzlib.org.cn/devplan1/203911.jhtml.

发展规划》[①]，进一步把馆藏资源、阅读空间、专业人才、社会力量等更好地转化为服务效能，将少儿服务的相关内容聚焦为一个策略、十个行动方案，特色活动“阅读+”成为“十三五”时期少儿服务发展的重要标识。在服务需求激增的情况下，广州图书馆积极寻求服务人群、服务内容、服务方式和服务品牌建设上的革新，为准父母、父母和不同年龄段的儿童提供绘本、玩具和分级阅读服务，推进阅读推广活动品牌化、系列化、专业化发展，充分发挥广州图书馆的区位与综合功能优势，广泛开展社会合作。“十三五”时期是少儿服务提质增量的阶段，一方面要应对激增的服务需求，另一方面要重新整合、提升品牌辨识度。2016—2020年，广州图书馆少儿服务以更加开放包容的姿态实现了期刊、原版图书的外借服务，以积分方式激发少儿对阅读的积极性和持续力。但对玩具等新型阅读载体服务，仍未跳出单纯服务外包的框架。

（三）“十四五”时期

“十三五”期间，《中华人民共和国公共文化服务保障法》《中华人民共和国公共图书馆法》等一系列重大战略部署陆续出台，为公共图书馆事业发展明确了方向。上至国家层面立法，下至地方图书馆相关规章、条例，都强调少儿专指性服务和社会参与。2019年，基于词频突变的研究结果显示，“图书馆在儿童阅读推广中彰显出强劲的发展趋势”“儿童阅读推广体系不断完善”是我国儿童阅读推广的理论前沿和发展的两大趋势[②]，这一切使广州图书馆少儿服务工作获得了前所未有的发展空间，为制定第十四个五年发展规划提供了良好的基础。

2021年，公共图书馆事业进入了“十四五”时期，城市中心图书馆从基础建设阶段正式进入了高质量发展阶段。《广州图书馆2021—2025年发

① 广州图书馆2016—2020年发展规划［EB/OL］.［2023-05-11］.https://www.gzlib.org.cn/devplan1/203912.jhtml.

② 赵燕.基于词频突变的我国儿童阅读推广前沿和发展趋势研究［J］.出版发行研究，2019（1）:99-103.

展规划》[①]于这一年颁布实施，其中少儿服务规划的专指性内容被提炼为一个策略、八个行动方案，推进服务体系化发展、扩大服务覆盖面，以新发展理念推动融合发展，是广州图书馆重点谋划、着力推进的工作项目。构建全民阅读社会是全社会的共同责任，公共图书馆应加强与业外领域跨界合作，不断提升少儿阅读推广服务创新发展水平。针对少儿服务发展，《广州图书馆 2021—2025 年发展规划》[②]提出了“依托图书馆学、教育学、心理学等理论”，“形成集借阅、展览、交流分享于一体的服务空间，营造文献资源与空间环境协调统一的阅读氛围”，“强化资源挖掘的深度与广度，构建更趋系统、精细和多元的阅读推广模式”，“回应未成年人群体内部差异和未成年人特殊群体阅读需求”，“对未成年人新型阅读开展探索性服务项目，加强专业研究”等针对性的发展要求，反映出多学科知识的应用、阅读活动的专业性和规范性管理，主题空间服务发展、特殊群体阅读需求、服务研究与发展等成为“十四五”时期广州图书馆少儿服务思想转变的着力点。

三、完善管理规范

落实到具体服务的组织实施，需要图书馆构建具象化程度高、可操作性强的组织管理规范，以对儿童服务项目实施过程起到保障、指导和监督的作用。2020—2022 年，广州图书馆根据服务发展规划，制定了儿童借阅服务规范、儿童阅读推广规范、儿童阅读推广空间管理规范、儿童馆员职业素养与行为规范等一系列既能为儿童阅读服务提供保障、又能为儿童馆员职业发展提供指导的内部规范文本。同时，广州图书馆结合中国图书馆学会阅读推广课题研究，对阅读推广项目的组织、实施和开展进行梳理和提炼，从而为其他图书馆提供具有可操作性的指南。其内容具体到操作层面，对前期实践经验的积累要求较低，因此更适用于阅读推广工作基础较为单薄的基层分馆。

①② 广州图书馆 2021—2025 年发展规划［EB/OL］.［2023-05-11］.https://www.gzlib.org.cn/devplan1/203908.jhtml.

（一）服务部门管理制度

编制《馆员职业素养与行为规范》《儿童与青少年服务读者须知》《服务安全管理规范》《玩具管理规范》《阅读推广工作规范》，让少年儿童服务工作的每一环节都有章可循，形成科学发展的长效机制。其中，《儿童与青少年服务读者须知》被《广州图书馆规章制度汇编》收录。

（二）阅读推广规范指南

为进一步促进公共图书馆玩具创意交流活动的科学、规范、可持续发展，更好地满足广大儿童的阅读诉求，激励馆员在业务工作基础上，通过课题研究提升专业水平，广州图书馆少儿馆员组成课题组，申报了中国图书馆学会2020年阅读推广规范指南课题。根据研究主题，课题组以广州图书馆历届“阅创互动 绘玩无限”玩具创意交流活动为范例，编写了《公共图书馆绘本阅读和玩具服务融合发展指南》，内容包括服务资源建设、活动流程、活动保障、服务评估和配套文件五个部分。该指南探讨绘本阅读与玩具两项服务融合发展的操作规程，为其他图书馆提供了参考和指导。

第二节　服务实践理念

一、科学构建活动品牌

李武、朱淑华认为，2009—2015年，未成年人阅读推广理论研究处于勃发期，主要体现为图书馆界知名专家学者纷纷将目光投注到未成年人阅读推广理论研究工作上，研究队伍不断扩大，研究成果数量不断攀升；与此同时，该阶段我国对发达国家少儿阅读推广的研究，从对某个项目或案例的介绍进入全局化、体系化的研究阶段，从而带动少儿阅读活动走进了品牌建设发展的理性阶段[①]。在企业管理活动中，品牌是一个企业的产品质量、价值、价格以及企业的形象、知名度、信誉度和服务水准等的综合体现。公共图书馆在推出各类丰富多彩的活动的同时，也要关注和分析活动开展的成效及市民参与的积极性，不断沉淀和提升，逐渐形成活动品牌[②]。

2015年后，广州图书馆在发展规划的指引下，少儿服务发展逐渐有了品牌化建设的觉知，开始致力于将活动品牌打造得更为体系化、立体化。2016年11月，广州图书馆举办的“2016年度品牌活动”评比，更带动了少儿活动品牌往纵深发展。2018年，代表广州图书馆少儿活动服务的IP形象被正式推出。

表2-1-1　广州图书馆少儿活动服务IP形象“小R”

IP形象	IP形象内涵
 人物“小R”	R释义为Reading，寓意为“阅读之力”； 人物头戴学位帽，寓意为“知识与智慧”； 人物的体型，形同广州图书馆新馆建筑形状，寓意为“广州图书馆特色”

随后，各类少儿活动项目相继推进自身品牌化建设，对活动品牌建设主要集中在对项目名称、标识、理念、形式四方面要素的完善。

① 李武，朱淑华.新世纪未成年人阅读推广理论研究进展[J].图书馆论坛，2018(10)：109-116.

② 许晓霞，金德政，张岚.品牌化与创新：图书馆读者活动的着力点[J].新世纪图书馆，2014(1)：19-22.

表 2-1-2　活动服务品牌列表

项目名称	活动理念	活动形式
“小樱桃”阅读树亲子绘本分享活动	以独特视角、多种形式解读绘本，让亲子家庭体验快乐	故事分享、亲子互动、合作展示
小河马玩具馆	以1—8岁儿童为服务对象，在注重玩具娱乐性、丰富儿童生活的同时，更注重玩具在开发儿童多元智能、促进亲子关系良好发展中的作用	亲子活动、主题活动和玩具创意比赛
小小创客	激发儿童的创新能力和发散性思维，融合科学、艺术、阅读、创意、手工于一体	创作自己的书、小小设计师、创意儿童编程、趣味科普一小时等
“签·约世界”国际青少年书签设计交流活动	由广州图书馆与美国洛杉矶、澳大利亚莫纳什、俄罗斯莫斯科等地的图书馆合作主办，以促进儿童与青少年多元文化交流为宗旨，鼓励通过孩童视角和稚嫩笔触，描绘对阅读的热爱，抒发对城市的情感，展现书签艺术的魅力。每年的优胜作品还在各国公共图书馆巡回展览	交流、培训、讲座、展览、工作坊等
“漫绘阅读”青少年儿童艺术素养提升计划	以文献资源为基础，探索跨界融合，为青少年儿童及社会各界公益人士搭建平台，促进青少年儿童的审美教育、情操教育和心灵教育，培养艺术想象力和创新意识	艺术创作征集、名家分享会、艺术展、艺术坊
“悦读童行”广州图书馆儿童与青少年阅读攀登计划	由“阅读星”挑战赛、“阅创达人”挑战赛、21天“阅读攀登”接力赛、“活动达人”挑战赛等组成。小读者通过挑战获取积分，阅读头衔从“书童”起，升级为“秀才”“举人”“进士”“探花”“榜眼”，直到“状元”。表现优秀的小读者有机会在广州图书馆展示自己的阅读成果	阅读攀登挑战赛

续表

项目名称	活动理念	活动形式
“悦读童行”广州图书馆婴幼儿阅读攀登计划	以孕妈妈和0—6岁儿童家庭为服务对象，旨在帮助家长掌握培养新生儿童良好阅读习惯的方法和技巧，鼓励家长与他们的孩子一起分享图书、游戏和儿歌，鼓励他们到附近的图书馆借阅图书，利用图书馆资源	发放婴幼儿阅读包，开展阅读推广活动，面向家长开展关于提升亲子阅读技巧的讲座，以及开展针对参与该计划家庭的调查研究等
“文学后花园”青少年儿童文学素养提升计划	面向6—17岁的中小学生开展的儿童文学品牌活动，包括“书影对话”“故事里的事”“选对译本读好书”“诗书童年”等	文学读书会、阅读沙龙、诗词展览、线上推送
“书及远方”广图研学	活动遵从公益性、安全性、教育性、实践性原则，是从阅读出发，以培养中小学生价值观、责任担当、问题解决和创意物化能力为主要目标的“图书馆+”研学服务	旅行参观、游戏互动、导师讲解、学员展示
广州图书馆“n+1家阅读”项目	以“图书馆+家庭”的模式，从以往图书馆员单向传授阅读经验，转为馆员和优秀阅读家庭共同传授阅读经验，搭建图书馆与读者双向沟通的平台，引导亲子家庭更好地阅读	亲子沙龙、线下分享、线上推送

除了思考项目品牌要素的完整性以外，小河马玩具馆、“小樱桃”阅读树亲子绘本阅读分享活动、“悦读童行”广州图书馆儿童与青少年阅读攀登计划等活动项目，还向更深远的层面探寻，部分项目已经完成了管理机制的构建。2020年，小河马玩具馆完成了项目运营手册的编写，从玩具采选、玩具分类编目加工、活动流程和典型案例等多方面，为公共图书馆玩具馆服务运营提供工作指引。“小樱桃”阅读树亲子绘本阅读分享活动始于2006年，在2013—2022年图书馆界的绘本阅读推广服务已高度普及的情况下，该项目最突出的发展优势在于紧扣少儿自身发展、亲子阅读质量改善和活动质量提升三方面内容，编制调查问卷并持续发放、回收近十年，日积月累的数据有助于在活动绩效研究方面取得突破，十年来获取的调查数据经过不同口径

的统计、分析和总结，得出“父亲对亲子共读的参与度明显提高”“故事会的互动性成为最受期望的活动部分”等结论[①]。2023年，为响应国家“建设儿童友好城市”中的“儿童参与”要求，“小樱桃”阅读树亲子绘本阅读分享活动启用由安德鲁斯（Andrews）和威西（Withey）在1976年编制的人脸量表。人脸量表是一种非语言性的主观幸福感量表，它由多幅人脸组成，每幅人脸的表情不同，反映从非常高兴到非常难过等不同心情。参与活动的儿童可以选择最符合当下心情的人脸去表达自己对该活动的喜爱程度，实现从儿童的视角考量活动绩效。不足之处在于，“小樱桃”阅读树亲子绘本阅读分享活动忽略了活动对个体发展的长期影响力方面的评估，这一点今后可以通过建立儿童阅读力发展档案去完善。

二、以激励促进阅读持续性发展

《公共图书馆宣言》中关于培养儿童阅读习惯的条款，从1994年版[②]“培养并加强儿童养成早期阅读习惯”扩展至2022年版[③]“培养并加强儿童从出生到成年时期的阅读习惯”，实际上强调的是培养儿童阅读的持续性。广州图书馆的三个五年发展规划，均将“培养儿童阅读习惯”视作发展目标之一。“习惯”是一种常年累月养成的生活方式，培养儿童阅读习惯实际上是要促进儿童阅读的持续性发展，由此就产生“如何促进”“如何判断促进作用”两个核心问题。首先，如何促进？以“激励”促进。“悦读童行”广州图书馆儿童与青少年阅读攀登计划自2017年起启动，向少儿发放“阅读护照”，并配有对多项激励机制，如借阅图书数量、参加活动次数、递交阅读成果数量的积累奖励以及邀请好友参与攀登计划等，并以积分量化少儿的正

① 冯莉.公共图书馆绘本故事会调研实践与思考［J］.山东图书馆学刊,2017(4):76-80,124.

② 张树华.对1994年《公共图书馆宣言》的认识和理解［J］.中国图书馆学报,1997(3):4-6,22.

③ IFLA-UNESCO Public Library Manifesto 2022［EB/OL］.［2022-08-04］.https://repository.ifla.org/bitstream/123456789/2006/1/IFLA-UNESCO%20Public%20Library%20Manifesto%202022.pdf.

向行为信息，培养其阅读兴趣，同时以服务需求为导向不断创新激励机制、优化激励手段以及拓展服务人群①。2019年，“悦读童行”广州图书馆阅读攀登计划推出婴幼儿阅读包，以免费发放阅读包的方式将“激励阅读”向0—3岁婴幼儿亲子家庭群体延伸，强化父母及监护人的亲子共读理念，鼓励儿童从出生开始接触阅读。其次，如何判断促进作用？在基础服务方面，广州图书馆少儿图书借阅量在全馆中的占比连年攀升，2022年占比更突破了5成，成为广州图书馆的主要服务群体。而在个案追踪方面，2017—2023年，项目实施的6年间，多个长期参与项目的儿童在学习能力上较同龄人表现出了优势，成为体现项目成效的典型。2022年启动的广州图书馆“n+1家阅读”项目，通过举办读者阅读经验分享沙龙，邀请优秀亲子阅读家庭分享自己的阅读故事，以家庭持续性阅读案例促进更多家庭持续开展阅读，体现了阅读的持续性在不同家庭间的接力传递。

三、尊重差异，保障阅读权利

广州图书馆一直秉持“理性、开放、平等、包容”的服务理念，直面、尊重和理解特殊群体的差异性阅读需求，最大限度保障不同个体的阅读权利。2017年3月施行的《中华人民共和国公共文化服务保障法》第一章第九条提及“各级人民政府应当根据未成年人、老年人、残疾人和流动人口等群体的特点与需求，提供相应的公共文化服务”②。国际图联现有的指南将特殊人群分成三种类型：一是身体特殊性的人群，如视力障碍者、阅读障碍者；二是年龄特殊性人群，如婴幼儿、儿童；三是由于其他方面特殊性而形成的特殊人群，如因为文化特性而出现的多元文化群体③。公共图书馆少儿服务的主要对象为少年儿童，其主要的差异性体现在年龄阅读差异、阅读智识

① 冯莉.少儿阅读激励项目实践研究——以广州图书馆“阅读攀登计划”为实例[J].图书馆研究，2021(2):88-93.

② 中华人民共和国公共文化服务保障法[EB/OL].[2023-04-20].http://www.npc.gov.cn/npc/c12435/201612/edd80cb56b844ca3ab27b1e8185bc84a.shtml.

③ 孙昕玦，陈慧彤，肖鹏.IFLA特殊人群服务指南理念共识及其对我国的启示[J].图书馆论坛，2023(4):129-138.

差异、经济文化差异三方面。

（一）阅读年龄差异

少年儿童认知发展的阶段性非常明显，不同年龄甚至不同月龄儿童阅读能力存在着很大差异。分级阅读，是公共图书馆少儿阅读推广工作的重要学理依据，但在广州图书馆新馆开放后很长一段时间里，婴幼儿阅读推广一直处于空白阶段，主要原因在于，婴幼儿个体心智处于初始发展阶段，认知水平、理解能力十分有限，相应的阅读活动开展的专业性要求高，服务难度相对较大。美国心理学家布鲁姆（Bloom）曾提出著名的“儿童智力发展假说”，认为假如17岁儿童的智力为100，那么儿童长到4岁就已经具备了50%的智力①。因此，0—3岁是儿童接受教育的关键时期。在国际上，《国际图联婴幼儿图书馆服务指南》②指出，婴幼儿身处的环境对早期阅读能力的培养起着极大的作用。全世界的家庭都需要在当地的图书馆获得一定的帮助，要营造一定的阅读环境以激发婴幼儿的阅读兴趣并吸引他们来到图书馆。作为广州城市中心图书馆，广州图书馆无论是在包容性服务还是精细化服务方面，都应该发挥前瞻作用。《广州图书馆2016—2020年发展规划》③提出：“为准父母、父母和不同年龄段的儿童提供阅读推广、阅读辅导、阅读激励等活动。”2017年，广州图书馆推出了绘本阅读、感觉统合玩具、“悦读童行”婴幼儿阅读攀登计划等多项阅读活动，充分回应、满足了低龄儿童的阅读需求。2021年，为打造生育友好型社会，进一步拓展和延伸婴幼儿阅读推广服务，经过前期的反复研究和多方论证，同年7月，广州图书馆“孕妈妈”读者证正式上线，孕期中的准妈妈凭相关证明可以借阅绘本和免费领取婴幼儿阅读包，为准妈妈进行胎教阅读提供必要条件，同时持“孕妈妈”读者证一年期满后可以凭新生婴儿的相关证件办理儿童读者证，实现胎教阅读

① 李胜春.关于实施幼儿素质教育的思考[J].天津师范大学学报（基础教育版），2001（2）：70-72.

② Guidelines for Library Services to Babies and Toddlers[EB/OL].[2023-06-10].https://repository.ifla.org/handle/123456789/574.

③ 广州图书馆2016—2020年发展规划[EB/OL].[2023-05-11].https://www.gzlib.org.cn/devplan1/203912.jhtml.

和婴幼儿阅读的无缝衔接，成功将图书馆服务对象延伸至胎儿期读者。

（二）阅读智识差异

有一部分儿童因智力水平差异或阅读能力障碍导致阅读需求较一般人更特殊，如读写困难儿童、智力障碍儿童和孤独症儿童。读写困难儿童是广州图书馆阅读智识差异服务的重点对象。2013—2017年，由华南师范大学经济与管理学院束漫教授主持的国家社科基金项目“公共图书馆为阅读障碍人群服务的理论、方法与对策研究”，以广州图书馆新馆作为实践研究基地，联合教育部门、专业公益机构、家长、媒体等多方力量，开展了一系列针对读写困难儿童群体的活动项目，其中包括暑假儿童伴读计划、读写实践线上课程、读写实践活动及读写障碍纪录片展映交流活动等，以增强社会各界对阅读障碍症的认知、尊重和理解，尽可能地帮助阅读障碍儿童融入社会，实现自我价值。调查显示，全世界大约9%—12%的人有读写困难症，6—12岁是阅读障碍矫治的黄金时期①。广州图书馆在服务阅读障碍群体的过程中从未停止努力。为更广泛宣传、普及读写困难相关知识，持续和深入开展读写困难儿童阅读服务，帮助读写困难儿童提升阅读能力、学习能力，2022年，广州图书馆专门打造了“易读空间”（Easy-to-Read），并根据《公共图书馆读写障碍人士服务规范（修订版）》② 指引，在服务空间的情景体验、视觉标识设计和馆藏资源上进行专业化设置，丰富了图书馆读写困难儿童服务的内容与途径。

孤独症儿童是广州图书馆少儿服务关注的另一个具有阅读智识差异的重点服务对象。孤独症患者在社会交往、沟通、行为和智力方面存在不同程度的障碍，世界卫生组织将其列为儿童精神疾病第一位③。提升大众对孤独症人

① 束漫，宋双秀. 公共图书馆“读写困难症”儿童服务的推广问题研究［J］. 图书馆杂志，2015，34（10）：13-19.

② IFLA Guidelines for LibraryServices to Persons withDyslexia- Revised and extended［EB/OL］.［2023-06-08］.https://repository.ifla.org/server/api/core/bitstreams/a872ac66-dc46-446a-bdce-c2d655913e6d/content.

③ 弭希苒，李鑫. 面向自闭症群体服务的图书馆员培训策略探析［J］. 图书馆工作与研究，2022（S1）：163-166.

群的接纳程度，让其获得平等教育的机会，是全社会共同的责任。公共图书馆作为推进全民阅读工作的主体力量，应肩负着社会教育职责，为孤独症儿童群体提供阅读服务，保障其阅读权利。2016年以来，广州图书馆、中山大学附属第三医院儿童发育行为中心、中山大学新华学院共同举办了“遨游书海，拥抱来自孤独的那颗星”关爱孤独症儿童的系列公益活动，活动旨在培养孤独症儿童的阅读兴趣，引导孤独症儿童认识图书馆，培养其阅读能力，帮助他们更好地接触社会，帮助家长更好地对孩子进行康复训练以及提高公众对孤独症的认识。

（三）经济文化差异

广州图书馆的特殊人群服务，精准回应了城市文化生活的实际需求，极具城市特色。广州作为我国珠三角经济发达地区的中心城市，独有的城市特征也衍生出一些特殊儿童群体，如流动儿童等。在社会转型的大背景下，广州流动人口的规模愈来愈大，千千万万外来务工人员为了生计，携子女背井离乡来到这里。他们在为这座大城市发展添动力的同时，在家庭上则往往缺乏对子女的陪伴，再加之社会支持不足、生活环境条件较差等原因，导致外来务工人员子弟（即流动儿童）难以融入城市、融入社区，他们需要得到社会的关注和支持。

2022年，广州图书馆举办的“读懂广州，温暖童年”——“天真的能力”艺术图片展，共吸引6000余人次观展。该展览以艺术图片的形式记录城中村流动儿童的生活现状，让更多公众了解、关爱流动儿童群体。此次展览得到多家媒体关注和报道，体现了广州图书馆致力于面向未成年人群体内部差异和未成年人特殊群体阅读需求的规划发展导向，带领读者从全新视角和维度认识广州。

图 2-1-2 “读懂广州，温暖童年”——“天真的能力”艺术图片展

四、以技术带动服务发展

融媒体时代，微信公众号、订阅号、视频号以及抖音号在公共图书馆服务中出奇制胜，对新服务技术的应用也是少儿服务理念发展的重要体现。2014 年 1 月，广州图书馆的小河马玩具馆正式对外开放，“广州图书馆玩具馆”微信订阅号随之开始运营，开创了少儿服务微信号宣传的先河。2016 年，广州图书馆推出“广图少儿”微信公众号，少儿服务开始有了自己的专属公众号，随后“广图少儿”陆续开通了少儿服务介绍、通知公告、阅读推荐、活动品牌介绍、活动预告、红色阅读、活动报道等功能。因公众号传递信息便利，广受读者欢迎，截至 2023 年 3 月 10 日，“广州图书馆玩具馆”关注量为 26660 人，发文量为 2588 篇；“广图少儿”关注量为 25333 人，发文量为 2189 篇。2018 年 1 月，小河马玩具馆完成了所有功能型玩具的编目工作，实现了计算机系统管理，让每一套玩具的使用情况、每一位参加活动的儿童玩具使用行为习惯均有迹可循，对玩具使用情况进行较为完整的记录，还针对个别服务对象进行重点观察，归纳玩具资源利用规律，进一步优化与完善玩具资源建设，以确保玩具服务在不断优化中持续发展。另外，广州图书馆少儿服务网页在十年中持续改版，不断优化栏目设计、后台运营等

服务方式，完善内容更新、活动报名等服务功能。

图 2-1-3　“广州图书馆玩具馆”订阅号

图 2-1-4　“广图少儿”公众号

图 2-1-5　广州图书馆少儿服务网页

第三节　馆员职业认知发展理念

认知发展，是指主体获得知识和解决问题的能力随着时间的推移而发生变化的过程和想象[①]。同理，图书馆员的职业认知发展也是其不断获得知识和提升问题解决能力的螺旋式发展过程。少儿馆员的能力可以体现在各种活动中，并在活动中得到发展，心理学研究表明，能力、知识、技能三者密切相关，知识与技能是综合能力的基础，而综合能力的高低也会影响知识、技能的迭代水平。这就形成了一个“知识、技能积累越多，能力越强；能力越强，积累的知识、技能越多”的良性循环过程。十年来，广州图书馆少儿馆员的职业认知发展也可以从知识发展、技能发展、理论水平发展提升三方面进行归纳。

一、知识发展

知识是人脑对客观事实的主观表征，在本书中具体指图书馆专业知识和少儿服务专业知识。图书馆专业知识是指研究图书馆的组成要素及文献信息资源的管理技术和业务的专业性学科知识[②]。一方面，馆员在刚进馆实习期间，都要参与广州市公共图书馆新入职人员培训，培训的主要内容是图书馆实践工作中较为实用的专业知识，如图书馆员信息素养、图书馆史、图书馆参考咨询服务、图书馆采访编目工作、图书馆阅读推广工作、数字图书馆建设与服务、图书馆服务技巧、基层公共图书馆评估与服务效益提升、公共图书馆总分馆体系人才队伍建设等。另一方面，少儿馆员除了接受图书馆专业知识培训，还会参加各级图书馆学会举办的各类少儿服务专业培训与考核，

---

① 陈英和.认知发展心理学[M].杭州:浙江人民出版社,1996:6.

② 教育部高等学校教学指导委员会.普通高等学校本科专业类教学质量国家标准(下)[M].北京:高等教育出版社,2018:867-872.

如中国图书馆学会、广东图书馆学会、广州市图书馆学会等组织举办的阅读推广人培训等；少儿馆员通过参加学术交流会议获取少儿服务专业知识，如绘本剧嘉年华、家庭阅读推广优秀案例研讨会、全国出版界图书馆界全民阅读年会等学术会议、全国少儿阅读峰会等；少儿馆员还可以从由阅读推广人（非图书馆工作者）主讲的“提升讲故事技巧”“0—3 岁婴幼儿阅读推广技能”“绘本阅读解读”“文学作品赏析”等实操性培训中获得技能。上述都是十年来少儿馆员持续迭代自身知识的主要途径。

二、技能发展

技能是指人们通过练习而获得的动作习惯，在本书中具体指少儿馆员不断在工作实践中获得的经验，主要包括读者咨询服务、图书推荐、讲故事、撰写案例等方面。读者咨询服务可以加深少儿馆员对图书馆流通管理系统、馆藏布局、业务规范、少儿阅读活动安排的了解，提升与读者，特别是少年儿童沟通的技巧。图书推荐是公共图书馆的一项核心工作，特别是在少儿服务中，馆员通过推荐图书，了解丰子恺儿童图画书奖、国际安徒生奖、纽伯瑞儿童文学奖、凯迪克奖、凯特・格林纳威奖等世界顶级的童书大奖，以及海豚传媒、江苏少年儿童出版社、接力出版社、明天出版社、二十一世纪出版社等少儿读物出版机构，还有情感认知、勇气成长、生命教育、家庭生活、自然科学等主题丛书，通过推荐阅读帮助少儿提高阅读水平，解决成长困惑，养成积极向上的人生观、价值观。讲故事，就是参与阅读推广活动，讲故事不仅是推广儿童阅读的一个有力抓手，也是对馆藏进行专业导读的有力输出方式，各级图书馆学会举办的阅读推广人培训的最终考核环节就是“如何讲好故事”，少儿馆员可以获得更多为少儿读者讲故事的实践机会，通过亲身参与，练就讲故事的技能。撰写案例有利于提高馆员理论与实践结合的能力，“征集阅读业务案例和创新案例”是每年各级图书馆学会都会开展的活动，公共图书馆的业务经验分享和创新分析，可以有效推进馆员对业务工作的总结和反思，并促进各图书馆之间的交流与发展。

知识与技能是能力的基础，长期积累知识、磨炼各方面技能，最终可以提升自身的综合素质。在少儿服务中，馆员的工作能力主要体现在阅读活动统筹、服务管理、业务研究三大板块，能够独当其中一方面的可算作业务骨干。

三、理论水平发展

为进一步提高问题解决能力，提升馆员的理论水平，少儿馆员在工作中的经验总结需要进一步提升到理论层面，开展理论研究，几乎是唯一有效的途径。少儿服务是以少年儿童为主要服务对象的图书馆业务，少年儿童是一个发展阶段性特征极为明显的群体，十年来，馆员有意识地对服务对象、服务方式、服务内容和服务机制开展研究，以撰写研究论文和开展课题研究等方式输出研究成果，以提高业务发展水平和理论发展水平。2013—2023 年，据不完全统计，广州图书馆少儿馆员共发表论文 60 余篇（包括专业刊物、非专业刊物、论文集和会议论文），主持、参与课题研究近 20 项，包括国家社会科学基金重大项目、广州市哲学社会规划课题、中国图书馆学会科研项目、中国图书馆学会阅读推广课题、广东省图书馆科研课题、广州市图书馆学会科研课题。研究方向聚焦在阅读推广、玩具馆建设、绘本资源建设、规范指南建设、立法研究、家庭阅读、阅读服务体系化等方面。

从个人的视角来看，理论研究拓展了馆员的工作视野，并增强其反思能力。从服务部门的视角来看，理论研究能够为业务工作决策提供有说服力的依据，增强馆员的向心力[①]。从图书馆的视角来看，理论研究可以增强其在行业中的话语权。

（本章执笔人：冯莉）

① Using Research to Promote Literacy and Reading in Libraries：Guidelines for Librarians [EB/OL].[2022-03-07].https://www.ifla.org/publications/ifla-professional-reports-125?og=8708.

第二章　服务人群发展

1972 年版《公共图书馆宣言》[①] 指出，公共图书馆应当满足儿童、学生及身心障碍群体的阅读需求。1994 年版《公共图书馆宣言》[②] 更加明确了“每一个人都有平等享受公共图书馆服务的权利，而不受年龄、种族、性别、宗教信仰、国籍、语言或社会地位的限制”。《广州图书馆 2016—2020 年发展规划》[③] 提出面向各种群体提供对象化的支持，促进学习型社会的建设，促进公众对知识的追求、创新及综合素质的提升。《广州图书馆 2021—2025 年发展规划》[④] 进一步提出延伸拓展特殊群体服务对象及服务内容，提升特殊群体服务理念、服务意识和服务能力，注重细节、优化体验；深化针对少年儿童、老年人、来穗人员等群体的阅读服务。服务群体的细分和拓展是公共图书馆儿童和青少年事业不断发展进步的重要标志，在图书馆少年儿童服务提升与发展中起着重要作用。新馆开放 10 年以来，广州图书馆在少年儿童服务群体的延伸和拓展方面不断探索，初步形成了 0—18 岁未成年群体全覆盖的服务模式，尤其在困境儿童群体的服务领域作出了多项有益的尝试。

少年儿童群体正处于人生中对阅读需求最为旺盛和对知识获取最为渴望的阶段，他们渴望凭借知识的力量获得自我提升。而要想获得自我提升，仅仅依靠自身和家长的力量显然还远远不够，图书馆更应该为他们提供相应的

---

① 联合国教科文组织公共图书馆宣言 1972［EB/OL］.［2023-05-12］.http://web.lins.fju.edu.tw/mao/pl/uplm 1972.htm.

② 联合国教科文组织公共图书馆宣言 1994 年［EB/OL］.［2023-05-28］. https://repository.ifla.org/bitstream/123456789/691/1/pl manifesto-zh.pdf.

③ 广州图书馆 2016—2020 年发展规划［EB/OL］.［2023-05-11］.https://www.gzlib.org.cn/devplan1/203912.jhtml.

④ 广州图书馆 2021—2025 年发展规划［EB/OL］.［2023-05-11］.https://www.gzlib.org.cn/devplan1/203908.jhtml.

服务。这种服务除了提供适合少年儿童的馆藏资源，最为有效的方式就是举办少年儿童阅读推广活动。阅读推广活动是一种积极的主动干预式服务，能够更好地帮助少年儿童平等地获取知识，实现人生价值。

印度著名图书馆学家阮冈纳赞在1928年提出著名的“图书馆学五定律”：书是为了用的；每个读者有其书；每本书有其读者；节省读者的时间；图书馆是一个生长着的有机体。广州图书馆少儿服务的发展历程也基本遵循了“五定律”。广州图书馆少儿服务的主要对象是少年儿童及其亲子家庭，2013—2022年是广州图书馆新馆建设和发展的关键10年，少儿服务在此期间亦发生了翻天覆地的变化。一路走来，广州图书馆少儿服务不断扩展其服务对象的外延及内涵，面向更广泛的服务人群，提供更加多元化、人性化的服务。

第一节　以精细化为导向，不断扩展服务人群外延

在旧馆时囿于空间限制，广州图书馆未成年服务对象以7—18岁学龄儿童青少年为主，2013年新馆开放后，旧馆的“少年儿童借阅部”更名为“儿童与青少年部”，下设主要面向0—6岁学龄前儿童的“低幼儿童组”和主要面向6—18岁学龄儿童的“中小学生组”，并进一步将“低幼儿童组”从儿童早期发展规律的角度将文献资源分为0—3岁婴幼儿图书区和4—6岁绘本区，将“中小学生组”从图书分类的角度划分为“文学艺术图书区”和“综合书刊区”，让每一个年龄段的孩子都可以更加便捷地找到自己喜欢的书籍。

一、面向婴幼儿及其家庭的早期阅读推广

美国心理学家布鲁姆曾提出著名的“儿童智力发展假说”，认为假如17岁儿童的智力为100，那么儿童长到4岁就已经具备了50%的智力，到8岁

时有了 80% 的智力，剩下的 20% 是从 8 岁到 17 岁的将近十年里获得的。因此，0—3 岁是儿童接受早期教育的关键时期。刚出生的孩子有着不可低估的吸收性心智，能接收各种各样的信息。在 0—3 岁阶段，孩子主要积累的是感知觉经验，包括视觉、听觉、触觉、嗅觉等不同感官的联合作用。这些感知觉经验的积累，既是儿童认知发展的一部分，更是为儿童在 3—6 岁阶段，完成更加复杂的认知任务打下坚实的基础。因此 0—3 岁婴幼儿是少年儿童阅读推广的重点关注人群。亲子绘本阅读馆的特色馆藏区域“婴幼儿图书区”以 0—3 岁婴幼儿为主要服务对象，重点入藏纸板书、翻翻书、洗澡书、玩具书、立体书等馆藏资源，满足低龄宝宝的阅读需求。此外，2019 年“悦读童行”广州图书馆婴幼儿阅读攀登计划项目启动，经过不断尝试和打磨，至 2023 年，该项目覆盖人群从 0—3 岁婴幼儿逐步扩展到 0—6 岁婴幼儿及其亲子家庭和孕妈妈群体，该项目以发放专业化的亲子阅读指导材料为手段，鼓励更多低龄段亲子家庭利用图书馆，进行更科学高效的亲子阅读活动。项目还邀请专业化公益社会组织和阅读推广人参与项目，提供适龄绘本，举办面向低龄儿童主要陪伴人的亲子阅读技巧讲座，增强了该项目的公益性和实用价值。

二、面向儿童的绘本及玩具阅读推广

绘本是公认的、最适合培养儿童阅读习惯的读物，绘本阅读对儿童早期思维能力和语言表达的提升作用，使其在图书馆界有着极为重要的推广价值①。新馆建成以后，广州图书馆在南二楼设立以 0—6 岁学龄前儿童为主要服务对象的亲子绘本阅读馆，入藏各类绘本近 30 万册，不仅有获得凯迪克大奖、国际安徒生大奖、丰子恺儿童图画书奖等大奖的绘本，也有爱心树、麦克米伦等知名童书品牌的系列绘本，并结合多元阅读需求设立“科普艺术绘本”“红色绘本”等专架，放置特色馆藏资源。亲子绘本阅读馆除提供绘本借阅服务以外，还开展一系列活动推广绘本阅读，例如：“小樱桃”阅读

① 方家忠.广州图书馆年度报告：2021［M］.广州：广州出版社，2022：215.

树亲子绘本分享活动，该活动以亲子家庭为对象，以激发儿童阅读兴趣、倡导亲子共读为宗旨，培养了一批热爱阅读的亲子家庭；“图书馆，让童年更美好”——新春少年儿童原创绘本展是由广州图书馆和社会力量合作举办的综合型绘本阅读推广项目，由广州图书馆进行前期培训，自主征稿，组织专业团队评议，由社会力量负责展览实施及开展绘本故事分享活动，让绘本阅读从单纯的输入变成“输入—创作—输出”的模式，让更多的儿童从中获得绘本阅读和绘本创作的乐趣。

儿童时期是人类生理和心理发展的关键时期，不同年龄的儿童应有适合自己的玩具。联合国1989年通过的《儿童权利公约》①第31条规定：“儿童有权享有休息和闲暇，从事与儿童年龄相宜的游戏和娱乐活动，以及自由参加文化生活和艺术活动。”公共图书馆玩具服务为儿童的娱乐和游戏权利提供物质保障和空间保障。国际图联《0—18岁儿童图书馆服务指南》②提倡公平、平等的服务理念，提出在馆藏建设上应凸显多样性和包容性，满足特殊群体的多元需求，该指南提倡的“公平、多元和包容”价值观念已成为公共图书馆的核心价值之一。公共图书馆提供的玩具服务也是对国际图联《0—18岁儿童图书馆服务指南》核心价值理念的一种响应。因此，除了专业的绘本阅读推广以外，2014年1月1日，广州图书馆小河马玩具馆正式开放，围绕儿童的语言、音乐、空间、身体运动、数学逻辑、人际、自我认知、自然认知八大智能开展活动。作为亲子绘本阅读馆内的“馆中馆”，小河马玩具馆将服务对象的年龄划分为不同年龄段，活动类型包括主题活动、亲子活动和交流活动三大部分，在玩具资源采访、玩具分类、玩具著录及数据库建设等方面为我国玩具图书馆的资源建设和服务开展提供了良好的范例。小河马玩具馆的服务理念是将玩具等资源共享，把玩具及游戏作为促进儿童发展的有效手段，并致力于将玩具及游戏的价值传递给儿童、家长以及社会。小

① 儿童权利公约[EB/OL].[2023-05-17].https://www.un.org/zh/documents/treaty/A-RES-44-25.

② 0—18岁儿童图书馆服务指南[EB/OL].[2023-05-27].https://www.ifla.org/wp-content/uploads/2019/05/assets/libraries-for-children-and-ya/publications/ifla-guidelines-for-library-services-to-children_aged-0-18-zh.pdf.

河马玩具馆通过玩具引入对绘本故事的讲述，利用其特有的馆藏资源，创设有利于提升婴幼儿阅读能力的心理情境，如利用山洞、小火车、小鸭子等玩具模型开展玛格丽特·怀斯·布朗的经典作品《两列小火车》阅读活动，借助交通工具玩具、小警察玩具、红绿灯玩具等物品开展日本绘本之父松居直的经典作品《红绿灯眨眼睛》阅读活动，帮助孩子学习交通规则，树立安全意识。这种“玩具+图书”的形式对儿童理解图书内容、提升阅读兴趣起到了积极作用。

三、结合全面发展面向青少年群体开展阅读推广

儿童青少年时期主要是指6—18岁这个时期，是少年儿童成长成才的关键时期。2021年7月，中共中央办公厅、国务院办公厅印发《关于进一步减轻义务教育阶段学生作业负担和校外培训负担的意见》[①]（以下简称“双减”政策），以减轻学生作业负担、充分利用社会资源，积极开展丰富多彩的科普、文体、艺术、劳动、阅读等综合素质拓展类活动。“双减”政策对公共图书馆的阅读推广服务提出了更高的要求，给予中小学生更多参与公共图书馆阅读活动的机会，这就需要公共图书馆不断转变思维，增强创新能力。而后续实施的《中华人民共和国家庭教育促进法》，也为“双减”政策下的公共图书馆阅读推广创新服务提供了一个突破口。为此，公共图书馆需要发挥“第二课堂”的职能，通过丰富多彩的阅读活动，着力培养青少年坚定的理想信念，树立正确的人生观和价值观。这一阶段的少年儿童阅读的自主性增强，开始根据自己的兴趣选择相应的书籍进行阅读[②]。广州图书馆为这一年龄段的少年儿童群体营造了良好的阅读环境，优化馆藏资源，提供“介入式”的阅读服务，结合实际情况，通过举办不同主题的阅读活动培养少年儿童的阅读兴趣，拓宽他们的视野，提高他们的动手实践能力。

---

① 中共中央办公厅，国务院办公厅．关于进一步减轻义务教育阶段学生作业负担和校外培训负担的意见［EB/OL］．［2023-05-23］．http://www.moe.gov.cn/jyb_xxgk/moe_1777/moe_1778/202107/t20210724_546576.html.

② 张利娟．公共图书馆弱势群体阅读推广服务研究［D］．合肥：安徽大学，2015.

（一）针对中小学生群体的美育素养提升

美育是未成年读者素质教育的重要组成部分，广州图书馆通过美育实践，使未成年读者拥有认识、感受、欣赏和创造美的能力，从而逐渐具备美的理想、情操、品格和素养。对未成年读者实施美育实践是公共图书馆开展社会教育的重要职责和任务，公共图书馆也是体现美育成果的最佳场所。美育包括艺术、自然、社会与科学之美的鉴赏与创作四方面的内容。其中，艺术教育是美育的核心部分。

公共图书馆拥有丰富的艺术资源，面对庞大的未成年读者群体艺术素养提升需求，如何为其创造轻松愉悦的教育氛围与环境，提供专业化、多元化的服务方式，帮助他们提升艺术审美和创造能力，是摆在公共图书馆人面前的重要课题。以广州图书馆青少年品牌活动“漫绘阅读”青少年儿童艺术素养提升计划（以下简称“漫绘阅读”）为例，该项目在2018年正式启动，以连续三年组织“漫绘阅读——中国动漫金龙奖少儿美术创作大赛”为发展契机，开启集绘画艺术工作坊、名家讲座、优秀作品展览及专题图书资源建设等活动为一体的链条式阅读推广盛宴。三年间，共收获200多家艺术教育机构及个人提交的作品8000多份，举办漫画、插画、手绘画、手账、非遗连环画等多种绘画形式的艺术创作赏析与创作活动50多场，吸引了逾7万名读者参加。2019年“漫绘阅读”获奖漫画作品受邀在广州国际友好城市图书馆——日本福冈综合图书馆和韩国光洲图书馆展出，超过10万人次观展。中国外交部、光州中国友好中心、广州市人民政府外事办公室、凤凰新闻等政府部门和新闻媒体对活动进行了报道。2020年，广州图书馆编撰《漫绘阅读——中国动漫金龙奖少儿美术创作大赛成果汇编》，对三年的成果进行完整的收集与整理。2021年，广州图书馆与广东省文学艺术界联合会、广东省美术家协会、广州市动漫艺术家协会等艺术机构合作，举办“首届广东青少年儿童美术作品展暨创作交流活动”，围绕“中国故事”与“中国话题”，开展中国传统文化交流活动、国际儿童文学交流、中国节日故事与手工创作、中国地理漫画赏读、庆祝广州图书馆建馆40周年贺卡制作等活动35场，吸引了2万多名读者参与。此外，还举办“追梦时代——首届当代动漫美学展”“植物带我回家——治愈系亲子陪伴计划”等“漫绘阅读”大型作品展览，新华社、《人民日报》、广东广播电视台等39家权威新闻媒体发表相关报道与推文100多篇，浏览量90多万次。

（二）针对中小学生群体的科学素养提升

广州图书馆依托少儿科普资源，每月开展内容丰富、贴近生活、公众喜闻乐见的特色科普活动项目，旨在丰富少年儿童的科普知识，拓宽科普视野，提高科学素质。该活动从2013年10月开始举办，深受少年儿童及家长们的喜爱。活动主题涉及范围广，包括环保、地理现象、化学、气候、天文、建筑、安全教育、生物等科普知识；形式包括专题小讲座、科普制作、科学实验展示、科普游戏、手工书DIY等。以“我是科普小达人”活动为例，在每月主题活动期间，中小学生综合书刊区服务台的主题书架会展出相关主题的科普推荐书目，并向参加活动的读者派发当月的主题书目推荐单，推荐馆藏科普资源，引导更多的小朋友接触、了解并爱上科普类书籍，让他们能享受并利用科普资源。此外，该项目积极搭建合作平台，与华南理工大学建筑学院合作的“筑梦”青少年科普系列活动，和华南农业大学义工联合会合作的“探索”青少年系列科普活动更是为项目锦上添花。同时，为了鼓励小朋友们参加活动，“我是科普小达人”设置了初级、中级、高级三个等级，此外，只要参加“我是科普小达人”任意一场活动，就可领取“我是科普小达人”小册子一本。每次活动后可以在小册子上贴一枚印花，集齐15枚印花晋升一级，并领取晋级奖品一份。晋升到高级时，将获得“优秀科普小达人”称号和一份特别的创意礼品。

四、面向间接服务对象的儿童读物阅读推广

为确保借阅资源的公平性原则，广州图书馆儿童与青少年馆藏资源仅服务于持特定读者证的未成年群体，该借阅规则在保证资源均等的前提下，不可避免地会忽略一部分为儿童青少年提供阅读服务的成年人群体，为此，广州图书馆本着“以人为本”的服务理念，不断扩展服务对象范围，尽可能地

满足每一个群体的童书阅读需求。

2017 年 7 月，广州图书馆开始面向中小学、幼儿园教师，儿童文学创作、研究人员，图书馆学、学前教育学、特殊教育学、儿童心理学、艺术设计类等相关专业的研究人员和在读学生群体提供少儿资源外借服务。此举在保障儿童优先享有童书资源的前提下，为部分有专业需求的行业和职业群体开放童书借阅权限，有针对性地扩大了服务人群范围，以点带面，以成人带动儿童，让优质儿童阅读资源辐射到更广泛的儿童群体。

在“三孩”政策的社会背景下，为打造生育友好型社会，进一步拓展和延伸婴幼儿阅读推广服务，广州图书馆推出孕妈妈专属借阅服务，并提供专业阅读指导，让孕妈妈更方便地利用图书馆资源进行胎教阅读，和婴幼儿阅读推广无缝衔接，利用特色馆藏资源和专业化服务进一步扩展图书馆的未成年服务范围。从 2021 年 7 月 1 日起，广州图书馆“孕妈妈”读者证正式上线，孕妈妈凭相关证明可以借阅儿童书籍，为胎教阅读提供必要条件，同时，孕妈妈们持读者证还可以免费领取一个婴幼儿阅读包，提前储备亲子阅读专业知识，让阅读成为迎接新生命的礼物。“孕妈妈”在读者证一年期满后可以凭新生婴儿的相关证件办理儿童读者证，实现胎教阅读和婴幼儿阅读的无缝连接，为图书馆培育未来的读者。

第二节　以均等化为目标，不断丰富服务人群内涵

在我国，公共图书馆是由中央或地方政府出资管理的，免费为社会公众服务的图书馆。公共图书馆能为一般群众提供服务，也可以为特殊人群提供服务，包括儿童、工人、农民等[①]。公共图书馆是人类社会文明发展的产物，其主要的经费来源于地方行政机构的税收收入，所以公共图书馆必须面向所有居民免费开放，而且必须积极发挥公共图书馆的各项职能。在党的十九大

① 任丽博.脱贫攻坚环境下地方高校图书馆社会化服务策略研究——以张家口学院图书馆为例[J].文化创新比较研究,2018(11):145,150.

报告中，习近平总书记强调“青年兴则国家兴，青年强则国家强”。作为公益性文化机构和社会文化中心，公共图书馆必须积极发挥终身教育的职能，更好地帮助青少年弱势群体学习和生活。为建设和谐社会，促进社会和谐稳定，必须重点关注特殊人群，避免他们在社会生活中受到不公平的待遇。由于青少年对问题的主观分析能力较差，所以很容易因为自身的成长环境或者经历而导致心理问题的产生[①]。通过加强对青少年的文化教育，帮助其从书籍中获得正确的世界观、人生观和价值观，最大限度避免心理疾病的产生，同时也可以更好地帮助他们获得知识储备和学习能力，从而成长为对社会有益的人才。公共图书馆为青少年弱势群体提供服务，能够帮助他们化解矛盾，具有非常重要的现实意义。广州图书馆以均等化为原则，为有特殊需要的未成年读者群体提供个性化的服务。

一、面向城市流动儿童开展服务

流动儿童成长问题是我国城市化进程快速推进的伴生物。20 世纪 80 年代以来，我国人口大量向东南沿海地区及大中城市流动迁移的总体趋势一直未变，并且近年来越来越呈现“家庭化”和“长期化”的趋势[②]。流动儿童可能是少年儿童、城市边缘人群、城市贫困人群的交叉群体，在成长过程中可能以留守儿童、随迁儿童、回流儿童等多重特殊身份生活，弱势特征尤其明显。作为流动儿童流入地的大中型城市公共文化服务部门，公共图书馆应坚持平等、公益、开放、人性化的服务准则，充分发挥自身职能，为流动儿童的成长保驾护航。

公共图书馆是城市重要文化服务部门，能够从文化教育层面对流动儿童的健康成长产生一定的影响。流动儿童的健康成长，需要得到城市的包容和社会的认同。作为公共文化服务机构，广州图书馆积极帮助流动儿童主动探

---

① 刘倩倩.关于公共图书馆为青少年弱势群体服务的思考［J］.智库时代，2018（26）：87-88.

② 陈筱琳.公共文化服务与流动儿童成长关系研究——兼论面向流动儿童的传统文化阅读推广［J］.图书馆建设，2021（1）：157-166.

索，品读不同文化独特的品质与内涵，激发流动儿童的求知欲，增强其对图书馆信息利用的主动性，帮助其以兼容并蓄的宽广胸襟学习了解多元文化特质，形成健康的自我意识，养成积极向上的人格和处事方式，提升在不同环境下的适应能力和社会融合能力。

表 2-2-1　广州图书馆针对流动儿童群体开展的主要活动

时间	主要活动
2017 年 1 月	广州图书馆为参与“带着索南去看海”公益行的少年儿童提供图书馆导览服务，让他们共享美好阅读时光
2017 年 1 月	参与“冬日暖阳”关爱行动的“小金雁家庭”等一行约 200 人做客广州图书馆，通过馆员的导览，参观现代化图书馆、体验公共图书馆服务
2017 年 3 月	为参与“爱让我圆梦”关爱活动的外来务工子女及志愿者共 60 人提供参观图书馆服务，介绍了图书馆的空间分布、馆藏资源与特色活动
2017 年 7 月	广州图书馆携手广东省湖南务工人员服务协会，与广州市来穗人员服务管理局、广州市法律援助处，以及湖南省卫计委驻广州工作站合作，共同为来穗湘籍外来务工家庭共计 280 人定制了一系列精彩纷呈的“美丽山・诚游广州”活动
2018 年 4 月	广州图书馆开展阅读活动，为来穗建设人员子女、留守儿童等 70 人介绍图书馆的概况，体验图书馆的阅读活动
2018 年 7 月	在由广州市文明办、广州市妇联主办，广州市儿童活动中心承办的“亲情相约 圆梦广州——2018 年第五期关爱留守流动儿童夏令营”活动中，广州图书馆儿童与青少年部组织阅读分享和参观活动，让 110 名儿童了解图书馆的服务与概况，促进良好阅读氛围的形成，共享阅读盛宴
2018 年 8 月	举办“青少年流行歌曲艺术鉴赏及演唱技巧”、“Flash 动画卡片制作”、微软“编程一小时”等活动，有近 100 名来穗留守儿童和家长参加辅导讲座
2022 年 3 月	“读懂广州，温暖童年”——“天真的能力”艺术图片展在广州图书馆启动，该展览由广州图书馆与千禾社区基金会、广东省美丽关爱慈善基金会共同举办，以艺术图片的形式记录城中村流动儿童的生活现状

二、面向读写障碍儿童群体开展服务

读写障碍又称阅读障碍、读写困难，是一种常见的特殊学习困难[①]。广州图书馆一直致力于为读写障碍儿童提供阅读辅助服务。截至2022年，广州图书馆面向读者开展读写服务专题活动共计50多场，5000多名读者参与，推荐专题图书与电影30多册（部）。广州电视台《府前直通车》栏目、《广州日报》、《羊城晚报》、《南方都市报》、《信息时报》、《新快报》等主流媒体曾对面向读写障碍儿童的暑期儿童伴读计划进行报道。广州图书馆读写障碍儿童阅读服务相关报道40多条，浏览量4万次。

表2-2-2　广州图书馆面向“读写困难儿童”群体开展的主要活动

时间	主要活动
2013年6月	广州图书馆成为国内开展公共图书馆读写障碍儿童阅读服务实践基地之一，在华南师范大学束漫博士主持的“公共图书馆为阅读障碍人群服务的理论、方法与对策研究”课题组的指导下，积极开展问卷调查及公众宣传，完善与构建“读写障碍”资源馆藏，联动各方社会力量，开展学术交流与分享，持续开展“学习潜能体验营”“暑期儿童伴读计划”“广州图书馆读写实践”等读写障碍儿童服务实践活动
2014年	为丰富专业馆藏，广州图书馆儿童与青少年部整理和荐购100多种“读写障碍”专题图书
2014年5月	广州市图书馆学会联合全国各省市自治区、直辖市图书馆学会及公共图书馆开展“公共图书馆读写困难服务高级研修班”
2014年7—8月	广州图书馆与广州阳光社会工作事务中心合作开设为期5天的暑期“学习潜能体验营”，双方共同策划开展绘本讲座、绘本DIY及悦赏书影等阅读活动
2014年9月	广州图书馆与广州市教育局基础教育处、广州阳光社会工作事务中心合办“关注聪明的‘笨’小孩——‘读写困难症’报告会”

① 苏福，洪芳林，毛望平．图书馆读写困难儿童空间设计与服务——以IFLA最佳实践为例［J］．图书馆论坛，2022（6）：106-119.

续表

时间	主要活动
2015 年 3 月 21 日	广州图书馆派馆员出席由深圳市科学技术协会主办的“关注读写——2015 首届读写困难服务联动研讨会”，学习深圳市卫宁读写障碍中心、广州市增城区乐众社会工作服务中心、中山市阳光社会工作服务中心、广州阳光社会工作事务中心良好的服务经验
2018 年	广州图书馆与平面设计师合作开展“暑期创意汉字启蒙计划”活动
2019 年	广州图书馆和华南农业大学志愿者及具有相关服务经验的社工共同合作开设“2019 暑期伴读计划”，为读写障碍儿童群体提供伴读服务及一些汉字学习方法的建议
2021 年 1 月	广州图书馆与广州市羊城公益文化传播中心、北京龙标影业有限公司广州纪录片研究展示中心合作，引进播放 2020 年首次在国内上映的关于失读症患者的电影《五彩缤纷》，同时开展读者交流活动
2021 年 4 月	广州图书馆儿童与青少年部与广州纪录片研究展示中心合作，共同举办读书月特别活动，展映纪录片《我不是笨小孩》，并邀请本片导演樊启鹏、有多年阅读障碍儿童语文教学经验的老师龙国仪、全国阅读障碍学术研讨会专家组成员翁伟生，以及阅读障碍儿童家长代表分享阅读障碍儿童教育的相关经验，北京师范大学心理学部教授李虹在活动中对阅读障碍进行了权威解读
2021 年 6 月	广州图书馆与华南师范大学研究生利用广州市增城区乐众社会工作服务中心编写的工具“乐写乐读”，研究读写方法，合作开设首期“广州图书馆读写实践线上活动”，通过灵活的学习方法，帮助小学生认识与掌握小学低年级语文教材中指定的字词，并利用小学课文《猴子捞月》，结合相同主题的绘本阅读，通过故事讲述、问题互动，教会读者掌握阅读方法
2021 年 7—8 月	广州图书馆与老师龙国仪，结合该老师多年的理论与实践研究，共同开设 8 期“广州图书馆读写实践”线上活动。活动主题包括：坐姿与站姿调整，视觉与听觉能力提升，手眼协调能力、书写能力、记忆能力与阅读能力的完善；家长与儿童如何接纳自我，如何缓解不良情绪及树立学习自信心等。龙老师与馆员通力合作，结合与儿童身心发育密切相关的主题讲解分析，并结合绘本、图书与影片推荐与游戏示范，完善和制作每一期活动推文，内容全面，脉络清晰，系统完整的活动内容受到读者的热切关注与积极反馈

续表

时间	主要活动
2022 年 12 月	广州图书馆在中小学生文学艺术图书区建立易读空间，用于读写障碍信息宣传，为有需要提升读写能力或有读写障碍的读者开展易读资源服务，设置定期从当代儿童故事、童话、寓言、图画书及短篇小说等国内外优秀儿童文学作品中精选的易读资源的专架，以及开展旨在提升阅读兴趣，解决读写困难，提高读写能力的易读活动

三、面向其他困境儿童群体开展服务

新馆开放以来，依托良好的区位优势和丰富的馆藏资源，除了城市流动儿童和读写困难症儿童群体，广州图书馆也将目光聚焦在其他困境儿童群体。品牌活动“漫绘阅读”特设逆之美奖项，为孤独症儿童、留守儿童等困境儿童提供展现艺术才能的平台；特别推出手语导读系列活动，与听障儿童共读红色经典连环画；招募口述影像志愿者，带视障读者欣赏“植物带你回家”展览；与少年宫特殊教育部联合举办融合教育研学活动。

表 2-2-3　广州图书馆面向其他困境儿童群体开展的主要活动

时间	主要活动
2014 年 4 月	广州图书馆工作人员精心组织，为来自广东省残疾人康复中心孤独症康复部的 20 个“星星的孩子”亲子家庭举办了一场“玩具总动员”活动，受到康复中心老师和家长们的一致好评，“小星星”们还将自己的填色作品赠送给广州图书馆，以表达他们的感激之情
2015 年 8 月	广州图书馆携手 AIESEC 中山大学“U’r Not Alone 伴星同行——关爱自闭症儿童项目”举办“*Love Beyond Words* 伴星同行”大型分享活动。来自加拿大、俄罗斯、马来西亚等 6 个国家的 8 位海外志愿者与中国志愿者一同现场表演音乐剧 *Love Beyond Words*，并合唱专门为孤独症儿童编制的曲目 *My Dear*，传达“虽然我们来自不同的国家，使用不同的语言和生活方式，但是世界上最简单、最共通、可以跨越一切障碍的语言就是爱”，呼吁更多的人去关爱孤独症群体

续表

时间	主要活动
2016 年 9 月	广州图书馆、中山大学附属第三医院儿童发育行为中心、中山大学新华学院红十字会、中山大学新华学院凌霄志愿服务队共同举办关爱孤独症儿童的系列公益活动“遨游书海，拥抱来自孤独的那颗星”
2017 年 1 月	广州图书馆与广东省康复中心联合举办“爱”阅读故事会活动。20 位来自广东省残疾人康复中心的孤独症孩子，在家长与 9 名教师的陪同下参与此次活动。馆员们通过多样的亲子玩具及有趣的绘本故事，帮助孩子们打开与外界沟通的窗户，为他们送去爱与呵护
2021 年 9 月	广州图书馆、广州市人民政府文史研究馆、广州农讲所纪念馆、广州市演出电影公司工作人员在从化区图书馆工作人员的协助下，来到从化区良口镇善施学校举行“红色资源进学校”宣传教育活动，为善施学校的同学们带来一份特别的国庆节礼物
2022 年 1 月	一场别开生面的“触绘‘听’未来”融合阅读活动在广州图书馆开展。活动以 2022 年生肖“虎”为主题，通过绘本朗诵、文本解读、图像解说等语言交流与专业绘画指导相结合的方式，引导视障读者绘制虎年贺卡
2022 年 6 月	2022 年 6 月，在七一建党节来临之际，广州图书馆联合南沙区启慧学校、南沙区港龙中英文实验学校、南沙区实验幼儿园开展了“传承红色基因，强国复兴有我”——“穗阅童行”之“图书馆来了”活动
2022 年 8 月	“广州市建设儿童友好城市——‘小脚丫’家庭志愿服务队打卡公共文化场所”第一站活动在广州图书馆举办，此次活动邀请学琴两年考取英皇钢琴 8 级的无眼女孩陈琳担任“广州图书馆无障碍阅读推广大使”

未成年读者本身存在着多种限制，如语言习惯不同、知识储备不足等，广州图书馆作为城市中心图书馆，一直都将少年儿童群体作为重要的服务对象，不断拓展少年儿童群体的服务外延，丰富服务内涵，践行公共图书馆均等化服务原则，为所有少年儿童及其家人提供服务以及合适的阅读资源，鼓励儿童青少年成为自信且具有能力的个人。

（本章执笔人：胡晨曦）

第三章　服务空间发展

《中华人民共和国公共图书馆法》① 第三十四条规定，政府设立的公共图书馆应当设置少年儿童阅览区域和开展面向少年儿童的阅读指导活动。公共图书馆作为少年儿童主要的社会文化阅读场所，对促进少年儿童阅读服务发挥着重要作用。服务空间是公共图书馆少年儿童事业发展和服务拓展的根基与保障，在图书馆少年儿童服务提升与发展中起着重要的作用和影响。广州图书馆新馆开放十年以来，少年儿童服务空间取得了长足的发展与进步。广州图书馆依托城市新中轴线景观优越的地理位置，聚合少年儿童服务资源，坚持以少年儿童为中心的设计理念，以开放性、人本性、包容性、灵活性和趣味性为空间功能布局设计原则②，采用符合少年儿童阅读行为、心理特征及个性需求的创意装饰与陈设艺术设计，营造“场景化”“沉浸式”的亲子共读环境，丰富阅读空间形态、设计风格、体验方式及空间情境，打造新型阅读服务空间，营造舒适温馨与充满人文韵味的少年儿童阅读氛围，激发少年儿童阅读兴趣，提升少年儿童阅读体验和幸福感。

第一节　服务空间理念发展

服务空间设计理念主要是指依托现代化新型的建筑材料、先进的施工工

① 中华人民共和国公共图书馆法［EB/OL］.［2023-03-04］.http://www.npc.gov.cn/npc/c12435/201811/3885276ceafc4ed788695e8c45c55dcc.shtml.

② 钟伟.公共图书馆新馆建筑设计理念与实践——以广州图书馆新馆为例［J］.图书馆，2020(5):93-98.

艺与技术，从环保节能性、人文艺术性、创新独特性、前瞻新颖性、可持续发展性等多方面对服务空间进行创意性思维设计[①]。设计理念作为公共图书馆服务空间设计的核心要素，对图书馆空间功能布局、文化定位、装饰风格、陈设布置、环境氛围等方面都会产生重要影响。随着社会经济文化与科学技术的快速发展，公共图书馆服务空间建设逐渐趋向人本化和实用性，图书馆空间建设回归服务读者的本源，公共图书馆服务理念由传统图书馆的以图书为中心向现代图书馆的以用户为中心转变，“以人为本”的服务设计理念已成为主导公共图书馆空间建设的指导思想[②]。罗惠敏编著的《图书馆空间设计理念研究》一书提出，公共图书馆空间设计需要打破传统单调的功能格局，创造“灵活通用、现代多元”的空间类型，遵循以用户服务需求为主导的空间设计理念[③]。公共图书馆少年儿童服务空间设计应当秉承“以人为本”和可持续发展理念，兼顾图书馆服务空间的美观实用性、安全环保性及绿色节能性，积极推动从“书的图书馆”向“人的图书馆”的服务空间设计理念转型[④]，打造符合不同年龄段的少年儿童阅读服务空间。图书馆服务空间设计可以按照低幼儿童到中小学生的次序进行具有针对性、个性化与特色化的分层级设计，打造动静分区、层次分明、开放包容、趣味浓厚、复合多元的综合型阅读服务空间。

为满足少年儿童日益增长的精神文化需要，广州图书馆大力推进事业转型发展与服务创新，积极探索“高质量发展”的转型路径[⑤]。自 2018 年起，广州图书馆对亲子绘本阅读馆、“悦读伴岛”、“易读空间”等少年儿童服务空间开展了一系列的空间再造工作，坚持以少年儿童为中心的设计理念，以满足少年儿童服务需求为导向，充分体现“开放包容，创新发展”的服务观

---

① 钟伟.略论中外公共图书馆建筑空间设计的六大理念与实践[J].国家图书馆学刊，2021(1):53-60.

② 钟伟.中外公共图书馆空间再造的实践与研究[J].图书馆，2020(12):55-60.

③ 罗惠敏.图书馆空间设计理念研究[M].北京:社会科学文献出版社，2017:1-2.

④ 吴建中.从“书的图书馆”到“人的图书馆”——赫尔辛基中央图书馆给予我们的启示[J].国家图书馆学刊，2019(5):93-97.

⑤ 方家忠.公共图书馆的中国式现代化——广州图书馆转型发展的历程、评估与思考[J].图书馆论坛，2023(3):6-20.

念，突出少年儿童服务空间的功能性、便捷性、安全性、舒适性、人文性特点，以少年儿童阅读服务为纽带，通过融合阅读行为学、文化美学、环境心理学、环境行为学、空间设计学、艺术设计学、空间社会学、人体工程学、人机工程学、用户体验理论等学科知识，从空间设计理念、空间功能布局、空间光照环境、空间色彩环境、空间材质环境、空间陈设艺术、空间听觉环境、空间触觉环境、空间嗅觉环境、空间人文环境等方面进行特色化与人性化设计，以满足少年儿童阅读学习、知识探索、休闲体验等需求为空间设计的出发点，营造儿童友好型的人文阅读环境，提升少年儿童读者的"悦读"指数。

第二节　服务空间功能发展

服务空间功能主要是指服务空间所发挥的有利作用。公共图书馆空间设计需要服从功能的需要，而空间功能的设计则需要服从读者的需求。传统图书馆服务空间功能以藏书与借阅为主，现代图书馆服务空间功能以图书借阅、信息咨询、展览讲座、艺术鉴赏、文化展示、学习研究、交流分享为主，这就要求图书馆服务空间功能由单一化向多元化、复合型方向转型发展，使公共图书馆成为综合性的文献信息中心、知识学习中心、文化体验中心、交流服务中心，以适应新时代公共文化服务高质量发展的要求[①]。随着社会文化的多元化发展，公共图书馆将多种服务功能融于一个综合空间，通过艺术设计方式打破不同空间的边界，使空间成为能够适应多种新型阅读场景和不同读者服务需求的多功能区域，以适应公共图书馆服务空间的多元化发展。莫丹萍认为公共图书馆儿童阅读空间功能设计需要根据儿童的生理和心理需求创设舒适安全和多元分级的物理环境，融入人文关怀理念，打造适合

① 钟伟.中外公共图书馆打造"第三空间"服务实践研究及启示[J].图书馆理论与实践，2022(2):19-24.

不同年龄特点的儿童阅读空间形态①。石剑兰等提出公共图书馆少年儿童创客空间服务需要制订科学的服务发展规划，构建实体空间与服务平台②。

广州图书馆少年儿童服务空间功能设置以多元化为原则，打破空间区域边界，围绕少年儿童阅读核心功能完成衍生功能的合理设置，运用独特的装饰设计风格，创造独具少年儿童服务特色和文化底蕴的主题空间，注重动态空间与静态空间的融合发展，以适应少年儿童群体的多元化服务需求。少年儿童在不同年龄段会呈现出不同的阅读行为和习惯，广州图书馆少年儿童服务空间根据少年儿童不同年龄段的阅读特点设置了以学龄前儿童为主要服务对象的亲子绘本阅读馆、以 1—8 岁儿童为主要服务对象的小河马玩具馆、以 6—18 岁中小学生为主要服务对象的文学艺术图书区和综合书刊区③，以满足少年儿童的多元复合与分级阅读服务需求。

广州图书馆亲子绘本阅读馆在空间功能规划布局方面，融入创意设计思维，将阅读空间与活动空间设计成两个体块形式，采用动静分区的空间组合模式，用构成的设计方式融入圆形或弧形的阅览家具，形成舒适柔和而富有趣味的婴幼儿阅读体验空间。亲子绘本阅读馆采用独特化的空间形态、色彩搭配和陈设艺术设计，并配置多样化的阅览设施，通过馆藏文献分类、空间造型设计、环境装饰布置等方式营造多元文化服务氛围，如按国别、地区进行馆藏文献布局，设有“新到图书”“外文原版绘本”“婴幼儿读物”“科普艺术绘本”等主题图书专架，为少年儿童读者提供多元化阅读资源④。为营造浓厚的阅读推广活动氛围，拓展空间服务功能，在 2018 年的“4·23”世界读书日之际，亲子绘本阅读馆以故事元素为空间设计思路，有序更换所有墙面艺术插画及配套装饰品，让步入亲子绘本阅读馆的读者都能感受到“亲子

① 莫丹萍.多元化需求下公共图书馆儿童阅读空间功能设计探索［J］.图书馆工作与研究，2018（9）：124-128.

② 石剑兰，高波.我国公共图书馆少年儿童创客空间服务研究［J］.图书馆工作与研究，2022（5）：112-121.

③ 广州图书馆儿童与青少年服务指引［EB/OL］.［2023-03-12］. https://www.gzlib.org.cn/svcinfo/198733.jhtml.

④ 南二楼：亲子绘本阅读馆［EB/OL］.［2023-03-05］. https://www.gzlib.org.cn/userGuide/168271.jhtml.

阅读”的文化氛围。该馆还采用空间再造的方式创新阅读推广服务模式，以优质的空间环境支撑阅读推广活动的有效开展，重点打造阅读推广活动品牌项目，推动阅读活动多元化发展，如开展樱桃读书会、多元读书会、樱桃爸爸讲故事、“樱桃小手作”、“咿呀大本营”等阅读推广活动项目[①]，以满足少年儿童的多元化阅读服务需求，实现以空间功能的多元化发展促进图书馆阅读推广服务的发展。

广州图书馆亲子绘本阅读馆在空间功能设计方面，关注少年儿童读者对公共图书馆现代文化服务空间需求的持续性变化，构建灵活开放的多元复合型空间主流模式[②]，打破实体空间之间的边界，有效实现空间功能之间的灵活转换，以提升图书馆阅读推广服务效益。亲子绘本阅读馆在阅读空间的功能设计方面注重灵活性原则，避免服务空间设计过于单调性，如在阅览空间区域大面积采用落地玻璃设计形式，在玻璃橱窗内展示儿童创作的艺术作品，打造一个属于儿童阅览区域独特的展陈空间。该馆通过运用空间设计手法，在阅览空间大面积采用玻璃幕墙的设计形式，将室外自然与人文景观引入室内阅览空间，延伸学龄前儿童读者的视线范围，提升学龄前儿童读者多元化的阅读体验。亲子绘本阅读馆根据学龄前儿童读者的生理和心理特点，最大限度地实现空间功能类型的多样性、可游戏性和趣味性，将“阅读无间”的理念贯穿于图书馆少年儿童空间设计之中，融入多元化的美学感知，采用卡通图案标识吊牌设计对不同功能空间进行隐性划分[③]，全方位提升学龄前儿童读者视觉和社交等多维度阅读体验。空间作为公共图书馆开展阅读服务工作的重要载体，服务空间功能设计的前瞻性与先进性为图书馆服务创新与可持续发展起到了关键性作用[④]。

---

① 南二楼：亲子绘本阅读馆［EB/OL］.［2023-03-05］. https://www.gzlib.org.cn/userGuide/168271.jhtml.

② 朱小燕.公共图书馆的多元服务空间建设初探——以广州图书馆亲子绘本阅读馆为例［J］.河南图书馆学刊，2016（7）：21-22.

③ 钟伟.公共图书馆空间导视系统设计实践研究——以广州图书馆为例［J］.河北科技图苑，2023（1）：26-31.

④ 钟伟.略论中外公共图书馆建筑空间设计的六大理念与实践［J］.国家图书馆学刊，2021（1）：53-60.

广州图书馆小河马玩具馆以加德纳的多元智能理论为指导，将玩具分为角色与交流、构建与空间、视觉与艺术、自然与科学以及数学与技术五大类，创设“场景化”“沉浸式”的服务环境，营造一种童趣感和新奇感的体验情境，满足学龄前儿童读者多元化的阅读、游戏及认知需求。小河马玩具馆注重将学龄前儿童读者活动进行精细化设计，通过开展儿童感统主题活动，训练幼儿的前庭觉、本体觉、视觉、听觉、味觉、嗅觉与触觉，促进幼儿多元智能的发展①，体现了广州图书馆以人为本的服务空间理念，以空间功能设计促进阅读服务的创新发展。

图 2-3-1　亲子绘本阅读馆

第三节　服务空间布局发展

肖珑认为，为社会公众提供学习、研究、交流、分享、休闲、体验等功能的公共文化服务空间设计，可以统称为“空间服务布局”②。钟伟认为，公

① 关于玩具馆[EB/OL].[2023-03-04].https://www.gzlib.org.cn/userGuide/71240.jhtml.

② 肖珑.后数图时代的图书馆空间功能及其布局设计[J].图书情报工作,2013(20):5-10.

共图书馆服务空间布局设计主要是指公共图书馆通过融入创意设计思维和运用艺术设计方式创造实体和虚拟空间，以满足社会公众人性化与多元化服务需求的过程[①]。近年来，我国各地公共图书馆陆续发布公共图书馆服务标准，这些标准规定，公共图书馆作为公益性的公共文化服务机构，其向社会公众免费开放面积占馆舍建筑总面积的比例不低于一定比例的相关要求[②]，公共图书馆馆藏开放面积比例得到了显著提高。为更好地满足公共图书馆空间功能发展需求，同时适应新时代图书馆事业发展的需要，现代化公共图书馆的建筑空间呈现出全开放式的空间布局发展趋势[③]。

广州图书馆少年儿童服务空间布局以开放性、舒适性、便捷性、互动性、合理性、安全性为原则，注重少年儿童的实际服务需求，充分考虑不同年龄段的少年儿童阅读兴趣，遵循儿童分级阅读的发展规律，按照“幼儿—儿童—青少年”的分层阅读布局，做到服务空间功能明确、布局合理、环境舒适、活动便捷以及互不干扰，创新服务空间布局的组合方式，扩展服务空间形态类型，提升图书馆空间布局的服务效能和用户体验度。

广州图书馆中小学生综合书刊区在空间布局的过程中遵循协调与统一、对比与均衡、节奏与灵活的设计原则，采用灵活性、多层次、人性化的空间划分方式，注重均衡得体、动静分明的空间布局效果，以适应现代化公共图书馆少年儿童服务空间布局的可持续发展需要。中小学生综合书刊区将馆藏资源区设置在南楼四层的核心区域，馆藏涵盖了除文学、艺术以外的所有中小学生图书、期刊、报纸、视听资料、电子文献等多种载体文献，形成社会科学图书区，科普图书区，报刊区，中小学生视听资料区等五大主题区域，为少年儿童读者创设舒适安静、高效便捷的空间布局与阅读环境[④]。中小学生

---

① 钟伟.美国公共图书馆空间布局设计研究［J］.图书馆工作与研究，2022（9）：54-60.

② 关于印发安徽省公共图书馆、文化馆（站）《服务标准》（试行）的通知［EB/OL］.［2023-03-05］.http://www.anhuinews.com/zhuyeguanli/system/2011/11/03/004540523.shtml?ccezwjskuvqepeix.

③ 吴庆珍.谈公共图书馆建筑布局的发展趋势——以杭州图书馆新馆为例［J］.图书馆工作与研究，2010（12）：65-68.

④ 南四楼中小学生综合书刊区［EB/OL］.［2023-03-11］.https://www.gzlib.org.cn/userGuide/71241.jhtml.

综合书刊区通过流线型的空间布局形态营造动态活跃的文化体验活动氛围，实现在有限的空间内构建多重文化体验情境。“科普大篷车”设备体验区作为中小学生综合书刊区的文化科普体验空间，设置在楼层主通道旁，提供力学、电磁学、数学等科技元素的科普设备的体验，让少年儿童读者在阅读学习之余可以轻松体验科普设施[①]，从而达到阅读学习与科学普及相结合的目的。中小学生综合书刊区充分考虑空间视觉的开放式布局设计，主通道外侧采用了玻璃隔断装置，借助玻璃材质的通透性、触感性的特点，打破空间视觉边界，有效地保护少年儿童的人身安全，同时为少年儿童提供一个与其所在的空间环境建立更多视觉联系的机会。

边荣认为少儿图书馆在空间布局方面要从少年儿童的特点出发，满足其各方面的需求，以提升少年儿童对图书馆的满意度和体验感[②]。林红宣等认为创客空间建设与创客教育是少儿阅读推广的重要拓展与延伸，它为少年儿童开展创新服务提供了新的契机[③]。石剑兰等认为公共图书馆需要重视培养少儿创客并构建少儿创客空间服务模式[④]。

广州图书馆阅创空间・小小创客服务区域主要为5—16周岁儿童与青少年提供STEAM教育、创意编程、电子积木拼搭、3D打印体验等主题创客服务，同时开展绘本创作、手工艺术坊等培训、讲座及工作坊活动[⑤]。该区域设置在相对独立的空间，利用灯光照明分割和阅览家具围合的艺术设计手法，以形成动静结合、互不干扰的空间布局模式。

---

①⑤ 南四楼中小学生综合书刊区[EB/OL].[2023-03-11].https://www.gzlib.org.cn/userGuide/71241.jhtml.

② 边荣.浅谈公共图书馆少儿区域空间布局——以香港中央图书馆为例[J].图书馆理论与实践,2019(9):68-71.

③ 林红宣,何润楠.少儿图书馆创客空间建设实践研究——以大连市少儿图书馆为例[J].图书馆学刊,2021(2):22-26.

④ 石剑兰,廖璠.美国公共图书馆少儿创客空间服务调研与分析[J].图书情报工作,2019(14):121-130.

图 2-3-2　阅创空间・小小创客服务区域

第四节　服务空间装饰发展

服务空间装饰主要是指通过融合美学、人体工程学、环境心理学、艺术设计学等学科知识合理地装饰和塑造具有美感而又舒适的服务空间环境。服务空间装饰设计在公共图书馆空间环境氛围营造方面起到重要的烘托作用，图书馆少年儿童服务空间提倡“以少年儿童为本”的理念，推动从“以书为本”向“以人为本”服务空间转型发展[①]。公共图书馆少年儿童服务空间装饰设计需要根据不同年龄段少年儿童的服务需求，以提高少年儿童阅读兴趣为出发点，根据图书馆阅读推广活动主题的需要进行特定风格的装饰设计，结合色彩学、颜色情境理论，从装饰色彩、灯光照明、艺术造型、材质纹理、情境场景等方面进行精细化设计和空间划分，配置特色化的场景式阅读空间，以激发少年儿童的想象力和探索欲。公共图书馆作为物理空间、精神

① 吴建中.从“书的图书馆”到“人的图书馆”——赫尔辛基中央图书馆给予我们的启示[J].国家图书馆学刊,2019(5):93-97.

空间、人文空间与社会空间的统一结合体[①]，需要根据少年儿童自身发展特点和独特的认知角度，遵循“少即是多”和“去繁从简”的设计理念，摒弃无用的冗杂装饰设计，注重空间的实用和美观性，充分利用灯光照明、装饰色彩、材质纹理、陈设艺术等空间设计要素演绎图书馆阅读推广主题场景，以最纯粹的空间设计语言传递出最舒适的视觉感受[②]。公共图书馆空间装饰色彩可以白色、浅绿等亮色为主基调，利用缤纷多彩的卡通色系点缀图书馆整个空间的背景环境，体现对少年儿童的童真的保护。图书馆空间装饰色调应以清新、温馨的暖色系为主，通过柔和雅致、统一和谐的色彩搭配设计，运用优质的吸音装饰材料，从声学专业角度有效地解决公共图书馆少年儿童服务空间的消音降噪问题[③]，营造出一个具有梦幻感和故事性的阅读推广活动空间。

广州图书馆少年儿童服务空间装饰设计根据少年儿童心理特点和阅读推广活动主题的需要，通过平面与立体化的艺术表现手法，突出广州特色文化元素，结合色彩搭配的美学原理，采用温馨、柔和、活泼的色彩搭配设计，把握好空间装饰色彩对比性与调和性之间的关系，营造出趣味性和探索性较强的空间环境氛围。广州图书馆亲子绘本阅读馆根据学龄前儿童读者的特点对阅读空间环境进行装饰性设计，充分体现“儿童友好，服务育人”的设计理念，通过对人文景观、阅览桌椅、沙发造型及墙面、天花板、地板等背景进行精细化装饰设计，为学龄前儿童读者创造一个富有亲子氛围、色彩鲜明、美观实用的人文阅读空间，亲子绘本阅读馆空间装饰风格以素雅简约与美观温馨为主格调，墙面装饰以卡通图案为主，地板和墙面以粉蓝、粉白色系为主基调[④]，阅览设施选择圆形与弧形的装饰造型，为少年儿童活动空间营

---

① 高春花.列斐伏尔城市空间理论的哲学建构及其意义［J］.理论视野，2011（8）：29-32.

② 图书馆空间设计与阅读推广研究的新成就［EB/OL］.［2023-03-12］.https://mp.weixin.qq.com/s?__biz=MzI5MTA2MjMxMw==&mid=2652016779&idx=2&sn=b912c4162c258ae045f7defe65ed1ee2&chksm=f7f067cdc087eedbaf0c1f9b711b5c14b063bf92717d363fbc900119258a270a24cacd801b25&scene=27.

③ 曲红升.图书馆空间降噪设计探寻［J］.图书馆工作与研究，2013（6）：52-54.

④ 朱小燕.公共图书馆的多元服务空间建设初探——以广州图书馆亲子绘本阅读馆为例［J］.河南图书馆学刊，2016（7）：21-22.

造区域归属感。

为进一步拓展少年儿童特色活动“阅读 +”，打造具有个性化、特色化的阅读推广活动场景空间，广州图书馆“悦读伴岛”服务空间设计思路紧紧围绕阅读推广活动主题，空间装饰画面的故事内容延续“小 R 书海寻宝记”，以小 R 乘坐探险帆船回到“悦读伴岛”服务空间跟小伙伴们分享他的探险经历为创意设计思维，通过在走廊墙面、石柱等合适位置巧妙设计海洋生物、灯塔、樱桃树装饰元素，以增强服务空间的童趣性。“悦读伴岛”服务空间装饰设计以动物元素为主，空间装饰造型以落地书架和舞台作为展示方式，利用阶梯设计形式创设围合空间，使舞台空间具有层次感和延伸感，为少年儿童读者提供阅读体验与交流互动空间，达到实用性与美观性兼容的效果。“悦读伴岛”室内空间活动背景墙装饰设计以“树林”形态元素进行抽象造型提炼，通过艺术设计手法对图案文字、装饰色彩、形态造型、材质纹理等视觉和触觉装饰元素进行精细化加工，结合光影艺术设计，在室内活动空间形成自然生动、错落有致、虚实结合的阅读推广活动背景，营造出一种“在森林中阅读”的空间环境氛围。

图 2-3-3　“悦读伴岛”室内空间

第五节　服务空间陈设发展

服务空间陈设主要是指在空间设计的过程中，设计者根据空间环境特色、功能布局、用户需求、审美特性、工艺技术等因素，对陈设品进行精细化与艺术化设计，创设出高品位、美观化、艺术感强的空间陈设环境①。陈设艺术在空间设计中发挥着至关重要的作用，它是美化空间文化环境、增添空间人文意境、强化空间设计风格及营造浓厚的休闲体验氛围的重要方式②。公共图书馆少年儿童服务空间陈设艺术设计需要把艺术设计学与形式美法则应用到图书馆阅读空间设计之中，阅读空间构成要素中的点、线、面、体、色彩和肌理需要按照美学原则进行陈设设计，凸显空间主题和设计风格③，以达到表达空间主题和营造空间氛围的目的。

广州图书馆少年儿童服务空间陈设设计需要根据阅读推广活动主题场景的需要选择合适的陈设品，从色彩、质感、安全、环保性能等方面综合考虑，既要保证图书馆阅读推广活动空间陈设布置的艺术视觉效果，又要做到增添空间环境的人文气息。空间美学很大程度体现在空间的陈设艺术与鉴赏价值方面，缺少美观性与艺术性的空间设计很难真正带给人美的感受。为更好地推广和普及优秀儿童与青少年文学、艺术类资源，营造浓厚的文学艺术环境氛围，广州图书馆中小学生文学艺术图书区空间陈设艺术设计采用实用性陈设与装饰性陈设相结合的方式，遵循服务功能多样性与空间层次并重的设计原则，注重装饰陈设美感性、设计理念创新化和功能布局合理化的综合性设计，体现图书馆的文化内涵和艺术韵味。中小学生文学艺术图书区陈设艺术品在摆放过程中做到陈列和布置主次得当，增强图书馆空间环境的层次

---

① 陈设艺术-百度百科［EB/OL］.［2023-03-12］. https://baike.baidu.com/item/%E9%99%88%E8%AE%BE%E8%89%BA%E6%9C%AF/711012?fr=aladdin.

② 黄玉娟.陈设艺术在现代室内设计中的地位和作用［J］.艺术科技，2016（2）：342.

③ 钟伟.美国公共图书馆空间布局设计研究［J］.图书馆工作与研究，2022（9）：54-60.

感与立体感，该区陈设艺术设计在造型、色彩、图案、材质等方面都呈现出特定的艺术设计风格，通过在墙面与石柱悬挂“漫绘阅读”项目中创作的具有文学艺术特色的艺术作品，搭配阅览桌椅和馆藏文学、艺术类少年儿童图书及观赏性较强的盆栽植物[①]，以提升文学艺术图书区阅读空间的美学氛围。

第六节　服务空间设施发展

服务空间设施主要是指为满足某种服务需要或开展某项工作而设置的配套服务资源。完善和提升公共图书馆服务设施建设水平，对图书馆服务效益与读者满意度都起着至关重要的作用。美国于 1933 年颁布的《公共图书馆服务标准》，将儿童置于与成年人相同的服务地位，强调公共图书馆要设计出符合儿童心理与生理特点的空间与设施[②]。公共图书馆少年儿童服务空间设施应当秉承“读者第一，服务至上”的宗旨，基于图书馆服务对象、功能设置、空间布局、装饰氛围等方面的特殊性，紧密结合公共文化服务行业对少年儿童服务设施的相关要求，以便捷性、美观性、人性化、个性化为设计原则，提升公共图书馆少年儿童服务空间的服务质量和效能，注重服务空间设施的细节化设计，充分考虑少年儿童读者使用图书馆资源的便捷程度，让图书馆服务环境尽显温馨舒适与人文关怀，增强少年儿童读者的幸福感和安全感。

广州图书馆少年儿童服务空间设施设计通过对阅览家具的选择与装饰配色，呈现出柔软舒适与安全环保的细节化设计，简洁文雅而不失趣味性，使阅览家具不再单纯只具有储藏功能，还能支持动态化的阅读学习需要，激发少年儿童的想象力，提供舒适的阅读体验空间。亲子绘本阅读馆通过对阅览家具、墙面阳角、门把手、温馨提示导牌等服务设施采取圆角化的处理方

① 南三楼中小学生文学艺术图书区［EB/OL］.［2023-03-12］. https://www.gzlib.org.cn/userGuide/71249.jhtml.

② 李静. 中美澳公共图书馆服务标准比较研究［J］. 图书馆工作与研究，2014（4）：39-42.

式，确保图书馆空间服务设施能够为少年儿童提供一个安全和愉快的阅读学习环境。亲子绘本阅读馆空间服务设施设计注重与人体工程学相结合，充分考虑少年儿童的身体形态和阅览家具的造型设计、功能属性、材质纹理和装饰色彩的选用，如阅览家具采用方形与圆形相结合的造型组合设计，色彩搭配方面使用了红、蓝、橙、绿，与少年儿童好动和探索的天性不谋而合，达到空间服务设施使用安全、舒适美观等目的。

国际图联从20世纪90年代开始对阅读障碍进行持续关注，并于2001年发布报告《图书馆为阅读障碍人士服务指南》。黄丹俞认为儿童和青少年应当成为图书馆开展阅读障碍人群服务业务的重点关注对象①。2020年，我国发布了《公共图书馆读写障碍人士服务规范》（GB/T 39658—2020），其中规定了公共图书馆提供读写障碍服务的服务对象、服务资源、服务形式和服务要求②。为了给读写障碍少年儿童读者创设一个开放包容、友好融合的“易读空间”，广州图书馆根据《公共图书馆读写障碍人士服务规范》相关要求，通过建立适用于读写障碍少年儿童的空间馆藏与阅读推广活动空间，对空间的装饰陈设与服务设施进行人性化与细节化设计，营造浓厚的“易读”环境氛围，帮助读写障碍少年儿童提升阅读学习能力。“易读空间”墙面和柱面充分利用“易读空间”Logo图案、树懒形象图案、文字图案和色彩搭配进行可视化标识设计，装饰设计采用“平面立体化”表现手法，结合灯光照明艺术，以塑造多元化的标识设计形态。“易读空间”资源阅读区的书架列导牌通过对分类号与类名采用标记不同颜色的表现方式和关键词放大字号等设计手段，增强标识导牌的易显性与易读性，以帮助读写障碍少年儿童易于识别相关标识指引设施的信息内容，突出阅读服务指引的独特性与人性化，提高服务空间的营销效果。

① 黄丹俞.图书馆未成年人服务之阅读障碍援助[J].图书与情报，2013（2）：17-20.

② 全国标准信息公共服务平台[EB/OL].[2023-03-12]. https://std.samr.gov.cn/gb/search/gbDetailed?id=B691BB7786A4D126E05397BE0A0AF3B3.

图 2-3-4　“易读空间”

（本章执笔人：钟伟）

第四章 服务实施

未成年人群体是公共图书馆重要的服务对象之一。保障未成年人群体文化权利，满足未成年人群体文化需求，是公共图书馆的重要使命，也是公共图书馆服务对象化的具体体现。《中华人民共和国公共图书馆法》提出："政府设立的公共图书馆应当设置少年儿童阅览区域，根据少年儿童的特点配备相应的专业人员，开展面向少年儿童的阅读指导和社会教育活动。"[①] 广州图书馆高度重视未成年人阅读服务工作，专门设置内设机构儿童与青少年部承担服务职责，为未成年人群体提供文献流通阅览、参考咨询、读书活动等服务，保障其平等、自由获取公共图书馆资源的权利。

十年来，广州图书馆坚持以习近平新时代中国特色社会主义思想为指导，认真贯彻落实《中华人民共和国公共文化服务保障法》《中华人民共和国公共图书馆法》《中华人民共和国未成年人保护法》《中华人民共和国家庭教育促进法》等国家有关方针政策，深耕未成年人阅读服务，扎实践行"儿童优先"原则，聚焦未成年人价值观引领，通过制定发展规划，丰富服务供给，创新合作机制等维度，着力打造多层次、多模式的阅读推广活动，不断提升未成年人阅读的兴趣，帮助他们从小养成良好的阅读行为，扣好人生的第一粒扣子。截至 2022 年底，广州图书馆馆藏未成年人图书 149.3 万册，拥有未成年人注册读者 37 万人；累计外借未成年人文献 3055.9 万册次，举办未成年人阅读推广活动 10884 场次，超过 425.6 万人次参与。广州图书馆先后获评"全国十佳绘本馆""广东省科普教育基地""广州市中小学生研学实践教育基地""广州市少先队校外实践教育基地"等称号，取得了良好的社会效益。

---

① 中华人民共和国公共图书馆法［EB/OL］.［2023-04-02］.http://www.gov.cn/xinwen/2017-11/05/content_5237326.htm.

第一节　发展规划视角下的广州图书馆未成年人服务

广州图书馆高度重视发展规划撰写及配套实施管理工作，每个阶段的发展规划都是引领广州图书馆发展的纲领性文件。新馆开放十年以来，广州图书馆事业的发展跨越“十二五”“十三五”“十四五”三个规划期，制定了《广州图书馆 2011—2015 年度发展规划》[①]（以下简称“十二五”规划）、《广州图书馆 2016—2020 年度发展规划》[②]（以下简称“十三五”规划）、《广州图书馆 2021—2025 年度发展规划》[③]（以下简称“十四五”规划）三份规划文本。以下围绕各个发展规划文本中未成年人阅读服务方面的相关提法作具体分析。

一、“十二五”时期：承前启后，凝聚力量

“十二五”时期是广州图书馆从旧馆向新馆迈步前进的发展期。广州图书馆“十二五”规划文本，在全力推动广州图书馆新馆建设的大背景下，针对未成年人服务的不同年龄阶段分别提出了“激发儿童阅读兴趣，培养儿童从小阅读的习惯”“引导青少年阅读行为，培养青少年自主学习、获取信息的能力”的策略，配合策略的实施制定了“设立亲子阅读空间，配备适合婴幼儿特点的家具、设备，配备绘本、视听资源，提供日常性的婴幼儿与父母共读的亲子阅读活动”“实施趣味阅读项目，激发儿童阅读兴趣，培养儿童阅读习惯，建立绘本阅读活动品牌”“设立青少年阅读体验馆（吧），强调新技术、新资源、新媒体的应用，为青少年提供个性化的阅读、学习和交流空

---

① 广州图书馆2016—2020年发展规划[EB/OL].[2023-05-11].https://www.gzlib.org.cn/devplan1/203912.jhtml.

②③ 广州图书馆2021—2025年发展规划[EB/OL].[2023-05-11].https://www.gzlib.org.cn/devplan1/203908.jhtml.

间”等具体行动方案。“空间”“亲子共读”“阅读行为”等可以看作当中的关键词。在“十二五”规划的指引下，基于中山四路的广州图书馆旧馆未成年人服务的发展基础，2011—2012年，广州图书馆新馆南楼的空间围绕未成年人等群体的阅读需求进行设计布局，将南楼二至四层区域打造成为未成年人服务的主阵地，分别为亲子绘本阅读馆（二层）、中小学生文学艺术图书区（三层）、中小学生综合书刊区（四层），合计服务面积达6991平方米，于2013年开放。其中，在施工时，广州图书馆还对面向低幼儿童及亲子家庭服务的亲子绘本阅读馆进行了二次深化设计装饰，以其为代表的充满童趣的亲子共读沉浸式阅读环境营造基本形成，为其后十年乃至更长时间广州图书馆未成年人服务打下了坚实的空间基础。

在内容建设方面，广州图书馆以未成年人的实际服务需求为导向，考虑不同年龄段的儿童阅读兴趣和行为特点，遵循分级阅读的发展规律，按照“低幼—学龄前—学龄期”的资源布局，以及馆藏主题和类型将三个楼层的三大区域细分为婴幼儿阅读区、绘本图书区（二层），文学图书区、艺术图书区、国际大奖小说区（三层），社会科学图书区、科普图书区、报刊阅读区、视听资料区、港台外文图书区（四层）等主题区域，创新服务空间布局的组合方式，扩展服务内容，提升图书馆的服务效益和用户体验度。此外，在“十二五”时期，基于服务的阅读推广工作增加，影响力较此前明显增大，在旧馆时已创建和初步培育的广州图书馆亲子阅读活动项目“爱绘本，爱阅读”亲子读书会在新馆更广阔的平台上迭代发展，而“签·约世界”国际青少年书签设计交流活动、“科普小达人”、“青少年艺术坊”等一批项目也逐步形成自身特色，服务活动化态势初步形成。

二、“十三五”时期：服务效益高位运行，辐射效应开始呈现

“十三五”时期是广州图书馆推进体系建设的关键时期。结合事业发展实际，广州图书馆“十三五”规划用了较大篇幅在儿童与青少年阅读及相关服务上，显示了决策者在机构发展中对未成年人服务对象的重视。规划提出“倡导全民阅读，使阅读成为公众终身学习的主要方式；为公众终身学习

提供信息资源、空间和服务；面向各种群体提供对象化的支持，促进学习型社会的建设，促进公众对知识的追求、创新及综合素质的提升”的目标，并在此目标中面向未成年人服务专门制订了“优化传统服务，拓展特色活动‘阅读+’，推进未成年人阅读”的策略，提出“优化亲子绘本阅读服务，推进绘本设计制作大赛、亲子读书会等阅读推广活动品牌化、系列化、专业化，建立儿童阅读馆员品牌，提升阅读推广效益”“针对中小学生群体，深化社会合作和分级阅读服务，并配合学生课外阅读需要，定期编制分级阅读推荐书目，建设‘阅读攀登计划’‘每周一书’‘每周阅读之星’‘阅读教育讲座’、阅读教育讲座等活动品牌”“发挥对外交流优势，强化国际合作，参与国际性未成年人阅读推广活动，培养新的活动品牌，并持续优化“国际书签设计大赛”等已有活动项目”等10项具体行动方案，规划任务相比“十二五”时期更加细致具体。“阅读+”“品牌化”“分级服务”“对外交流”是这一阶段的关键词。这一规划期是广州市依据《广州市“图书馆之城”建设规划（2015—2020）》全面推进“图书馆之城”建设的重要阶段，作为城市公共图书馆服务体系中心馆的广州图书馆，需要充分发挥引领和示范作用，系统谋划体系建设。未成年人是公共图书馆服务体系中的重要群体，广州图书馆紧紧围绕“十三五”规划的关键词，以着力打造全龄段未成年人阅读服务产品为工作重心，使活动向品牌化方向策划推进，“悦读童行”儿童与青少年阅读攀登计划、“签・约世界”国际青少年书签设计交流活动、“漫绘阅读”青少年艺术素养提升行动、“小樱桃”阅读树、小河马玩具馆等阅读品牌获得了各年段未成年人的喜爱，并持续向广州地区乃至国内外城市图书馆辐射，以品牌支撑公共图书馆服务体系良性发展。

三、“十四五”时期：聚焦系统化、精细化服务，推动事业高质量发展

“十四五”时期是广州图书馆全面推动各项事业高质量发展的时期。立足新发展阶段，广州图书馆“十四五”规划聚焦“高质量发展”，以建设“一中心，四平台”（体系中心及知识平台、学习平台、文化平台、交流平

台）为使命，明确提出“系统优化服务供给，促进未成年人阅读”策略，配合策略拟定“依托图书馆学、教育学、心理学等理论，针对不同服务群体的需求设计阅读推广项目，‘阅读攀登计划’的精准度及衔接性”“以绘本、科普资料、艺术图书等特色资源为基础，对文献资源进行动态化布局管理，形成集借阅、展览、交流分享为一体的服务空间，营造文献资源与空间环境协调统一的阅读氛围”“充分发挥阅读推广主体职能，深度对接中小学校素质教育需求，联动学校、教育培训机构等开展多元化合作，扩大服务覆盖面”等行动方案。“精准服务”“空间再造”“素养教育”等为其中的关键点。这一规划期的开局阶段（2021—2022 年），广州图书馆积极响应国家“双减”“文旅融合”等相关政策文件精神，结合广州市公共文化服务高质量发展、全面推进“馆校合作”资源共建共享等中心工作，通过系统的顶层设计，以课程化、标准化为导向，打造“书及远方”中小学生研学项目，发挥馆内纪录片、广州大典、数据库等专题资源丰富的优势，广泛联合专业教育和文旅机构，深度对接素养教育理念和要求，通过阅读为未成年人成长赋能。着力推动公共服务均等化、精细化，持续关注“读写障碍”、来穗务工子女等各类未成年人重点群体。创新“服务前移”思路，将服务对象起点由“婴幼儿”扩大至“孕妈妈”等群体，致力让儿童阅读开始更早、普及更广。

第二节　产品供给视角下广州图书馆未成年人服务的实施

十年间，广州图书馆未成年人服务效能有了较大幅度的增长。以借阅量为例，2013—2022 年，广州图书馆未成年人读者借阅量从 128.8 万册次增至 444.2 万册次（峰值出现在 2021 年，为 508.7 万册次），未成年人服务已经成为广州图书馆业务板图中十分重要的一部分。

一、基础服务供给

《中国儿童发展纲要（2021—2030年）》提出："坚持对儿童发展的优先保障。在出台法律、制定政策、编制规划、部署工作时优先考虑儿童的利益和发展需求。"① 未成年人服务效能的增长反映的是这一群体强大的阅读需求和潜力，而背后则是广州图书馆不断加大的儿童文献保障力度，并对未成年人服务政策的持续优化，之后进一步拉动需求而形成的良性循环。

首先，在资源保障力度上，广州图书馆对儿童阅读资源作了优先保障，彰显《中国儿童发展纲要（2021—2030年）》指出的优先考虑儿童的利益和发展需求的原则以及"理性、开放、平等、包容"的服务理念。从新增馆藏文献来看，十年来广州图书馆平均每年新增未成年人文献近10万册，截至2022年底，馆藏未成年人图书达149.3万册。从馆藏文献资源结构来看，馆藏文献资源结构趋向相对稳定、完备，未成年人馆藏文献资源涵盖5个基本部类22个基本大类的图书、音像资料、报纸和期刊，基本建立了未成年人文献信息资源保障体系。

其次，在文献保障条件相对充分的前提下，广州图书馆一直致力于优化调整未成年人服务供给，具体体现如下：一是逐步扩大未成年人读者借阅权限。结合文献资源保障程度，未成年人相关读者证每证最多可外借册数由2013年新馆开放时的10册逐步提高至15册（2015年9月）、20册（2019年2月）、30册（2020年4月）；在开放特色未成年人资源方面，少儿绘本等资源先后纳入通借通还服务体系，陆续开通少儿期刊及少儿港台图书外借服务，并开通外文原版少儿图书等外借服务。二是拓宽相应群体的借阅需求。先后开设大中小学、幼儿园教师，儿童文学创作、研究从业人员和孕妈妈等成人群体借阅少儿类图书的专属证件，在践行"儿童优先"原则上更有效地保障各类相关服务对象的阅读权利，这一措施也在2022年推广应用至广州地区公共图书馆服务体系；针对需求的变化，将青少年借阅证年龄设置

---

① 中国儿童发展纲要（2021—2030年）[EB/OL].[2023-04-20].http://www.gov.cn/zhengce/zhengceku/2022-04/09/content_5684258.htm.

由 14—18 周岁调整为 12—18 周岁。三是延伸未成年人服务区域服务高峰期的服务时长。从开馆初期每天固定开放 7.5 小时到在六一国际儿童节、寒暑假等节点延长开放时间，尽可能满足未成年人服务高峰期的阅读需求。四是在阅读载体形式上，从开馆初期图书、报刊等纸质阅读资源逐渐延伸至儿童数字资源、益智玩具、科普及创客设备等新型阅读载体，不断丰富阅读内涵和形式。

再次，广州图书馆通过各类形式的书目推荐、主题书架更新，搭建未成年人馆藏文献资源与读者需求间的桥梁，十年间，图书推荐工作机制已得到常态化推进。一是坚持馆员原创。馆员结合专业背景、阅读兴趣以及知识储备进行创作，达到助力读者阅读、提升文献资源流通率的目的。二是推荐主题多样。馆员紧扣社会热点，推荐的图书既有热门图书，也包括小众优质图书。三是推荐形式不断优化。自新馆开放起，各服务区域每月发布推荐书单，广州图书馆从 2020 年开始，统一汇总各未成年人服务区域推送资源，按季度制作推荐书目手册，并通过微信公众号、阅览室电子屏等多种形式传播，2021 年起，在六一国际儿童节期间联合相关媒体发布年度童书推荐书单。推广成效显著，截至 2022 年底，共计制作各类文献推荐超过 600 期。

配合各种服务措施，广州图书馆同时也不断强化未成年人文献资源管理，实现资源统筹配置、专人专项管理、全流程台账记录，基本理顺资源管理全流程，涵盖上架、流通、下架、调拨、报废、剔旧等环节，并设立馆藏文献数据季报、年报制度，形成较为完善的资源管理规范。

二、阅读推广服务供给

培养未成年人良好的阅读习惯，除了要有优质的文献资源和良好的制度设计，还需要各类阅读推广项目助力。十年来，广州图书馆围绕践行社会主义核心价值观、中华人民共和国成立 70 周年、中国共产党成立 100 周年、粤港澳大湾区建设等主题，着力突出馆藏资源和空间优势，充分发挥文化平台和交流平台作用，通过分析不同年段未成年人读者群体服务需求，组织开展形式多样、内容丰富的系列活动，逐渐形成一套较为完善的未成年人阅读推广体系。

年度主旨活动方面，广州图书馆自2007年起响应市委、市政府“书香羊城——全民阅读系列活动”，策划“在阅读中成长——广州市青少年十年阅读系列活动”（以下简称“十年阅读活动”）。2013年后，图书馆进入了珠江新城新馆发展周期，十年阅读活动进一步发挥前六届（2007—2012年）活动积累的经验和成果优势，并结合社会需求的变化，深化“阅读+”输出方式，从征文、知识竞赛等传统阅读呈现方式逐渐聚焦基于阅读的创作、讲述等立体化表达。第七届到第八届活动（2013—2014年）围绕绘本故事讲述举办大型推广活动。第九届活动（2015年）举办青少年手工绘本创作大赛。第十届活动（2016年）举办拼贴画创意设计及电子图文创作活动。各年度项目成果曾先后在南国书香节（羊城书展）、中国图书馆年会主会场等活动现场展示，其中，2015年中国图书馆年会展览——广州市公共图书馆少年儿童阅读推广案例展示环节中，吴建中、王志庚等业界专家莅临现场指导，对广州图书馆未成年人阅读推广工作给予了充分肯定。随着十年阅读活动优秀成果展览及配套总结表彰活动的成功举办，十年阅读活动在2016年金秋圆满落幕，十年耕耘，结出了丰硕的阅读成果，取得了良好的社会效益。第七届到第十届活动（2013—2016年）合计吸引了13.8万人次参与。

2017年起，为进一步紧密连接基础服务与阅读推广工作，广州图书馆结合发展规划的行动方案，在十年阅读活动的项目优势及成果基础上守正创新，致力于打造“阅读成长计划”年度品牌，全新策划“悦读童行”广州图书馆儿童与青少年阅读攀登计划激励性阅读项目，面向0—18岁儿童设计分龄阅读推荐书目，并根据书目设置阅读任务，以“儿童阅读护照”为连接点，通过记录阅读足迹的方式鼓励读者增强阅读主人翁意识，分享传递阅读体验，培养良好阅读行为，推动全社会形成爱读书、读好书、善读书的浓厚氛围。

在活动品牌建设方面，十年间，从中山四路旧馆以亲子读书会为主的较为单一的品牌推广形式，逐步发展到根据不同年龄、群体及主题策划亲子阅读、阅读素养、文学素养、艺术素养、科学素养、重点群体等类别的推广活动，初步构建起全年龄段品牌推广体系。在儿童与青少年部馆员的共同努力下，广州图书馆未成年人活动广受儿童与青少年欢迎，活动场次由2014年度的576场次增至2022年度的1420场次（2013年度开放未满一年不作同比，峰值出现在2021年度，为1976场次）。其中，在艺术素养类别中，以促进青少年多元文化交流为宗旨的“签·约世界”国际青少年书签设计交流活动每年围绕阅读主题，组织各地青少年开展书签创作及文化交流活动。2013年该项目由广州图书馆联合洛杉矶县立公共图书馆共同发起，组织两地青少年共同参与。经过多年的品牌宣传打造，该项目先后吸引法国里昂、瑞典林雪平、俄罗斯叶卡捷琳堡等多家国际城市图书馆加入，品牌辐射面和影响力不断扩大。2020年，该项目由中国图书馆学会阅读推广委员会牵头主办[①]，全国各地区图书馆参与，在国内公共图书馆范围进一步推广。十年来，“签·约世界”国际青少年书签设计交流活动共计征集全球各地青少年作品超过6万份，2018年获中国图书馆学会授予的全国阅读推广优秀项目称号。

三、数字化服务供给

自2013年新馆开馆以来，配合资源建设规划，广州图书馆电子图书等数字资源采购比例稳步加大，陆续采购了不少适合少年儿童读者群体的数字资源，如中华连环画数字阅览室、易趣少儿动画馆、易趣青少漫画馆、易趣3D立体书、中少快乐阅读平台、少儿多媒体图书馆、乐儿数字资源平台、中少视频等，并配合数字资源推广开展电子书创作等活动，满足了少年儿童读者的数字资源需求。

除了加大数字资源方面的供给，广州图书馆也在不断推进传统服务数字化。2014—2015年开通了广州图书馆的微信公众号并围绕广州图书馆网站优化升级进行调研，2016年升级后的新网站——广州数字图书馆正式落地，网站中的活动模块实现了线上活动报名功能，同时广州图书馆微信公众号的服务界面不断迭代，将网站部分功能（如文献查询、活动报名等）嵌入微信公众号中。通过网页端和移动端的优化等数字化手段，读者能更容易参与图

① 关于举办“签·约世界”青少年书签设计交流活动的通知[EB/OL].[2020-03-17].https://www.lsc.org.cn/cns/contents/1347/14790.html.

书馆的阅读活动。此外，为满足对象服务需求，广州图书馆 2016 年开通了“广图少儿”微信公众号，致力于打造专门为少年儿童读者提供阅读服务的数字化平台，不仅将资源推荐、活动预告等内容迁移到微信平台上发布，自 2020 年起还新上线各品牌活动的线上板块，如“小樱桃”阅读树、“云上童声”、“文学后花园”、“科普小达人”等；与此同时，“悦读童行”儿童与青少年阅读攀登计划也于 2020 年开通了线上平台，为参与活动的少年儿童读者提供了在线参与活动打卡积分的渠道，受到广大读者的欢迎。基于种种探索，广州图书馆少儿服务初步实现传统服务向数字化服务的延伸发展。

对于广州图书馆而言，仅成为数字化服务的提供者是远远不够的。作为具有社会教育功能的公共文化机构，广州图书馆应该担负起公众的教育职责，而在数字化时代，公众应具备的核心素养之一就是信息素养，即图书馆应该担负起信息素养教育的职责。广州图书馆自 2013 年 9 月起一直尝试面向少年儿童开展不同主题的信息素养教育活动，如“遇见 · 图书馆”“图书馆素养 +”“书及远方 · 见圕识广”等，以信息素养中的图书馆素养为切入点，培育少年儿童对信息的识别和运用能力，让他们更好地利用图书馆资源和服务。

第三节　合作机制创新视角下广州图书馆未成年人服务的实施

图书馆服务机制的创新，能吸引更多、更优质的社会资源为图书馆读者提供服务，以持续扩展图书馆的业务版图。作为广州图书馆的特色主题馆，小河马玩具馆在公共图书馆内属于首创，也是广州图书馆新馆开放十年来未成年人服务机制创新发展的典型代表，涵盖了资源建设、基础服务、阅读推广等方面的业务内容，服务效益显著，以下从其运营模式、资源综合、活动形式、服务设计与效能等方面展开分析。

一、运营模式

2014 年 1 月对外开放的小河马玩具馆，基于馆藏资源的相对独立性和专业性，经过深入的调研及评估，选择了与其他主题馆不一样的管理模式——图书馆与专业力量合作运营。广州图书馆围绕自身定位及发展需求通过严谨的程序委托专业力量运营，通过合同约定的形式在人员需求、资源选配、活动组织、业务分析等方面设定定性的服务要求，并在主题活动、亲子活动、创新活动、对外宣传、业务培训、读者满意率等方面设定定量的业务指标，探索新型的公共图书馆未成年人服务合作管理机制。

小河马玩具馆坚持免费服务原则，制定管理规则并确定开放时间、服务内容、使用方法等。为固化已有经验，提高工作的规范化程度，编制《广州图书馆玩具图书馆管理手册》，该管理手册包括开馆流程、专业术语、工作职责、活动预约、工作统计五方面内容，具体如下：第一，开馆流程，指工作准备、工作时间和工作流程，涉及室内音量、工作人员的个人形象、玩具图书馆的开放时间、室内环境、玩具摆放、咨询信息等。第二，专业术语，指工作人员的读者服务用语和玩具介绍说明规范用语。第三，工作职责，玩具图书馆工作人员承担引导玩具使用、指导活动内容、提醒服务事项、记录并保存活动档案等工作职责。第四，活动预约，为保障活动正常运行，管理手册明确了玩具图书馆活动的网络预约和电话预约流程。第五，工作统计，这些统计是玩具图书馆重要的活动档案，主要包括每日读者流量统计、预约信息登记和每周工作汇报三部分。工作统计信息可直接反映玩具图书馆服务的开展情况和读者的玩具图书馆活动参与情况，其中每周预约登记人次、实际到场人次和活动缺席人次等信息是考核玩具图书馆服务效能的主要依据。

二、资源统合

广州图书馆积极探索把玩具特色馆藏融入广州图书馆大馆藏格局，结合自身定位和读者需求，制定玩具馆藏采购标准，强化馆藏玩具资源建设，探索出一条玩具资源与其他文献资源融合发展的路径。

资源采选。玩具采购标准主要从以下方面考虑：①中国——玩具3C认证，包括《玩具安全 第1部分：基本规范》（GB 6675.1—2014）[①]及《电玩具的安全》（GB 19865—2005）[②]和各种童车标准等；②欧盟——CE认证；③国际玩具协会认证（美国、欧盟）——ICTI认证；④欧盟、俄罗斯——CU-TR认证；⑤填充物标准，填充物保证安全卫生，玩具外层是合格的填充料，包裹内不允许有垃圾料或下脚料等；⑥小零件尺寸，婴儿玩具产品为追求外形美观或达到某种辅助功能，不准随意设置纽扣、铃铛、项链、耳环等小零件；⑦玩具包装，包装用的软塑料袋厚度标准要求为0.038mm，以防止被儿童套住头部或吸贴在面部鼻孔，阻碍儿童呼吸甚至造成窒息。小河马玩具馆通过建立馆藏评估制度进行资源更新，及时关注藏量、借阅量、流通率最高、最低的资源等数据和行业发展动态，以每年5%—10%的比例更新资源。

分类与编目。广州图书馆将各类玩具开发儿童智能的功用与加德纳智能理论进行对比后，设定自然与科学、逻辑与数学、构建与空间、角色与交流、视觉与艺术五大主题类目，形成《广州图书馆馆藏玩具分类法》。其中，自然与科学类引导儿童观察自然界中的各种事物，对物体和现象进行科学分析，包括数学、物理学、化学、生物学等基础科学和天文学、气象学、农学、医学、材料学等实用科学；逻辑与数学类培养儿童能有效进行计算、逻辑推理、科学分析的思维能力；构建与空间类让儿童发挥动手能力，通过不断准确感知视觉空间及周围一切事物，增强对色彩、线条、形状、形式、空间关系的敏感性，用整个身体来表达思想和情感、灵巧地运用双手制作或操作物体；角色与交流类促进儿童在玩耍的过程中较多地与他人沟通和交流，在此过程中，适当的引导性交流会不断培养儿童的语言能力，加强儿童对他人话语的理解；视觉与艺术类让儿童在活动中得到艺术的熏陶，包括文学艺

① 玩具安全 第一部分：基本规范［EB/OL］.［2014-05-06］.https://std.samr.gov.cn/gb/search/gbDetailed?id=71F772D7FBC1D3A7E05397BE0A0AB82A.

② 电玩具的安全［EB/OL］.［2005-09-07］.https://std.samr.gov.cn/gb/search/gbDetailed?id=71F772D784C3D3A7E05397BE0A0AB82A.

术（如诗歌、戏剧、小说等）、视觉艺术（如绘画、素描、雕塑等）、图文设计、造型艺术（如雕塑、造型）、装饰艺术（如马赛克等）、表演艺术（如戏剧、舞蹈、音乐、相声等）。

以《广州图书馆馆藏玩具分类法》为依据，小河马玩具馆馆藏玩具实现与广州图书馆集群管理系统的整合，开展馆藏玩具的清点及电子标签管理工作，作为判定玩具所属类别、适用年龄、难易程度的依据，进而为读者提供清晰的服务指引，实现玩具资源系统化、自动化管理。馆藏玩具索书号根据每套玩具特点设计，分为五个部分：第一位代表所在馆；第二位根据《广州图书馆馆藏玩具分类法》表示玩具所属类别，“G”为构建与空间，“Z”为自然与科学，“S”为视觉与艺术，“L”为逻辑与数学，“J”为角色与交流；第三位为年龄段分类编号，“O”为高段，“M”为中段，“Y”为低段；第四位是数字，为该玩具在当前年龄段内的难易度，分为三等，分别以数字 1、2、3 表示；第五位是 4 位数字，为玩具的总体序列号。如玩具“汽车科学”的玩具编号 GLO3—0228，表示该玩具是广州图书馆小河马玩具馆逻辑与数学类，适合高段儿童使用，玩具难易度等级为 3，玩具编号为 0228。

流通管理。进入小河马玩具馆的亲子家庭除了选择公共玩具外，每位读者还有自主选择玩具的机会。读者可以在目录册上挑选玩具，并通过馆内借阅的方式在广州图书馆集群管理系统进行登记后领取使用，活动结束后将玩具整理好并归还至服务台。规则的设定既满足读者个性化需求，同时也培养小朋友的专注力，建立秩序思维。

三、活动形式

小河马玩具馆活动设计分为主题类、亲子类和竞赛类。其中，主题、亲子类活动属于常规性活动，竞赛类活动为每年围绕主题开展的大型活动。小河马玩具馆通过提前报名、现场比试、网络投票、公布获奖名单等方式举办玩具创意设计等大型赛事，儿童读者可以自由挑选玩具，独立搭建作品并进行解说，优秀作品将获得表彰及在馆内展示的资格，这种活动可以增强读者的互动参与度，实现儿童从服务接受者向服务提供者的转变。

作为公共图书馆的“馆中馆”，小河马玩具馆承担着阅读推广的主要职责。在日常活动和服务中，围绕绘本故事展开玩具主题活动，辅以教师讲解、角色扮演、音乐伴奏等内容，引导读者阅读绘本内容；定期制作《推荐书目》供参与活动的儿童及家长取阅，并结合不同的时令节气，将传统文化、民俗风情融入主题活动，向读者推荐专题图书，实现特色服务与阅读推广融合发展。

四、服务设计与效能

小河马玩具馆基于图书馆学理论、心理学理论、教育学理论以及儿童身心发展特征理论，融合了加德纳八大多元智能理论体系，在注重玩具娱乐性的同时，更注重其开发儿童智能及阅读延伸的作用。

在服务对象方面，小河马玩具馆开放之初，设定为面向 3—8 岁年龄段儿童提供服务。随着服务能力及专业性的提升，陆续将服务对象拓展至 2 岁龄、1 岁龄以及婴儿期读者。此外，小河马玩具馆也注重为特殊儿童服务。小河马玩具馆与广东省残疾人联合会康复中心等机构开展合作，预留专门的服务时段，设置专门课程，为视障、听障、脑瘫、孤独症儿童等群体提供玩具形式的辅助教育服务。在参与方式上，从现场预约、电话预约等方式逐步过渡为官网及微信预约，不断提升服务体验，并为各类业务统计分析创造条件。

截至 2022 年底，小河马玩具馆共接待读者 85874 人次，总场次达 6328 场次，其中主题活动场次合计为 2076 场次，亲子活动场次合计为 4252 场次。在每场的主题活动后，都有针对活动的策划、组织、趣味性、知识性等方面的满意度问卷调查，历年活动的问卷调查显示读者的满意度皆在 95% 以上。截至 2022 年底，微信公众号“广州图书馆玩具图书馆”累计发文 2500 多篇，总用户数逾 27000 人，总阅读量为 930593 次。

除小河马玩具馆外，十年间，广州图书馆未成年人服务不断创新合作机制，搭建公共文化服务平台，扩大社会参与，累计持续稳定的合作伙伴达 175 家，包括政府机关、国内外图书馆、各级各类学校、科学文化组织、大众媒体、志愿服务团体等，形成跨领域、跨学科社会合作服务体系。各类社会力量的参与和支持有效丰富了服务主题和形式，提升了服务的专业性，扩大了公共图书馆阅读推广的群体覆盖面和社会影响力，形成馆社双赢局面。

（本章执笔人：招建平）

第五章　服务体系发展

根据《广州图书馆 2011—2015 年发展规划》相关要求，广州图书馆 2013 年正式启动对直属分馆的专业化升级改造。2013 年 8 月，完成改造的金花街分馆对外服务，成为广州市首个具有完整成人与少儿借阅服务功能的分馆。自此，提供少儿服务成为直属分馆的"标配"。十年来，伴随着直属示范服务体系的建设与完善，直属分馆少儿服务实现了从无到有、从有到优的跨越式发展，服务能力和水平明显提高。本章将梳理近十年来示范服务体系少儿服务的发展历程和服务效益，进而总结直属分馆高质量少儿服务供给路径。

第一节　示范服务体系少儿服务发展历程

2013—2022 年，示范服务体系的建设总体上可以划分为直属分馆专业化升级改造（2013—2015 年）、示范服务体系构建成型（2016—2020 年）、高质量服务体系完善发展（2021 至今）三个阶段。与此相对应，作为馆外延伸服务重要组成部分的少儿服务，也经历了从无到有、常态化服务、高质量发展的历程。本节结合各个阶段总分馆体系建设的特点，以阐述各个阶段直属分馆少儿服务的重点事件为抓手，勾勒出十年来总分馆体系建设背景下直属分馆少儿服务的发展图景。

一、2013—2015年：少儿服务从无到有

2013年，协作协调部[①]社区分馆组依据《广州图书馆2011—2015年发展规划》要求，开启了为期三年的分馆标准化、专业化升级之路，通过完善规章制度、推进分馆/服务点标准化服务、专业改造以及实现通借通还等措施，初步形成总分馆服务网络结构，服务效能显著提升。在这一时期，示范服务体系通过升级改造和提前规划等方式在社区分馆中打造少儿服务区域，配置少儿图书，将少儿服务引入分馆，完善社区分馆服务结构，为少年儿童提供爱上阅读的启蒙地。

2013年7月，以荔湾区金花街道筹建儿童与青少年活动中心为契机，广州图书馆积极推动建设金花街分馆少儿服务区域，在时任副馆长吴翠红的带领下，协作协调部和儿童与青少年部工作人员深入现场开展调研，指导馆舍建设。8月，金花街分馆完成专业化升级改造，在广州图书馆中心馆的指导下，少儿服务区域装饰色彩明快，场地利用充分，功能分区合理，成为广州地区首个具有完整成人与少儿借阅服务功能的基层分馆。总馆为金花街分馆配置绘本、教辅图书1200册，并引入成熟的少儿活动，同时由儿童与青少年部资深馆员为分馆工作人员及义工提供培训，提升业务能力。金花街分馆的成功升级改造，不仅有利于强化社区分馆的儿童与青少年专项服务，更好地满足社区居民阅读需求，也借此将总馆少儿服务的先进经验引入社区，标志着广州图书馆总馆社区分馆建设与服务迈上了新台阶。2014年7月至2015年1月，沙湾分馆、钟落潭分馆也在广州图书馆的指导下先后完成升级改造，增设少儿阅览区，改善服务条件，并被纳入全市通借通还服务体系。

2014年2月，经过广州图书馆与猎德街道的共同努力，猎德街分馆建成开放，该馆是示范服务体系首个具备完整图书馆服务功能的新建社区分馆。广州图书馆为猎德街分馆配置少儿图书约1000册，并引入少儿活动。以猎德街分馆的建设为开端，此后新建的综合性社区分馆都必须规划建设专门的

① 广州图书馆中心馆办公室前身。

少儿服务区域、配置少儿图书、提供少儿服务。

2015 年 12 月 25 日，广州市社会（儿童）福利院分馆正式开放，分馆面积约 180 平方米，馆藏图书约 2.2 万册，是全市首个以残障等弱势儿童群体为主要服务对象的分馆，对于保障弱势儿童群体平等享受基本文化权利具有重要意义。

以升级改造金花街分馆、新建猎德街分馆等分馆为标志，示范服务体系完成了少儿服务从无到有的跨越，极大地拓展了公共图书馆少儿服务阵地。为少年儿童提供图书借阅、文化活动等服务项目，使得社区分馆实现服务人群的全年龄段覆盖，为社区图书馆提供更多元的服务创造可能；同时也有利于带动更多居民了解图书馆、走进图书馆、利用图书馆，对于丰富社区居民精神文化生活具有重要意义。

二、2016—2020 年：少儿服务常态化

2016 年，根据《广州市公共图书馆条例》《广州市“图书馆之城”建设规划（2015—2020）》及《广州图书馆 2016—2020 年发展规划》要求，广州图书馆中心馆办公室正式推进建设广州图书馆直属示范性总分馆服务体系。示范服务体系以示范性、高标准、高效能为原则，在积极探索社会力量合作共建、阅读推广活动业务外包等方面采取多项措施，总分馆体系建设实现跨越式发展。在这一时期，示范服务体系通过社会化合作共建的方式快速扩张，直属分馆数量迅速增长，少儿服务随之延伸到更多社区。广州图书馆制定了直属分馆建设标准，规定新建直属分馆未成年人服务面积不低于馆舍总面积的 20%、未成年人图书馆藏量不低于总馆藏量的 20%，保障分馆少儿服务供给；以多种途径开展少儿阅读推广活动，提升少儿服务质量。

2016 年，中心图书馆办公室按直属分馆建设标准完成对全部原有联合分馆的升级改造，包括石牌分馆、光大花园分馆、金花街分馆、芳村花园分馆等，增加或完善少儿服务功能，实现服务规则全面统一和少儿服务在示范服务体系全覆盖。

2016 年 9 月 26 日，天河外国语学校分馆正式对外开放，首开示范服务

体系学校分馆先河，为馆校合作奠定良好基础。该分馆面积约 596 平方米，内设学生阅览室、教师阅览室、电子阅览室各一个，馆藏图书约 2 万册。

2016 年 10 月 1 日，广州市儿童公园分馆正式对外开放，该馆是广州地区首个少儿服务专业分馆。该分馆阅览面积约 700 平方米，划分为亲子绘本区、中小学图书区和综合图书区，馆藏量约 4 万册；另有约 300 平方米的活动和展览区。开放至今，接待访问量、办证量、外借文献量、读者活动场次等基本服务效能常年稳居全市基层图书馆前列，2018 年被广州市图书馆学会评为“未成年人图书馆服务先进单位”，成为广州市少儿公共图书馆服务的一张靓丽名片。

图 2-5-1　广州市儿童公园分馆

2016 年起，沙湾分馆联合沙湾镇各小学开展“遇见 · 沙湾图书馆”阅读推广活动。该系列活动包含以下活动：①“遇见 · 新识”——送证进校园活动。沙湾分馆主动联系镇内 9 所小学，组织工作人员到校园内提供现场集体办证服务，不仅大大提高办证效率、增加办证数量，也是面向师生和家长对图书馆服务的一次深度推介。②“遇见 · 新书”——馆藏资源定制服务。在分馆内设置“中小学生指定阅读书目”专架、“一校一品牌”校本课程配套图书专架、“广府文化”图书专架等，满足中小学生多样化阅读需求。③“遇见 · 新星”——在全镇各小学评选“阅读之星”和“阅读之王”，将图书借阅量和阅读成效作为评选依据，以阅读竞赛激发学生持久阅读动力。“遇见 · 沙湾图书馆”系列活动是馆校合作的优秀案例，通过多种形式将公共图书馆送进学校、送到少年儿童身边，吸引更多群众知晓图书馆、走进图书馆。

2017 年 12 月 16 日，与荔湾区妇女儿童活动中心合作共建的荔湾湖分馆正式对外开放，该馆是示范服务体系第二个以少年儿童为主要服务对象的分馆。该分馆面积约 700 平方米，划分为青少年图书区、亲子绘本图书区、文学图书区、社会科学图书区、自然科学图书区等功能区，馆藏图书约 2 万册，其中少儿图书约 1.3 万册。

2017 年 11 月 16 日，沙湾分馆再次升级改造后对外开放。此次改造重新划分了馆内功能区域，在装修设计上融入沙湾古镇文化元素，并对硬件设施进行升级。其中，少儿阅览区面积进一步扩大到 100 平方米，增加少儿书架和阅读桌椅，并设置儿童分级阅读图书专架，提升了少儿服务能力。

图 2-5-2　完成升级改造的沙湾分馆少儿服务区

2020 年，广州图书馆中心馆办公室首次启动分馆阅读推广活动外包项目，在分馆举办少儿活动 141 场，5364 人次参与。该项目为示范服务体系打造特色阅读品牌，如星汇云城分馆的“星汇云城，匠心阅读”绘本手工 1+1 系列活动、春风十里分馆的“春风十里，花样阅读”等。每场阅读推广活动中，至少推荐两本相关图书，由活动老师引领读者进行儿歌、唐诗、成语故事、寓言故事等的跟读与赏析，打造沉浸式阅读环境，培养少年儿童积极自主阅读的习惯。此外，分馆馆员也积极参与阅读推广活动的策划、执行，在实践中学习并掌握开展阅读推广工作的技能。广州图书馆组织分馆工作人员开展了两次阅读推广技能集中培训，以“如何做好儿童绘本阅读推广活动”“如何处理儿童情绪”为主题，通过阅读理论分享、活动现场观摩的方式，促进分馆工作人员专业能力提升。

“十三五”时期，示范服务体系少儿服务保持着良好的发展势头，尤其是在拓宽社会化供给少儿服务路径、开展少儿阅读推广活动等方面卓有成效。少儿服务实现全体系覆盖、常态化开展，服务质量显著提升，成为示范服务体系服务效益的稳定增长点，为“图书馆之城”建设提供社区分馆少儿服务提质增效的“广图方案”，也为“十四五”时期示范服务体系少儿服务高质量发展奠定了坚实基础。

三、2021 年至今：少儿服务高质量发展

2021 年起，广州图书馆中心馆办公室按照广州市《关于推进现代公共文化服务高质量发展的实施意见》《广州市“图书馆之城”建设五年行动计划（2022—2026）》等政策要求，在示范服务体系探索优化“服务 + 活动”基本服务结构，建立直属分馆阅读推广体系，探索公共图书馆服务高质量发展新路径。这一阶段的少儿服务呈现出三个方面的特点：一是举办少儿活动场次、少儿活动参与人次和少儿活动覆盖率[①]大幅度提升；二是总馆加强向分馆下沉优质少儿服务资源，2021—2022 年总馆累计向分馆延伸少儿阅读推广活动 282 场次；三是进一步发挥流动图书馆的流动服务阵地优势，深入边远乡村地区开展少儿主题服务，推动城乡公共文化服务均等化发展、助力乡村振兴。

① 少儿活动覆盖率指举办少儿活动的分馆数量在分馆总量中的占比。

图 2-5-3　2021 年 4 月，广州市儿童公园分馆举办少儿活动

示范服务体系持续开展阅读推广活动外包项目，着力推动“服务＋活动”基本服务结构建设，丰富社区分馆服务内容、提升服务层次。两年间阅读推广活动外包项目共计举办少儿活动 262 场，8582 人次参与。在活动中，各分馆立足馆藏图书资源，向读者推荐合适的阅读素材，注重阅读推广与资源利用相结合，从而提高馆藏资源利用率，实现阅读推广与资源利用的良性互动。在阅读推广活动外包项目的推动下，分馆少儿活动覆盖率从 2019 年的 37.5% 增长到 2022 年的 71.43%，取得显著成效。此外，广州图书馆鼓励分馆自行举办读者活动，并每年开展培训提升分馆工作人员的活动策划组织技能。

图 2-5-4　2021 年 10 月，阅读推广活动外包项目在钟落潭分馆举办活动

图 2-5-5　2021 年 7 月，阅读推广活动外包项目在洛浦分馆举办活动

在儿童与青少年部、专题服务部等部门的大力支持下，更多总馆优质服务资源向分馆倾斜，在分馆举办“小樱桃”阅读树亲子绘本阅读分享活动、“穗阅艺术：绘本赏析”、“穗阅艺术：水彩绘画”等阅读或艺术活动5场次；值得一提的是，自2021年起引入总馆主题展览到分馆巡展，包括“红色经典连环画展览”、“漫绘阅读——我的中国故事”、“‘漫绘广州’图书展”、“让童年更美好”少儿原创绘本展、“卓越意大利——新生代儿童插画师”等展览共计17场次，7599人次观展。

图2-5-6　2021年9月，儿童与青少年部馆员在南海天河城分馆主持手工活动

流动图书馆充分发挥流动服务阵地优势，向乡村基层延伸公共图书馆服务。2021年，开展庆祝中国共产党成立100周年“七进”系列活动，进社区、进学校开展少儿活动3场次。2022年6月30日，配合儿童与青少年部开展“穗阅·童行”活动，走进南沙启慧学校，为特殊教育儿童举办阅读推广活动；9月份，配合市精神文明办落实广州市乡村“复兴少年宫”共建项目，深入增城、南沙、从化、黄埔等边远乡村地区的8个文明实践所、中小学，开展阅读推广活动，延伸公共图书馆少儿服务触角，保障乡村未成年人阅读权益，提升城乡公共文化服务均等化水平。

图 2-5-7　2021 年 7 月，流动图书馆在南部战区总医院开展“小军迷”少儿阅读推广活动

以高质量发展理念为指引，示范服务体系紧紧围绕开展阅读推广活动这一核心使命任务，着重打造“服务 + 活动”基本服务结构，下沉总馆优质少儿服务资源，增强示范服务体系供给多样化少儿服务的软能力，扩大少儿服务覆盖面，推动少儿服务工作由量的增长向质的提升转变。

第二节　示范服务体系少儿服务效能

2013—2022 年，示范服务体系少儿服务效能呈现出两个特点：一是服务效能稳步提升，特别是 2013—2019 年，随着服务体系扩张，少儿服务各项指标成倍增长；二是在少儿服务效能在示范服务体系整体服务效能中占有很大比重，少儿图书外借量、少儿活动场次和参与人次在总量中占比过半，特别是少儿读者活动场次占比极高。

新增少儿读者证的高峰集中在 2016—2019 年。2016 年新增少儿读者证

6472 张，较 2015 年增长 552.42%。主要增长点是沙湾分馆开展的“遇见·沙湾图书馆”活动，图书馆工作人员深入沙湾镇内 9 所小学现场为师生办证 4500 余张；2016—2022 年，沙湾分馆通过持续举办送读者证进校园活动，累计办理少儿读者证 1.4 万张，占十年间示范服务体系新增少儿读者证总量的 46.79%，活动取得显著成效。此外，广州市儿童公园分馆、钟落潭分馆、流动图书馆也办理了较多数量的少儿读者证。但由于在 2022 年 10 月之前，示范服务体系外借图书不区分成人证和少儿证，因此少儿读者证办证量在总办证量中占比较低，远远低于外借量和活动数量的占比。

2013—2019 年，示范服务体系少儿图书外借量持续增长，在总外借量中的占比常年超过 50%，其中 2015—2017 年占比达到 60% 以上；而示范服务体系中少儿图书馆藏量占比仅约 30%，显示出少年儿童旺盛的借阅需求之于整体文献外借量的巨大拉动作用。其中，广州市儿童公园分馆因其少儿服务专业分馆的定位，自 2016 年开馆至 2022 年，该分馆少儿图书外借量合计 96.04 万册次，在示范服务体系少儿图书总外借量中的占比达到 25.18%。

在读者活动方面，2018—2022 年，示范服务体系共计举办少儿活动 1120 场次，占比高达 83.64%；51674 人次参与，占比达到 66.66%，活动类型包括绘本故事、手工、讲座、展览等。其中，广州市儿童公园分馆凭借其优异的组织策划能力，共计举办少儿活动 484 场，吸引 22754 人次参与。自 2020 年起开展的示范服务体系活动外包项目，共计举办少儿活动 407 场、13800 人次参与。在基层分馆服务中，少儿活动更好组织，也更受读者欢迎，对丰富社区分馆的服务内容、提升服务水平起到巨大的促进作用。

综上所述，近十年来示范服务体系少儿服务取得显著成效，不仅对示范服务体系服务效能持续稳定增长具有重要的拉动作用，成为示范服务体系提质增效的主要抓手，而且在全市树立了社区图书馆高效能少儿服务标杆。

表 2-5-1　2013—2022 年示范服务体系少儿服务效能

年份	新增少儿读者证 / 个	新增少儿读者证占比[①] /%	少儿图书外借量 / 万册次	少儿图书外借量占比 /%	少儿活动场次[②] / 场次	少儿活动场次占比 /%	活动参与人次 / 人次	活动参与人次占比 /%
2013 年	69	5.92%	36.25	54.62%	—	—	—	—
2014 年	576	11.17%	52.83	58.10%	—	—	—	—
2015 年	992	15.77%	19.12	60.83%	—	—	—	—
2016 年	6472	42.41%	33.64	62.59%	—	—	—	—
2017 年	3415	23.43%	49.10	60.18%	—	—	—	—
2018 年	5204	34.83%	59.51	59.17%	137	85.63%	4671	84.44%
2019 年	5524	38.43%	79.81	58.83%	234	92.86%	10667	88.49%
2020 年	2451	19.19%	43.96	54.37%	215	96.41%	7540	96.73%
2021 年	3065	18.68%	63.56	55.39%	290	86.31%	14747	44.43%
2022 年	2158	19.70%	51.84	50.87%	244	66.30%	14049	74.16%
合计	29926	26.56%	489.62	57.08%	1120	83.64%	51674	66.66%

注：①本表中的占比，是指各项服务指标值在示范服务体系总量中的占比。

②示范服务体系自 2018 开始统计分馆读者活动数据。

第三节　示范服务体系高质量少儿服务供给路径

基于以上对示范服务体系少儿服务发展历程的梳理，以及对历年少儿服务效益的分析，本节总结出社区分馆高质量少儿服务供给路径。

一、总馆全方位保障，提升专业服务能力

建设总分馆体系是公共图书馆事业发展中的一次组织体系变革。广州图书馆通过发挥总馆的统筹协调作用，实现“有效整合公共文化资源、提高公共文化服务效能、促进优质资源向基层倾斜和延伸”[①]，从而克服社区分馆在馆藏资源、人力资源、服务资源等方面的先天不足，以总馆强有力的保障带动社区分馆可持续运作。自起步建设以来，示范服务体系始终重视对社区分馆少儿服务的扶持，提供包括现场业务指导、每月定期更新图书、总馆优质活动资源下沉等方面的全要素、全方位服务保障。

在示范服务体系的建设和发展历程中，儿童与青少年部给予了重要支持，集中体现在支援文献资源、培训分馆工作人员、少儿活动下沉等三个方面，对于分馆少儿服务的建立和可持续发展具有重要推动作用。在支援文献资源方面，2014—2022年，儿童与青少年部累计向示范服务体系支援少儿图书14.58万册，在示范服务体系快速扩张的过程中，儿童与青少年部支援的文献资源有效缓解分馆少儿图书不足的问题，支撑示范服务体系建立基础少儿服务能力。在培训分馆工作人员方面，2018—2021年，儿童与青少年部馆员定期为分馆工作人员开展业务培训，培训内容聚焦于绘本阅读推广理论及活动组织策划、活动宣传推广等方面，以讲座、现场观摩、实操等方式进行培训，极大地提升了分馆工作人员的业务能力。在少儿活动下沉方面，

① 关于推进县级文化馆图书馆总分馆制建设的意见［EB/OL］.［2023-05-22］.https://zwgk.mct.gov.cn/zfxxgkml/zcfg/gfxwj/202012/t20201204_906310.html.

儿童与青少年部在2014—2022年共计在分馆举办活动35场次，涵盖书签设计大赛作品征集、绘本故事分享、讲座、手工活动、主题展览、派发阅读包等，极大地丰富了分馆的少儿服务内容。

在充分保障的基础上，示范服务体系通过每年定期开展的分馆工作人员业务培训和与儿童与青少年部合作开展的阅读推广专项培训，持续提升社区分馆工作人员以阅读推广为中心的专业化服务能力，以专业化服务推动少儿服务向更广空间和更深层次发展。

二、加强社会化合作，拓宽服务供给渠道

积极提升社会参与程度，形成开放多元、充满活力的少儿服务供给体系。示范服务体系自起步建设以来就高度重视发动社会力量参与，积极拓宽社会力量参与公共图书馆建设和服务渠道。自2015年起，示范服务体系的新建分馆均与社会力量合作共建，选取条件优越的场馆及合作单位共建高标准的综合性示范分馆。截至2022年底，示范服务体系已在全市各区建成社会力量综合性分馆23个，全部按“两个20%”① 的标准建设和提供少儿服务，有效延伸公共图书馆少儿服务阵地，保障少年儿童基本公共文化权利。高质量发展要求图书馆提供更多的特色化、个性化、多样化的少儿服务。2020年以来，示范服务体系持续开展阅读推广活动外包项目，通过政府采购的方式为分馆提供阅读推广服务，每年在分馆举办100多场少儿活动，紧紧围绕推动、引导、服务全民阅读这一公共图书馆重要任务，不断丰富以阅读为核心的综合性少儿文化服务，实现少儿活动类型多样化、活动体验友好化、活动覆盖普及化。

（本章执笔人：邱骋）

① “两个20%”，指少儿服务面积不少于总面积的20%，少儿图书馆藏量不少于总馆藏量的20%。

第六章　未来发展走向

服务理念是创新发展的源泉，也是图书馆事业高质量发展的推动力。《公共图书馆服务创新战略研究报告》[①]把服务创新理念分为开放理念、包容理念、共享理念和共创理念四个方面，同时也为广州图书馆少儿服务未来发展提供了方向。本章将通过回望广州图书馆过去十年少儿服务的发展成果，结合业界发展热点，对标我国出台的相关政策法规以及国际图书馆界发布的相关指南、宣言，根据过去的发展历程，对广州图书馆少儿服务下一个十年的发展进行展望，以期取得更广阔、更专业的发展，构建城市中心图书馆少儿服务发展新格局。

第一节　开放性发展

《公共图书馆服务创新战略研究报告》[②]将“开放性发展”划分为“馆藏开放”“服务开放”“空间开放”三大方面，与2022年版《公共图书馆宣言》[③]“公共图书馆核心条款”中的“馆藏”“服务”“空间”内容对应契合。少儿服务面对的是未成年人，以及与其相关的群体，如监护人、教师或儿童教育

① 广州图书馆,中山大学国家文化遗产与文化保护中心.公共图书馆服务创新战略研究报告[M].北京:国家图书馆出版社,2021:41-50.

② 广州图书馆,中山大学国家文化遗产与文化保护中心.公共图书馆服务创新战略研究报告[M].北京:国家图书馆出版社,2021:42.

③ IFLA-UNESCO Public Library Manifesto 2022 [EB/OL].[2022-08-04].https://repository.ifla.org/bitstream/123456789/2006/1/IFLA-UNESCO%20Public%20Library%20Manifesto%202022.pdf.

相关专业的在读学生等。在开放创新发展方面，应根据服务群体特点，结合服务资源现状谱写发展篇章。

一、提升馆藏开放水平

在提升馆藏开放水平方面，广州图书馆将把力量与资源主要集中在推广与利用、保护与传承两方面。

（一）推广与利用

要规范资源建设，优化资源供给，提升现有馆藏资源的可利用程度。

第一，开放特藏文献的外借服务。2013 年广州图书馆新馆开放之初，少儿原版图书仅供阅览，后来为了优化资源利用，进一步推动儿童阅读多元化发展，2016 年 4 月，开通了原版图书外借服务，每证可外借 4 册次，2016 年底，原版绘本借阅量已超过 2 万册次，服务效益显著。2017—2022 年间，广州图书馆逐年增加少儿原版图书的可外借册次，服务效益也随之逐年提升，原版图书单册流转率接近国内出版物。随着原版图书年均入藏量的逐年提升，在资源得到充分保障的前提之下，广州图书馆对原版图书将进一步提升可外借册次或扩大通借通还范围；另一种特藏文献——立体图书，受制于成本高、复本少的原因，平常甚少与读者见面，近年来更多地作为科普素养活动的辅助性阅读载体出现，其弹出式风格，让读者在阅读过程中能更加直观地体会阅读的魅力，相较平面图书而言有着极大的新奇性和独特性，在未来应考虑进一步打通立体图书的使用渠道。

第二，创新玩具图书馆服务路径，开放获取资源利用，创新阅读推广模式，实现以“玩”促“阅”的可持续发展。广州图书馆小河马玩具馆的服务效益显著，其玩具资源根据加德纳的多元智能理论分成角色与交流、构建与空间、视觉与艺术、逻辑与数学以及自然与科学五类。从玩具使用情况的相关研究结果看，角色与交流类玩具占比超半数，原因在于儿童代入该类玩具游戏时往往扮演游戏中的各种角色，更易产生共鸣，角色与交流类玩具无疑成为使用率最高的玩具类型；相反，逻辑与数学是使用率较低的玩具，原因在于该类玩具是以培养儿童综合判断逻辑为目标的，学习性功能较强，娱乐功能小。视觉与艺术类玩具使用率也偏低，主要因为敲击乐器和创意美术类玩具，在使用过程中会产生有声活动和使用艺术耗材，在一定程度上打破传统图书馆的安静和限制玩具资源再生①。未来，广州图书馆应有意识地推广、开放逻辑与数学、视觉与艺术类玩具服务，积极创新开放使用模式，以科学的规范标准吸纳来自社会的玩具捐赠，实现社会玩具资源的循环利用。

第三，扩大馆藏资源的服务辐射范围。截至 2022 年 12 月，广州图书馆累计有效读者注册量 2448848 人，其中累计有效少儿证仅 370129 个，事实上少儿图书借阅量占比早已超过 50%，持证量占比小，借阅量占比大，由此可见，巨大潜在的少儿读者群体有待挖掘。在未来，广州图书馆可以推动馆校社共建共融，为学校、社区、乡村，以及特定人群统一办理少儿借书证，扩大注册服务辐射范围，是有效提升馆藏资源使用率的途径。例如，2022 广州统计年鉴数据显示②，2012—2021 年，平均每年广州市新生户籍人口均超 10 万人次，未来随着生育政策的放开，新生人口还将呈进一步增长态势。作为城市中心图书馆，广州图书馆可以探索与医疗卫生机构合作共建的长效机制，为新生婴儿办理读者证，尽可能让儿童从出生起就成为图书馆的读者，通过文化与卫生、文化与教育、文化与社会保障跨界联合的方式，实现公共文化服务全龄段覆盖。

（二）保护与传承

保护与传承馆藏资源是为了更好地推广与利用。在过往十年的实践发展中，无论通过文献入藏还是阅读推广创作，广州图书馆都产出过不少具有保存与传承价值的文化成果。

第一，特色典藏。2013 年广州图书馆新馆开放以来，亲子绘本阅读馆重点入藏获得过凯迪克大奖、凯特格林纳威大奖等国际大奖的绘本，还有很多

---

① 冯莉.公共图书馆玩具资源建设研究——以广州图书馆为例［J］.山东图书馆学刊，2021(1):75-79.

② 2022广州统计年鉴［EB/OL］.［2023-05-23］.http://tjj.gz.gov.cn/stats_newtjyw/zyxz/tjnjdzzz/content/post_8677056.html.

原版绘本以及立体图书，如《爱丽丝梦游仙境》等，将来这些馆藏文献的采购难度会不断加大。在未来，广州图书馆应甄选有保存价值的儿童馆藏，用作传承与利用。

第二，作家签名本。2013 年至今，广州图书馆儿童与青少年部先后邀请国内首位国际安徒生奖获得者曹文轩、著名儿童文学作家郁雨君、2018 国际安徒生奖插画奖入围者熊亮等童书大咖来馆与小读者见面，使孩子们进一步走进书籍的世界，感受阅读的力量。每次活动，作家都会赠送亲笔签名作品给广州图书馆留念。2016 年、2018 年，广州图书馆分别举办了日本著名绘本作家宫西达也“爱绘恐龙”创意绘画展览、松冈达英自然科普全国巡回画展，期间作家赠送了亲笔签名的画作给广州图书馆。这些著名作家亲笔签名的作品，具有收藏的文化意义和传承价值，彰显着广州图书馆作为城市中心图书馆的文化引领地位。

第三，阅读成果。“创作”是输出阅读成果的积极方式，特别是对于少年儿童群体，刻板的阅读方式不符合其心理特征，也不能满足其发展需求。公共图书馆热衷于举办各式创作交流型阅读推广活动，鼓励少年儿童通过对书本内容的理解，进行表演、写作、绘画或手工制作等，并将其作为阅读延伸的成果，激励孩子在阅读的同时，通过动手创作，充分发挥想象力，表达阅读情感。2013 年广州图书馆新馆开放以来，推出了一系列创作型阅读推广项目，较为典型的有“签·约世界”国际青少年书签设计交流项目、“图书馆，让童年更美好”——少年儿童原创绘本展、“漫绘阅读·我的中国故事”——广东青少年儿童美术创作交流活动，创作成果形式有绘本、书签、插画、漫画等，优秀的阅读成果作品都应该通过转换为数字格式或结集出版等方式保存并加以推广，这也是记录服务发展的一种方式。

二、提升服务开放水平

服务开放是保障读者基本阅读权益、促进基本公共服务均等化的前提[①]，

① 李国新.公共图书馆“免费开放”的内容、范围与边界[J].图书馆,2011(6):59-61.

但在未来发展中，服务开放不应限制在资源服务和配套服务等方面。阅读推广是公共图书馆服务的一种转型与创新，张怀涛认为，阅读推广是一个有机整体，阅读推广主体基于一定的阅读推广目的，面向一定的阅读推广对象，选择一定的阅读推广内容，开展一定的阅读推广活动，达到一定的阅读推广效果①，在阅读推广主体和对象两方面展开思辨，有助于形成服务提供者和使用者之间良性的闭环。

（一）阅读推广服务提供者的开放发展

第一，全面吸纳社会资源。全面吸纳更多社会智识投入图书馆的空间服务、知识服务和主题服务，以推进“悦读童行”儿童与青少年阅读攀登计划、“签·约世界”国际青少年书签设计交流项目、“图书馆，让童年更美好”——少年儿童原创绘本展等项目不断做大做强。第二，进一步开放主题馆服务平台。广州图书馆少年儿童主题馆主要有阅创空间、“易读空间”、小河马玩具馆和“悦读伴岛”4 个主题馆，不同的主题馆应配备相应的主题阅读服务，在未来应强化主题馆服务平台的开放性和公开性，广泛接受更多专业服务团队进驻开展服务，通过阅读推广提供者的开放性发展，提升阅读推广服务的专业性和知识性。

（二）阅读推广服务使用者的开放发展

新馆开放十年以来，广州图书馆在拓展阅读推广对象的道路上不断探索。在年龄上，实现了孕妈妈、新生婴儿、学龄前儿童以及中小学生的全覆盖；在重点人群上，为读写困难症、孤独症少年儿童等群体展开服务。但事实上，服务半径很难突破馆舍周边，虽做到了“锦上添花”，但离“雪中送炭”甚是遥远。在未来，除实体图书资源以外，提升科普素养、信息素养和阅读素养的阅读活动，也应该成为城市中心图书馆服务体系公共文化供给侧的内容。

---

① 张怀涛.阅读推广的要素分析［J］.晋图学刊，2012（2）：1-11.

三、提升空间开放水平

关于公共图书馆服务空间的学术观点，最为业界所熟知的莫过于吴建中馆长对公共图书馆作为城市“第三空间”的定位①，他认为图书馆应当发挥信息交流与共享功能。广州图书馆少年儿童主题馆主要有阅创空间、“易读空间”、小河马玩具馆和“悦读伴岛”四个主题馆，现均定期提供相应主题服务，但暂时还跳脱不出阅读推荐和阅读活动两种方式，据上述内容，在空间开放的发展方向上，可以多往研究、交流功能方向去思考与实践。

（一）开放服务空间的研究功能

阅创空间、“易读空间”、小河马玩具馆和“悦读伴岛”，分别是广州图书馆为儿童创客服务、读写困难症儿童专业服务、儿童玩具游戏服务、亲子家庭阅读分享服务专门打造的四个主题空间，每一项主题空间服务都有相应的专业知识提供支撑，但目前主题馆空间主要发挥的是服务终端功能，虽能基本满足读者的文化服务需求，但服务知识较为浅层化、碎片化、零散化，难以将服务知识转化成专业性知识。开放服务空间的研究功能，鼓励馆员或其他专业人士充分利用服务空间开展服务专业性研究，更好地推动服务知识转化成概括性强、抽象度高的理论知识，完善图书馆服务实践理论体系，优化图书馆员专业素养发展的路径。

（二）开放服务空间的交流功能

图书馆要谋发展必然要顺应潮流，适应新环境下用户的资源获取习惯②。公共图书馆是各地的信息中心，为用户提供各种所需的知识和信息，它要不断适应新的交流方式以履行其帮助所有人普遍获取信息和有效利用信息的使

---

① 吴建中.新常态 新指标 新方向（2012中国图书馆年会主旨报告）[J].图书馆杂志，2012（12）:2-6,67.

② 张立功.开放阅读时代的图书馆角色定位和服务创新研究[J].图书馆情报工作,2014（3）:58-63.

命，它还为知识生产、信息和文化的分享与交流、促进公民参与等提供开放的空间①。用户不仅可以通过馆藏服务和活动服务获取信息与知识，还可以通过与图书馆其他用户之间的交流获取信息与知识。一方面，开放服务空间的交流功能，为图书馆员之间、图书馆员与其他专业人士之间或者不同专业人士之间交流专业知识和互通信息提供空间，为拥有不同的知识结构、多维度的专业经验的人提供交流分享的机会，以促进信息互换和知识迭代。但另一方面，服务空间的交流成果应服务于图书馆服务工作，以形成一个“服务实践—服务交流—更好的服务实践”闭环，如定期在“悦读伴岛”举办的阅读推广人及绘本创作人成长营，以图书馆员和社会专业阅读推广人为主力，以传输知识和分享经验为方式，每期培养一批绘本阅读推广人，培训结束后，绘本阅读推广人必须运用培训所学为图书馆用户提供服务。

第二节　包容性发展

李臻在《数据排斥与公共图书馆促进社会包容研究》一文中提到，关注特殊群体、强化与社区的互动，是图书馆包容性发展的表现②。1972 版《公共图书馆宣言》③有单独一节对“身心障碍的读者”展开讨论，提及公共图书馆应改进借阅方式、提供阅读帮助。同时，该宣言还提到公共图书馆应关注社区特定群体的阅读需求，并在馆藏建设和推广活动中明确地表示出来。2022 版《公共图书馆宣言》强化包容性原则，提出图书馆要为社区公众参与

---

① IFLA-UNESCO Public Library Manifesto 2022［EB/OL］.［2023-04-09］.https://repository.ifla.org/bitstream/123456789/2006/1/IFLA-UNESCO%20Public%20Library%20Manifesto%202022.pdf.

② 李臻.数据排斥与公共图书馆促进社会包容研究［J］.图书馆,2019(12):23-29,53.

③ UNESCO Public Library Manifesto 1972［EB/OL］.［2022-10-12］.https://www.ifla.org/wp-content/uploads/2019/05/assets/public-libraries/documents/unesco-public-library-manifesto-1972.pdf.

组织社区活动提供服务[①]。由此可见，除大众服务以外，图书馆可以在“弱势群体服务”“社区特定阅读需求”中挖掘自身包容性服务的价值，这两方面同样值得广州图书馆少儿服务在未来包容性发展中去深思与探索。

一、弱势群体服务

事实上，对广州图书馆在弱势儿童群体服务方面的讨论，在本书发展篇、实践案例篇的内容里均有提及，但仅限于对发展现状的一般性描述以及先进经验的介绍，公共图书馆在弱势群体服务中将何去何从，徐莉指出，既要有效发挥图书馆本身的核心价值，也不超脱图书馆自身的社会职责[②]。

（一）专业馆藏建设

根据弱势群体需求构建多元化的馆藏资源结构[③]，馆藏服务是公共图书馆所有服务的“同心圆”，而馆藏建设能力是馆藏服务的支撑力。馆藏建设工作除了考虑出版市场方面的问题以外，对弱势群体阅读需求也要有所洞悉，如：听障、视障儿童对大字图书、有声书、触摸性绘本的需求；读写困难症儿童对易于阅读和理解的桥梁书的需求；孤独症儿童对特殊功能玩具的需求等。

（二）专业服务共生

过往十年，在专业性合作上谈及最多的词是“共建”，图书馆将场馆、专业书籍、读者等服务资源，与馆外专业服务资源相结合，共同创建针对弱势群体的一系列对口服务，如，广州图书馆暑假“儿童伴读计划”、玩具馆服务外包等，但“共建”的方式能够促成的终究是双方资源的“物理性”融合，“共建”过后，馆外专业化服务资源并没真正内化为馆员自身的专业能

① IFLA-UNESCO Public Library Manifesto 2022［EB/OL］.［2023-04-09］.https://repository.ifla.org/bitstream/123456789/2006/1/IFLA-UNESCO%20Public%20Library%20Manifesto%202022.pdf.

② 徐莉.我国公共图书馆服务中的社会包容问题研究［J］.图书馆建设,2016(7):85-90.

③ 马春.社会包容视域下的公共图书馆服务研究［J］.图书情报工作,2016(24):58-62.

力，双方资源一旦割裂，彼此还是回到原点。在未来发展中，应把“共建”合作方式转向“共生”，“共生”一词最早源于希腊语，其概念首次由一位真菌学家提出用以指不同种属生活在一起[①]，后来共生的理念也随着社会发展愈加多样化，被广泛运用到教育、文化等领域，共生关系最关键的特征是会产生能量交换，是双方资源的一种“化学性”融合，通过合作实现资源和技术的共生共融，可以在一定程度上把社会专业服务资源内化成图书馆自身的知识与能力，形成更立体、更完整的图书馆服务理论体系，保持图书馆在实践发展中的主动性与独立性。

（三）空间服务变革

2019 年广州市第十五届人大常委会第二十八次会议表决通过了《广州市母乳喂养促进条例》[②]。事实上，早在开馆之初，广州图书馆就设立了母婴室，随后还在亲子阅读区设置了婴儿推车集中存放点，既给读者提供便利，又为亲子家庭提供了温暖且包容的服务。广州图书馆不单是广州的一个文化标识，其一系列人性化举措也体现着这座城市的温度，未来空间服务的变革方向应是专业性和包容性并存的。第一，亲子洗手间（第三类洗手间）在全馆范围设立，让亲子家庭的图书馆之行更顺心、更方便。第二，在阅览区巧妙添加儿童游戏元素，如七巧板、魔方、九连环等益智类元素，既发挥了其专业功能性作用，也可以视作对交往障碍儿童的一种接纳性标识。第三，提升视障服务区的儿童服务内容，如馆藏服务、阅读指导、阅读活动服务等。

（四）专业理论研究

过往十年，针对读写困难症儿童、孤独症儿童、流动儿童等服务连续不断，除了有数位馆员参与了 2013 年国家社会科学基金一般项目“公共图书馆为阅读障碍人群服务的理论、方法与对策研究”之外，在弱势群体服务实

---

① 邓荣海，谢敏敏.共生理论视域下新师范建设的困境与超越——以广东省为例[J].高教探索，2023(2):73-80.

② 广州市母乳喂养促进条例[EB/OL].[2023-04-15].https://flk.npc.gov.cn/detail2.html?ZmY4MDgwODE3MzZiYjE5ZDAxNzQxZmNhZmM3NzcwZjg.

践方向产出的相关研究成果可谓寥寥无几。理论与实践一脉相承，专业理论研究的步伐跟不上，服务实践终究呈现形式上的碎片化和发展上的乏力，特别在“弱势群体服务”这种不占专业主导性的服务当中，图书馆更应关注理论探索和专业成长，促使图书馆少儿阅读服务理论体系向更立体、更完善的方向发展。

二、社区阅读需求

除了针对生理机能存在特殊性的人群探索阅读服务创新外，因经济和文化上的劣势，被剥夺阅读权利的儿童同样不容忽视，如城中村的流动儿童等，这些群体的生理机能无异于常人，与打工的父母背井离乡来到陌生城市生活和学习，因其父母参与某个行业的建设发展，如杨箕村布匹店、花都狮岭镇的皮甲城等，他们聚居在某些管理水平低下的社区，其因居住地距离图书馆较远、交通不便利或缺少正向的阅读指引等因素，没能享受正常的阅读服务，得不到太多社会关注，一直游离于阅读服务的边界之外。知书才能达理，缺失了书香浸润的童年，何以收获丰富的知识、拓宽成长的视野、形成健全的人格？《广州市公共图书馆条例》[①] 规划广州市将以广州图书馆为中心馆，各区图书馆为区域总馆，街（镇）图书馆为分馆，社区图书馆、流动图书车、24 小时自助图书馆为延伸，社区图书馆在欧美国家往往被看成是最基层图书馆，这一术语主要是为了强调图书馆不仅是人们看书的地方，也是社区活动中心[②]。与流动图书车、24 小时自助图书馆相比较，社区图书馆拥有相对固定的公共空间，除了基础文献以外，更应考虑的是将“故事时间”及各种创新性阅读活动引入社区。

（一）分析社区的用户需求，打造阅读推广工具包

对于居住在统一社区的公众，国际图联《多元文化社区：图书馆服务指

---

① 广州市公共图书馆条例[EB/OL].[2023-05-27].http://www.gd.gov.cn/zwgk/wjk/zcfgk/content/post_2531782.html.

② 汪其英.美国社区图书馆延伸服务及其启示[J].图书馆图书馆学刊，2016（6）：52-57.

南》提出要明确社区用户群体特征，评估他们的图书馆和信息服务需求，充分分析现有服务和社区需求之间的差距，为社区儿童量身打造适合他们的阅读服务和阅读推广工具包。阅读推广工具包是一种指导性手册，是对阅读推广项目操作方法的一种最直观的提炼，如能够为其他图书馆提供操作性的指引，由于内容具体到操作层面，对前期实践经验的积累要求较低，更适用于绘本阅读推广工作基础较为单薄的社区图书馆。

（二）借力公益基金会，延伸阅读服务触角

公益基金会，是指符合《民办非企业单位登记管理暂行条例》成立的民办非企业单位和符合《社会团体登记管理条例》的民政部登记的社团[①]。根据《NGO 援建民间图书馆发展报告（2011 年）》，公益基金会援建民间图书馆集中在中部、西部欠发达地区，如江西、湖南、贵州、云南等省份。另外，在流动人口密集、外来务工人员较多的地区，如广东，也有不少援建民间图书馆的项目。不同的公益基金会在不同的社会领域中发挥各自的职能，而且基金会组织已有一套成熟的运营模式，将公益资源输送至图书馆无法触及的基层群体。例如广州市海珠区满天星青少年公益发展中心（以下简称满天星公益）致力于打造乡村儿童阅读推广体系；广东省南方阅读公益基金会专注为留守儿童、外来务工子弟、残障儿童等特殊儿童群体及其家庭提供知识，并为欠发达地区建立公益悦读馆；广东省长江公益基金会致力于促进乡村教师美育培养，推动乡村小学美育发展；广东省千禾社区公益基金会致力于为城中村社区儿童提供平等的阅读机会。在过去十年，广州图书馆与不少公益阅读基金会取得了良好的发展联系，在未来可探索将多方资源作进一步整合，充分发挥公共图书馆的专业性和服务优势。第一，将各基金会的拳头项目与广州图书馆少儿服务项目整合，同时达到推广基金会的公益阅读项目、引导公众了解不同的儿童群体、强化广州图书馆少儿服务内容等目的，做到资源互补。如满天星公益“班书共创”活动，乡村儿童以班级为单位，共同创作特定主题的绘本，从培训、创作、研讨到输出成品都有相对成

---

① 郭应佳.援建转型为共建：社会公益组织与图书馆合作新路径［J］.图书馆研究与工作，2022（1）：63-65，71.

熟的运营模式，但由于满天星公益主要服务范围在县域，因此“班书共创”的成品难以在更大的平台“亮相”。广州图书馆在2023年“图书馆，让童年更美好”——新春少年儿童原创绘本展中，展出了满天星公益的100余本优秀班书，既为原创绘本展增加了亮点，也让更多乡村儿童的创作才华得到展示。第二，协助培育阅读推广人。大多数公益基金会都有其阅读推广人培育机制，如广东省南方阅读公益基金会每年开展的阅读推广人及绘本创作人成长营，以广州图书馆为培训阵地，邀请各方阅读推广专家、专业馆员组成讲师团，从游戏力与阅读、绘本阅读推广与交流、小绘本的大能量、自创绘本、如何组织绘本阅读会等方面进行培训与交流。阅读推广人完成学习后会深入社区推广阅读，也会走进图书馆为社会公众开展公益服务，这种培育模式通过发挥馆员的专业性不断提升社区服务的“造血功能”。

第三节　智慧化发展

在全国图书馆都在探索智慧化建设的大背景下，公共图书馆应改革现有技术支撑体系，选用合适的信息技术，建设适应现有少儿服务的智慧化场景，通过提升体验感，培养少儿读者的阅读兴趣。

在目前的技术体系下，大部分图书馆的智慧化技术是从纳新、保活、提效三个层面支撑实践业务发展的。在广州市“数字政府”改革建设规划不断推进下，少儿读者文化需求稳步提升、智能穿戴设备不断普及、AIGC技术[①]急速发展、图书馆与政务系统互通提升纳新效率、优化少儿读者服务体验以提升读者留存量、革新技术架构并建立新的技术交互形式以提升服务效率，是智慧化技术发展需要突破的方向，落实到具体措施主要有以下几方面。

① AIGC，即Artificial Intelligence Generated Content，可以被直译为“人工智能生成内容技术”，即通过人工智能来生成文字、图片、视频等内容的一种技术。

一、智慧图书馆管理系统实现出生即阅读

截至 2022 年，基本上所有公共图书馆服务都需要用户自行注册才能使用，这对新生儿及其监护人来说，无疑是一道门槛。而且很多家长第一次使用图书馆的时候，都不了解注册少儿证需要少儿本人的有效证件，这道门槛虽低，但还是会造成一定的不便。智慧化图书馆应让读者注册服务更为“智慧”。公共图书馆应考虑跟相关政府部门合作，如，与卫生健康委员会合作，在新生儿出生时，将新生儿的信息实时接入智慧图书馆管理系统，自动为他们生成读者证，不仅有效扩大图书馆服务的覆盖面，而且大大提高了服务的效率和精确性，实现了挖掘潜在读者的目标。通过智慧图书馆管理系统，不仅可以大大简化注册流程，让图书馆服务始于读者出生之时，还能引导家长通过智慧图书馆管理平台获取更多的育儿知识，更深入地了解孩子的阅读兴趣和阅读能力。

二、建立全年龄段阅读档案

图书馆的智慧化建设发展离不开对数据的分析，数据分析对于能否提供高质量、个性化的服务具有决定性的作用。少儿读者相较于青年及其他年龄阶段读者而言，使用图书馆服务的时间更长，因此对于少儿读者，建立全年龄段的阅读档案显得格外有价值，不仅能记录读者的阅读习惯和喜好，也可以记录他们参与活动的情况，以及其与图书馆相关的其他行为数据。

自 2017 年起，广州图书馆推出了通过阅读积分激励阅读的“悦读童行”儿童与青少年阅读攀登计划[①]，但这种阅读积分记录没有延伸至个体的全年龄段，事实上，这也是一个有价值的技术议题，即利用智慧图书馆管理系统收集、整理和分析读者从少儿、青年、中年到老年各年龄段的阅读和活动数据，具体而言，这样的阅读档案应包括同一个体各年龄段的文献借阅、活动

① 冯莉.少儿阅读激励项目实践研究——以广州图书馆“阅读攀登计划”为实例[J].图书馆研究,2021(2):88-93.

参与、志愿者服务、停车记录和到馆记录等数据。这些数据不仅可以帮助我们更深入地了解读者在图书馆的阅读发展历程，也可以为图书馆提供更精准的服务依据，为读者带来智慧化的服务体验。

三、推行电子设备承载的交互式服务

随着科技的不断进步，人们对于图书馆服务的期待也在不断提升，传统的图书馆服务方式已经无法满足现代读者的需求，交互式服务是传统服务的重要突破口。基于对少儿读者身心发展的考虑，监护人通常不允许其长时间使用电子产品，如手机、个人电脑、平板电脑等。但是，越来越多的家长开始给少儿配备专用的电子设备，如可用于定位和通话的儿童手表、可用于讲故事的 AI 音箱等。随着电池技术、芯片技术、装配技术的不断发展，各类儿童便携、车载智能设备成本将逐年下降，这会进一步提升儿童智能产品的消费需求。

因此，图书馆应该改变使用检索引擎、手机扫码等传统服务形式，考虑利用 AIGC 等智慧化的人工智能技术，将图书馆服务嵌入这些少儿专用电子设备，如图书馆开发专门的儿童手表应用程序，让少儿读者能够直接在手表上查询图书馆的图书信息，预约借阅图书，甚至参与一些线上的阅读活动。又如，开发 AI 音箱的语音服务组件，让少儿读者能够通过语音交互，获取图书馆的服务信息，并参与一些语音导向的阅读活动。这不仅能让图书馆服务更好地融入少儿读者的日常生活，也能够提升少儿读者的使用体验。

总体而言，图书馆交互式服务的革新，将是智慧图书馆管理系统发展的重要方向。

四、运用 AIGC 技术和实体机器人

现在的少儿阅读推广活动，基本上由图书馆员或文化志愿者主持，如引导少年儿童做手工、为少儿读者讲解故事、与少年儿童一起游戏等。随着少儿读者人数的持续增长，如何通过智慧化技术满足更广大少儿群体的服务需求，是图书馆智慧化发展的一个重要议题。

公共图书馆的智慧化转型应立足于“AIGC 技术、实体机器人与实际的少儿读者服务场景相结合”的思路，可以帮助图书馆有效解决阅读推广服务供不应求的问题。AIGC 技术可以根据每个少儿读者的阅读习惯和偏好生成个性化的内容，无论是阅读推荐，还是活动设计，都可以做到精确匹配，极大地提升服务的质量和效率；在保障服务质量的前提下，可以完全由实体机器人施行标准化、流程化的少儿活动，图书馆员可以设计好活动流程，让机器人按照流程指令来施行各项活动，而图书馆员更多地从监督和评估的角度对活动进行调整，使之更加适应少儿读者的需求。

运用 AIGC 技术和实体机器人，不仅可以解决图书馆服务中的人力资源不足的问题，还可以实现服务的个性化发展，而两者都是图书馆智慧化服务的关键因素。近年来，少儿读者触网比例逐年走高，在 2021 年已达 96.8%[①]。图书馆业界不仅需要加大“智慧图书馆”“智慧图书馆管理系统”的建设与开发力度，还需要在各类智慧化应用上线的同时保障少儿读者的数据安全。除此以外，图书馆业界还需要充分利用自然语言处理技术，建立意识形态保护机制，保护少儿读者在享受图书馆服务的过程中远离不良、消极的负面信息，为“祖国的花朵”提供有力的文化防火墙。

通过使用现代化技术，我们可以让图书馆服务更好地适应现代社会的发展趋势，满足少儿读者的实际需求，让图书馆服务渗透到少儿读者的日常生活。

（本章执笔人：冯莉、陈超天）

① 2021 年全国未成年人互联网使用情况研究报告[EB/OL].[2023-05-31].https://www.cnnic.cn/n4/2022/1201/c135-10691.html.

实践案例篇

案例一　阅读启蒙之窗，亲子交流之媒

——广州图书馆绘本阅读推广服务

冯　蕾　黄　卉

广州图书馆绘本阅读推广服务，根据广州图书馆发展规划要求，紧密围绕全民阅读国家战略内涵，积极创新服务理念，打开新思路、运用新技术、开创新空间、开拓新服务，充分发挥图书馆在绘本阅读推广中的主体地位，推动绘本阅读推广服务向体系化、规范化和专业化方向高质量发展。

一、案例背景

（一）政策文件

2018 年实施的《中华人民共和国公共图书馆法》① 中提到："公共图书馆应开展面向少年儿童的阅读指导和社会教育活动，通过推荐优秀读物、组织读书会等形式，重点面向少年儿童推广阅读。"《广州市"图书馆之城"建设五年行动计划（2022—2026）》与广州图书馆"十二五""十三五""十四五"规划均提及对绘本阅读、亲子阅读、家庭阅读以及儿童阅读素养培育的相关要求，为广州图书馆绘本阅读服务持续发展提供了法治保障和全新的发展指向。

① 中华人民共和国公共图书馆法［EB/OL］.［2023-07-20］.http://www.npc.gov.cn/npc/c12435/201811/3885276ceafc4ed788695e8c45c55dcc.shtml.

（二）行业服务指南

过去的十年，绘本阅读推广得到了社会各界，尤其是图书馆界的广泛重视，成为图书馆儿童阅读推广工作的重心之一。国际图联先后发布的《国际图联 0—18 岁儿童图书馆服务指南》《婴幼儿图书馆服务指南》等文件也为绘本阅读推广服务的必要性提供了行业依据。

（三）理论依据

绘本在提升少儿阅读素养方面的价值得到全社会的充分肯定和广泛应用，绘本是一种专门为儿童创作的读物，展现了儿童视角的审美视域图景，能够与儿童这一接受主体产生积极、有意义的互动效应并有针对性地适应不同阶段儿童的身心发展，隐含着引导协助儿童生活、学习和成长的创作宗旨，为儿童未来的生活和学习做铺垫①。认知发展理论、分级阅读理论等也为绘本阅读服务提供了科学的理论支撑。

（四）社会需求

亲子阅读是培养儿童阅读习惯和阅读能力的重要抓手，在家庭开展亲子阅读的过程中，如何选择书目及开展亲子阅读成为最需破解的难题。《全国家庭亲子阅读现状与需求调查报告》指出，提供便利的阅读场所、专业可信的指导服务以及推荐适合的阅读书目是家长最迫切的需求②。

广州图书馆新馆开放之初就建立了亲子绘本阅读馆，馆内绘本资源丰富，现存约 30 万册馆藏可供读者阅览和外借，定期为亲子家庭开展各类绘本阅读推广活动，以此激发和提升儿童的阅读兴趣，倡导亲子共读。十年来，绘本阅读推广服务一直精准对接读者需求，不断丰富阅读推广内容和形式，营造文献资源与空间环境协调统一的阅读氛围。

---

① 姚颖.中国当代小学绘本教学的创新与思考［J］.课程·教材·教法，2017（10）：94-99.

② 全国家庭亲子阅读现状与需求调查报告［EB/OL］.［2023-05-20］.https://www.chinesefamilydata.cn/uploads/202008/5f486809d43a6.pdf.

二、实施过程

广州图书馆新馆开放十年来，亲子绘本阅读馆持续输出服务创新动力，“阅读—创作—展示”服务模式日趋完善。

（一）阅读推荐

文献是图书馆开展服务的基础。在儿童阅读的整个过程中，选书即选择适合的书目，是推动儿童阅读的第一要素①。《公共图书馆服务发展指南》指出:“公共图书馆负有支持儿童学会阅读、为他们推荐书籍和其他载体材料的特殊责任。”②《广州图书馆 2011—2015 年发展规划》指出:“发展针对不同年龄阶段人群的阅读推荐系列书目，开展阅读推荐活动。”③广州图书馆主要通过编制绘本书目为读者提供推荐阅读推荐服务。截至 2022 年 12 月，馆员已编制绘本推荐书目超过 120 期，每期整理出一定数量的主题绘本列成书单，并详细列出每册绘本的书名、作者、出版社、索书号等信息。随着现代新技术的发展，各类新媒体服务平台也提升了书目推荐信息的可读性和传播性，在内容上加上馆员推荐语等，凸显了馆员的专业性。在亲子读书会或阅读创作作品活动上展示阅读推荐书目，梳理与活动主题相关的绘本，可以让阅读更加立体化。

---

① 吴军委，张慧丽.我国儿童书目编制现状及发展策略研究［J］.图书馆工作与研究，2023（1）:21-27.

② The Public Library Service: IFLA/UNESCO Guidelines For Development［EB/OL］.［2023-07-20］.https://repository.ifla.org/server/api/core/bitstreams/aad8e949-2b48-4eec-abb2-bdd29ef74658/content.

③ 广州图书馆2011—2015年发展规划［EB/OL］.［2023-07-20］.https://www.gzlib.org.cn/devplan1/203911.jhtml.

图 3-1-1　夏日主题绘本书目推荐书单（正面）

夏日主题绘本推荐

书名	索书号	作者	出版社
《海滩假日》	I611/368	罗兰·哈维著	新世纪出版社
《西瓜游泳场》	I312.6/2115	安宁达著/绘，徐丽红译	广西师范大学出版社
《夏夜音乐会》	I287.8/6370	含含文/图	新世纪出版社
《小雨后》	I287.8/2753	周雅雯文/图	人民文学出版社
《停电以后》	I712.8/2620	约翰·罗科著/任溶溶译	贵州人民出版社
《小船的旅行》	I313.8/356	石川浩二文/图，蒲蒲兰译	二十一世纪出版社
《小熊布鲁诺的夏天》	I532/366	古妮拉·英格芙兹著，李月敏译	少年儿童出版社

馆藏位置：亲子绘本阅读馆

图 3-1-2　夏日主题绘本书目推荐书单（反面）

（二）亲子读书会

《广州图书馆2011—2015年发展规划》提出了定期的“故事时间”服务[①]。《广州图书馆2016—2020年发展规划》提出：“优化亲子绘本阅读服务，推进绘本设计制作大赛、亲子读书会等阅读推广活动品牌化、系列化、专业化，建立儿童阅读馆员品牌。”[②]亲子读书会凭借其生动多样的形式，成为公共图书馆绘本阅读推广的重要方式，读书会不仅能提升孩子早期阅读的能力水平，还可以有效引导家长学会如何开展亲子共读，通过绘本阅读有效建立良好的亲子关系，促进孩子的社会化发展。

“小樱桃”阅读树作为广州图书馆绘本阅读推广活动品牌，以激发儿童阅读兴趣、倡导亲子共读为宗旨。该品牌活动于2009年正式启动，原名为“爱绘本，爱阅读”亲子读书会，多年来在业界及广大亲子家庭中积累了良好的口碑。2017年，为提升项目辨识度，适应多元化的读者阅读需求，广州图书馆对“爱绘本，爱阅读”亲子读书会进行了品牌升级，将之整合为“小樱桃”阅读树品牌，并拓展出“樱桃读书会”“多元读书会”“咿呀大本营”“樱桃爸爸讲故事”“樱桃小手作”“读书会开放日”等系列活动，系列活动均以绘本故事为导入，融入不同元素，引导儿童思考互动，体验不同情感，培养儿童动手、动脑的能力。随着读者阅读服务需求的增加以及对活动发展的期待，2018年，“小樱桃”阅读树新推出“读书会开放日”，选择读者需求较大的时段，在阅览空间开展半小时绘本故事分享活动，力求把有声活动引入静态的阅览空间。

---

① 广州图书馆2011—2015年发展规划[EB/OL].[2023-07-20].https://www.gzlib.org.cn/devplan1/203911.jhtml.

② 广州图书馆2016—2020年发展规划[EB/OL].[2023-07-20].https://www.gzlib.org.cn/devplan1/203912.jhtml.

图 3-1-3　“小樱桃”阅读树 · 多元读书会现场

图 3-1-4　“小樱桃”阅读树 · 樱桃读书会现场

图 3-1-5　“小樱桃”阅读树 · 咿呀大本营活动现场

图 3-1-6　馆员在亲子绘本阅读馆阅览区开展“小樱桃”阅读树 · 红色主题读书会开放日活动现场

十年来，广州图书馆开展不同形式的亲子读书会共556场，超过10000人次参与。除馆内服务外，广州图书馆还多次将活动带去幼儿园、“南国书香节”、中国图书馆年会等现场，散播阅读的种子，形成良好的社会阅读氛围。

图3-1-7　2015年，馆员在“南国书香节”活动现场与市民共读绘本

（三）阅读成果交流

《中华人民共和国公共图书馆法》提到公共图书馆应当按照平等、开放、共享的要求向社会公众提供培训、展览①。作为优秀文化的传播者，公共图书馆应以多元形式进行阅读推广，除读书会、讲座等形式以外，展览也是公共图书馆较为常用、宣传力度较大的有效途径之一。经过多年来的不断探索和实践，广州图书馆积极联合社会力量，共同开展绘本阅读技巧指导、绘本讲述、手工绘本创作、优秀作品展览等年度活动，以讲述绘本故事、创作手工绘本图书为主要方式，活动贯穿全年，历经征稿、评审、展览的环节，体现

① 中华人民共和国公共图书馆法［EB/OL］.［2023-07-20］.http://www.npc.gov.cn/npc/c12435/201811/3885276ceafc4ed788695e8c45c55dcc.shtml.

阅读创作从“春播”到“秋收”的过程。

2013—2014 年，广州图书馆承办“在阅读中成长——广州市青少年十年阅读系列活动”之绘本讲述大赛。同年，优秀绘本故事讲述作品在“南国书香节”进行展演。2015 年，广州图书馆承办了全国手工绘本创作大赛，优秀手工绘本作品在 2015 年中国图书馆学会年会现场展出，无数同行驻足参观。

图 3-1-8　2015 年，中国图书馆学会年会展出全国手工绘本创作大赛优秀作品

广州图书馆新馆开放以后，绘本作品创作活动更加注重融合社会资源、提升公众美育理念。2021—2023 年，广州图书馆联合社会力量共同举办三届“图书馆，让童年更美好”——新春少年儿童原创绘本展，累计展出优秀原创绘本作品超过 3 千份，展览吸引近 4 万人次参观，受到广大读者的喜爱以及社会的广泛关注，鼓励亲子家庭持续创作，以绘本艺术的形式记录阅读成果，把美好的愿景融于绘本创作。

图 3-1-9　2022 年，“图书馆，让童年更美好”——新春少年儿童原创绘本展现场

2021 年 9 月，少年儿童优秀原创绘本作品赴广州国际友好城市——韩国光州广域市立图书馆展出，展现了新时代中国少年儿童的艺术创作造诣、文化自信和民族自豪感，以绘本为媒，讲好中国故事。

图 3-1-10　2021 年，优秀原创绘本作品赴韩国光州广域市立图书馆展出

2022年，亲子绘本阅读馆联合社会机构举办“读懂广州，温暖童年——艺术图片展”，原创绘本《大豆腐》以故事形式展示城中村变迁。与此同时，广州图书馆结合自身绘本资源优势，为流动儿童家庭开展一系列具有针对性的阅读推广活动，让更多公众了解、关爱“流动儿童”群体，用阅读传递理解与温暖。

图3-1-11　2022年，“读懂广州，温暖童年——艺术图片展”中参观的小读者

图片来源：千禾社区基金会。

2023年暑假，广州图书馆联合广州市白云区白云外国语小学、广东省少儿美育艺术研究院、“穗阅先锋”阅读推广专业志愿服务队等，为广大少年儿童组织开展“图书馆，让童年更美好”——2023年少年儿童舞蹈绘本展演活动，实现了绘本阅读与舞蹈艺术的充分结合，用艺术交流的方式加深孩子们对绘本故事的理解，加深孩子们对阅读的热爱。本次展演除了为孩子们带来一场精彩纷呈、美妙绝伦的舞蹈盛宴以外，还可以激发他们对舞蹈中隐藏的故事底蕴的兴趣和探索，以及帮助他们对故事文本有更深刻的理解，活动更以广大少年儿童耳熟能详的经典绘本故事为蓝本，如《蚂蚁和西瓜》《长颈鹿不会跳舞》等，现场展示多个主题的绘本故事舞蹈和微舞剧，用“艺术+”方式引导孩子们爱上绘本、爱上阅读、爱上图书馆。

图 3-1-12　“图书馆，让童年更美好”——2023 年少年儿童舞蹈绘本展演活动现场

（四）线上绘本阅读推广

随着现代科学技术的不断发展，公共图书馆服务创新紧跟时代的趋势，积极开拓线上资源服务，以满足不同群体在不同时间段的阅读需求，读者即使足不出户，也能享受绘本阅读资源。“宅家阅读，玩转绘本”线上绘本阅读推广活动是于 2019 年开始筹备，2020 年正式上线的，该活动内容丰富、传播方式灵活，是一种全新的形式阅读推广活动。该活动由绘本故事分享、绘本猜猜猜、绘本推荐等多部分内容组成，全新形式的阅读推广活动主题涉及中华优秀传统文化、科普、生命教育、亲子情感等多个方面，让读者能够足不出户就享受到精彩纷呈的绘本故事会。该活动上线 2 年多以来共推出 89 期，均受到家长及小朋友的广泛关注和喜爱。

图 3-1-13 “宅家阅读，玩转绘本”线上绘本阅读推广活动推文截图

（五）培训与引领

体系化发展是公共图书馆绘本阅读推广工作的必由之路，为推动绘本阅读推广事业的发展，十年来广州图书馆积极联动基层分馆、社会公益组织、专业机构、幼儿园、文化志愿者等组织机构，积极传递和推广绘本阅读的专业技能与知识，汇聚更强大的绘本阅读推广力量。

自 2013 年新馆正式对外开放以来，广州图书馆定期组织馆员专业交流会，促进绘本阅读专业研究的常态化发展。绘本馆曾邀请梅子涵、熊亮等知名绘本作家到馆分享创作经验，与图书馆同行或绘本爱好者开展主旨交流，传播绘本阅读推广的理念及技巧。2015 年 5 月，广州图书馆成功举办首届全国图书馆手工绘本创作研修班，分享阅读推广实践经验，吸引了全国各地的图书馆从业人员约 130 人的参与，共同探讨手工绘本创作的技能与拓展。

图 3-1-14　2015 年，首届全国图书馆手工创作研修班现场

紧跟“图书馆之城”建设发展步伐，广州图书馆将绘本阅读推广活动下沉至基层分馆，扩大服务覆盖面，充分发挥中心馆的示范引领作用。除此以外，广州图书馆中心馆馆员多次前往番禺区图书馆、天河区图书馆和南沙区图书馆等区域总馆以及儿童公园分馆等直属分馆，为馆员开展绘本阅读推广技能培训，从绘本的结构、类型、主题、讲述等方面系统讲解绘本阅读推广的技巧，培训特设实践展示环节，基层分馆馆员开展绘本阅读推广实践活动，以促进理论向实践的有效转化，提升基层馆员专业服务水平。

图 3-1-15　2021 年，广州图书馆馆员正为分馆馆员开展绘本阅读推广业务培训

自 2020 年起，广州图书馆组织少儿美育教育工作者开展绘本阅读基础知识、绘本创作技能等专业培训，绘本阅读、美育教育融合发展，为少年儿童构建一套“阅读—激发创作—展示与交流—更好地阅读”阅读模式。2021 年 11 月，广州图书馆组织广东省少儿美育艺术研究院 300 多位美育教育工作者，开展绘本阅读理念宣传活动，从公共图书馆绘本阅读现状、绘本的表现形式、绘本阅读活动的开展等方面进行主旨交流，提升艺术创作指导团队对绘本的认知，以更好地指导儿童创作出优秀的原创绘本作品。

公益阅读基金会是公共图书馆开展阅读服务的有力支撑，其公益性和贴近基层的特点使其成为公共图书馆在全民阅读工作路上的同行者。其中，2020—2023 年，广州图书馆与广东省南方阅读公益基金会联合打造“阅读成长营”——阅读推广人及绘本创作人成长营项目，为公益基金会的阅读推广人才培训输送师资力量，系统地培养一批又一批优秀的绘本阅读推广人，助力公共图书馆和基层公共文化机构的儿童阅读推广工作。

图 3-1-16　2021 年 11 月，广州图书馆冯莉在为广东省少儿美育艺术研究院工作人员开展的绘本交流分享会上发言

图片来源：广东省少儿美育艺术研究院。

图 3-1-17　2023 年，广州图书馆黄卉在“阅读成长营”培训中，从绘本的发展、阅读技巧、经典赏析等方面展开专业的讲解

图片来源：广东省南方阅读公益基金会。

三、项目亮点

（一）服务对象群体不断拓展

广州图书馆开放初期，4—6 岁学龄前期儿童群体是绘本阅读推广服务的对象主体，随着社会需求的不断扩大，绘本阅读推广服务人群增加了 0—3 岁婴幼儿，2021 年绘本阅读推广服务覆盖孕妈妈群体，旨在帮助家长掌握新生儿童养成良好阅读习惯的方法和技巧，鼓励家长与孩子一起分享故事、游戏和儿歌，鼓励他们到图书馆借阅图书，利用图书馆资源。此外，图书馆还积极助力学校或社会其他机构开展阅读推广活动，自 2017 年 7 月 1 日起，图书馆在优先保障未成年人阅读权益的同时，面向大中小学、幼儿园教师，从事儿童文学创作、研究的相关从业人员或相关专业的高校在读学生，开放了少儿资源外借服务，而这些从事未成年阅读相关工作的成人也将通过馆藏资源更好地为社会服务，形成良性循环。

（二）空间改造打造阅读氛围

2013 年 6 月 14 日，广州图书馆亲子绘本阅读馆正式对外开放，面积 1000 余平方米，以充满童趣的墙面装饰，配以适合儿童身高的阅览桌椅和书架，成为广州图书馆服务效益最好的主题场馆之一。

2018 年、2022 年，绘本阅读服务空间分别经历了两次空间优化改造，每次改造都为亲子绘本阅读馆注入大量原创插画作品，比如广州图书馆以少儿服务吉祥物——小 R 探险故事为主线，故事插画遍布亲子绘本阅读馆的每一面墙，每幅插画都有其独立的故事价值，而不同插画又能串联成一个完整的故事，这为广州图书馆的绘本阅读服务空间增添了阅读氛围，突出亲子服务主题，让所有入馆的读者都能感受到浓厚的阅读气息。

图 3-1-18　2018 年，优化改造后的亲子绘本阅读馆

图 3-1-19　2022 年，改造后的“悦读伴岛”，柔和的色调和温暖的壁画让人仿佛置身快乐的“阅读丛林”

（三）活动下沉至"图书馆之城"服务体系

为进一步提升广州公共图书馆绘本阅读服务的标准化和专业化程度，广州图书馆除在馆内开展服务以外，还积极将优秀绘本阅读活动和资源面向示范性分馆进行矩阵式输出，力求打造公共图书馆绘本阅读服务体系的广州模式，为广大读者提供更便利的绘本阅读服务。

图 3-1-20　2021 年，广州图书馆佛山南海天河城分馆组织读书会活动

（四）社会合作促进品牌发展

《中华人民共和国公共文化服务保障法》提出公共文化服务要由"政府主导，社会参与"①，公共文化服务开展需要政府与多元社会力量互动。事实上，图书馆体系仅作为其中一个子系统②，在社会大环境下还有出版机构、书店、学校、阅读基金会或企业等其他体系。公共图书馆拥有丰富的馆藏资

① 中华人民共和国公共文化服务保障法［EB/OL］.［2023-05-12］.http://www.npc.gov.cn/npc/c12435/201612/edd80cb56b844ca3ab27b1e8185bc84a.shtml.

② 朱淑华.儿童阅读推广系统概述［J］.图书馆,2009(6):45-48.

源，在开展阅读推广服务方面具有一定的社会号召力、影响力和公信力。社会力量的参与能够丰富公共图书馆阅读推广的活动形式和内容，为读者提供更加多元化、有针对性的服务，也为读者提供更多参与机会。

广州图书馆积极寻求与多方社会力量的合作，整合各方资源，将绘本阅读推广工作推向高质量发展。从 2013 年“在阅读中成长——广州市青少年十年阅读系列活动”到 2021 年“图书馆，让童年更美好——新春少年儿童原创绘本展”，从常规活动“小樱桃”阅读树到大型名家讲座，从政府部门到教育机构、公益阅读组织、企业、行业协会或社会个人，项目合作伙伴不断拓展，涉及的领域不断拓宽。

（五）理论与实践相互促进

实践工作的经验归纳、理论提升，可以进一步指导实践工作、提升服务效益、优化服务品牌。广州图书馆馆员在积极开展绘本服务实践以外，还以课题研究和论文研究的方式，把工作实践提炼成理论成果，这样既可以促进馆员的专业化发展，也可以推动先进经验的推广与应用。如 2018 年广东省图书馆科研课题“基层公共图书馆构建学龄前儿童阅读服务体系的探索——以广州市白云区图书馆微书房项目为例”，完善了公共图书馆学龄前儿童阅读推广绩效研究的理论体系；广州市图书馆学会在研课题“‘图书馆之城’建设背景下的公共图书馆绘本阅读推广模式研究”的目标为构建一套“绘本阅读体系化服务模式”。

四、成效与影响

（一）服务效益显著

开展形式多样的活动，其最终目的仍然是回归亲子阅读。“小樱桃”阅读树亲子读书会以绘本分享为活动主要内容，配合推荐相关图书，培养亲子阅读习惯；“图书馆，让童年更美好——原创绘本展”吸引了更多儿童走进图书馆，了解并借阅绘本图书；“遇见图书馆·云上童声”绘本音视频作品征集活动鼓励家长和孩子通过大量阅读，录制喜欢的绘本故事从而参与活动。

以阅读推广活动带动绘本借阅量，也是绘本阅读推广活动的成效之一。十年间，广州图书馆绘本的借阅量与活动情况的变化基本一致，服务效能总体较好，具体见下图。

图 3-1-21　2013—2022 年绘本借阅量与亲子读书会场次对比

（二）活动宣传力度强

十年来，广州图书馆绘本阅读服务先后吸引网易新闻、今日头条、广东广播电视台现代教育频道、《广州日报》、《羊城晚报》、《信息时报》、大洋网、《南方都市报》等多家社会媒体报道。

在自媒体方面，“广州图书馆”微信公众号自 2014 年开设以来，累计发布亲子绘本活动推文 145 条，累计阅览量 259131 人次。为了面向未成年人读者提供更精准的阅读服务，2016 年儿童与青少年部开设“广图少儿”微信公众号，截至 2022 年 12 月，该公众号累计关注量达 2.4 万人，发布亲子绘本活动推文近 900 条，累计阅览量 15 万余人次。

（三）行业影响力显著

广州图书馆绘本阅读服务工作受到业界广泛认可。2013 年、2015 年先后出版《阅读　创意　互动——绘本阅读推广的多元化策略》《让阅读动起来——手工绘本制作宝典》两本专著，总结绘本阅读推广实践成果，为行业提供了可借鉴的宝贵经验与实践示范。

亲子绘本阅读馆于2014年、2017年、2018年三度荣获中国图书馆学会授予的“全国十佳绘本馆”荣誉称号；2019—2020年两度荣获中国图书馆学会授予的“年度最具影响力绘本馆”荣誉称号；2023年4月被广东省妇女联合会授予广东省家庭亲子阅读体验基地荣誉称号。业务案例也多次受到各级学会表彰：“广州图书馆绘本推广案例”荣获“2014全民阅读年会”阅读案例一等奖；“‘爱绘本爱阅读’亲子读书会”在2014年中国图书馆学会阅读推广委员会“图书馆‘书友会’优秀案例征集”活动中荣获优秀案例二等奖；“‘小樱桃’阅读树·咿呀大本营”案例荣获2019年中国图书馆学会“家庭阅读推广优秀案例”三等奖。

五、把握未来

凡是过往，皆为序章。下一个十年，广州图书馆将持续深化阅读服务模式的创新发展，力求服务覆盖面更广，阅读指导更精准，通过绘本阅读提升儿童阅读兴趣，营造家庭亲子阅读氛围，倡导亲子阅读理念。

（一）加强馆藏建设，推动原创绘本服务发展

开馆初期引进版绘本在馆藏中占比较大，近年来，中国原创绘本进入了高质量的发展阶段，原创绘本精品迭出。北京师范大学教授陈晖指出，中国孩子的童年需要阅读富含多样文化的图画书，更需要阅读中国自己的图画书，以中国文化滋养童年、陪伴成长。一批讲述中国故事、展示中国风貌的经典原创图画书，在继承和发扬中华优秀传统文化及传统艺术方面具有独特价值和突出优势，但由于推广不到位等原因，很多家长并不了解[①]。在这种情况之下，公共图书馆应致力于中国原创绘本推广活动的组织，通过亲子读书会、原创绘本展、故事志愿者培训、绘本作家见面会等方式，架起作家、画

① 光明日报联合调研组.把最好的阅读融入最珍贵的童年[N].光明日报,2023-01-12(7).

家与读者间交流互通的桥梁，让更多优秀的中国原创绘本走进儿童的阅读生活，让他们在阅读中感受中国文化的无穷魅力；同时为绘本创作者提供深入读者群体的机会，更好地驱动原创绘本的创作动力。

（二）完善管理机制，提升阅读指导精准化

范并思教授提到，当阅读推广还处于萌芽状态时，可以任其自发管理，而当该服务已经成为一种主流服务时，就需要走向自觉管理，以保证其沿着正确的道路前进，提升服务的质量和绩效①。绘本阅读推广服务须不断完善管理机制，在品牌活动的组织设计中，力求构建一套科学、合理的绘本阅读推广质量管理体系，对服务质量进行评价及控制。

（三）赋能馆员成长，促进服务专业化发展

专业馆员是公共图书馆绘本阅读推广服务可持续发展的必要因素。绘本阅读推广馆员不仅要具备阅读推广的专业素养，还应了解儿童的心理、生理发展特点，善于和儿童及其家长进行有效交流和互动。绘本阅读服务专业化发展必须以实践为基石，将馆员职业成长与实际工作发展结合，强化馆员专业工作的技能提升与知识储备。

（四）强化品牌建设，提升活动项目影响力

随着全民阅读的深入开展，图书馆活动品牌营销进入人们的视域，国际图联“图书馆国际营销奖”的设立，进一步提升了活动品牌营销的热度，获奖项目也起到了良好的示范作用。如何在移动互联网时代，进一步做好活动品牌营销，促进绘本阅读推广事业发展，将文化惠民落到实处，是馆员需要思考的问题。

公共图书馆绘本阅读服务需要通过优化自媒体运营、强化与新媒体平台的合作，增强融媒体的综合性，不断创新宣传推广形式和途径，从而向社会传播自身价值。

---

① 范并思，王巧丽．阅读推广的管理自觉［J］．图书馆论坛，2015（10）：8-14．

案例二　立足阅读推广，创想科学未来

——青少年科普阅读服务

冼伟红

习近平总书记强调："科技创新、科学普及是实现创新发展的两翼，要把科学普及放在与科技创新同等重要的位置。"① 科学普及是一种社会教育，助力科学普及是公共图书馆的社会责任。本案例以设计思维方法在公共图书馆的应用为研究对象，以广州图书馆为活动实践平台，以青少年科普阅读服务推行情况为例，探讨公共图书馆助力科普阅读推广的可行性、实践过程、成效、创新性等。

一、案例背景

2017 年 10 月 18 日，习近平总书记在党的十九大报告中指出要"倡导创新文化"，"弘扬科学精神，普及科学知识"②。2018 年 5 月 28 日，习近平总书记在中国科学院第十九次院士大会、中国工程院第十四次院士大会上所作的重要讲话指出："当科学家是无数中国孩子的梦想，我们要让科技工作成为富有吸引力的工作、成为孩子们尊崇向往的职业，给孩子们的梦想插上科技的翅膀，让未来祖国的科技天地群英荟萃，让未来科学的浩瀚星

① 习近平：为建设世界科技强国而奋斗——在全国科技创新大会、两院院士大会、中国科协第九次全国代表大会上的讲话［EB/OL］.［2023-07-20］.http://cpc.people.com.cn/n1/2016/0601/c64094-28400179.html.

② 习近平在中国共产党第十九次全国代表大会上的报告［EB/OL］.［2023-07-20］.https://cbgc.scol.com.cn/news/63232.

空群星闪耀！”①

一系列推动科普工作的政策法规也陆续颁布出台。《中华人民共和国科学技术普及法》第十六条第二款规定：“科技馆（站）、图书馆、博物馆、文化馆等文化场所应当发挥科普育人的作用。”《公共图书馆少年儿童服务规范》（GB/T 36720—2108）规定：“公共图书馆需通过各类资源和少年儿童服务馆员的专业服务能力满足少年儿童对知识、信息及相关文化活动需求。”《中华人民共和国公共文化服务保障法》《中华人民共和国公共图书馆法》《中华人民共和国家庭教育促进法》相继颁布出台，公共图书馆科普阅读服务开始受到图书馆界的广泛重视。

2006年，广州图书馆获广州市政府授予的“广州市科学技术普及基地”称号；2011年，获广东省委宣传部、广东省社会科学联盟授予的“广东省人文社会科学普及基地”称号；2022年，获广东省科技厅、广东省科学技术协会授予的“广东省科学技术普及基地”称号。为充分发挥科普基地的作用，搭建科普活动平台，2013年广州图书馆建立“科普广图”青少年科普阅读服务项目，向广大亲子家庭、在校中小学生提供优质的科普阅读多样化服务。“科普广图”青少年科普阅读服务项目充分发挥科普基地、科普联盟的作用，联合科普行业协会、志愿者组织、中小学校、科普教育机构等社会合作力量，结合读者服务工作，锐意创新，开展多层次、多系列、多元化，集趣味性、知识性、创意性于一体的科普阅读推广活动，带动科普文献的有效利用。

二、可行性分析

（一）馆藏服务能力

“科普广图”青少年科普阅读服务项目立足于广州图书馆青少年科学文献资源，包括图书期刊239409册，数据库8个，视听资料9385册（数据统

① 习近平在中国科学院第十九次院士大会、中国工程院第十四次院士大会上的讲话［EB/OL］.［2023-07-20］.http://news.cyol.com/content/2018-05/28/content_17236068.htm.

计截至2023年6月1日），这些资源为项目的开展提供有力的馆藏支持。

1. 科普主题书架

设立科普主题书架，每月一个主题，精选50—100册主题科普图书，配以主题创意设计作品、主题书目宣传单张、动态主题书目PPT，多方位、多渠道、多角度引导儿童与青少年走进科学世界，接触不同领域的科学知识。

图3-2-1　“飞机的魅力”科普主题书架

2. 科普图书推荐

运用官网、微信公众号、电视台、报纸等媒介，定期向儿童推荐内容丰富、切合社会热点、贴近群众生活的科普图书，围绕不同的科学主题，每期的推荐皆为项目组成员精挑细选的，有代表、有创意、有意义的科普图书。2013—2022年共推出科普主题图书推荐书目114期。

（二）活动组织能力

“科普广图”青少年科普阅读服务项目一直以来以本馆科普资源为平台，最大限度地发挥图书馆馆藏资源优势和科技教育优势，不断拓展工作思路。同时，根据儿童与青少年对科普知识的需求，联合媒体、志愿团体、科学教育机构等社会力量，开展内容丰富、贴近实际、贴近生活、贴近群众、公众喜闻乐见的特色科普活动，提高儿童与青少年科学素质，形成“科普小达人”“小小创客”等多个科普品牌系列活动，深受市民喜爱。

（三）空间服务能力

儿童与青少年部作为“科普广图”青少年科普阅读服务项目主要落实部门及服务阵地，其阅览场地面积3150平方米，设阅览座位450个，科普类藏书占总馆馆藏的21.2%以上，免费为未成年人提供书刊借阅服务，在对儿童与青少年普及科学文化知识、加强科技教育方面扮演着重要角色。阅创空间、小河马玩具馆、广州纪录片研究展示中心、科普展廊为不同年龄读者开展内容丰富、形式多样的科普阅读推广活动，形成广州图书馆科普阅读推广的“馆中馆”模式。

1. 阅创空间

阅创空间服务对象为16岁以下的儿童与青少年，向广大少年儿童提供STEAM教育、科学探索、儿童编程教育等创客服务，以培训、讲座、工作坊等形式，培养孩子的创新精神和实践能力，多年来打造多个科普活动品牌，提高科学普及度。阅创空间日常开展科普系列活动“科普小达人”“小小创客”“身边的科学”，以及大型科普讲座“科普大篷车展览”等。

2. 小河马玩具馆

2014年1月，广州图书馆小河马玩具馆正式对外开放，服务对象为1—8岁儿童及其家长。小河马玩具馆以玩具为媒介，将加德纳八大多元智能理论体系融合到活动中，在注重玩具娱乐性的同时，更注重玩具对促进儿童阅读及多元智能发展的作用。

3. 广州纪录片研究展示中心

广州纪录片研究展示中心是中国第一家致力于纪录片收藏、展示、研究、整理的公共文化机构。它位于广州市珠江新城的广州图书馆负一层，展厅占地1000平方米，包括时光长廊、纪录片主题区、设备展示区、场景模拟区、虚拟纪录片博物馆等多个主题区域。广州纪录片研究展示中心定期为读者展播不同主题科普纪录片。

4. 科普展廊

科普展廊位于广州图书馆南四楼，常年展示科普主题展品，包括科学绘画、科普知识展板、科普模型、健康公益宣传主题展品、科普图书推荐等，以互动展览的形式向广大少年儿童传播身边的科学知识，推动科学普及的发展。

（四）馆员专业能力

“科普广图”青少年科普阅读服务项目组，由8名从事儿童与青少年科普阅读推广工作多年的馆员组成，具有丰富的阅读推广经验，其中1人获得中国图书馆学会阅读推广人称号，3人获得广东省阅读推广人称号。项目组具有较高的科研能力，组员共主持或参与6个省级课题研究，公开发表专业研究论文12篇，其中7篇发表在核心期刊，为科普服务工作提供专业人才保障。

三、实施过程

“科普广图”青少年科普阅读服务项目始于2013年6月新馆开放之初，是在广州图书馆旧馆青少年科普阅读推广工作的基础上，重新整合打造的科普阅读推广活动品牌。2013—2022年十年间，项目不断发展，逐步融合小河马玩具馆玩具创意活动、“科普小达人”科普课堂、“小小创客”工作坊、“科普大篷车”科普展览、“身边的科学”科普讲座等多个系列科普活动，以学龄前儿童、中小学生、亲子家庭为服务对象，以“科学阅读普及”为目标，运用科普文献、玩具、STEAM教育工具、科普纪录片、科普游戏等多元化工具，开展讲座、展览、读书会、工作坊、打卡积分活动、科普电影观赏活动、科普知识竞赛、创客大赛等多形式活动，联合大学生志愿服务团体、幼儿园、中小学校、创客空间、科普行业协会、科普教育咨询公司、科普教育机构、科普专家等社会力量组成广州图书馆科普志愿者队伍，发挥广东省科普基地、广州市科普基地、广州科普联盟、广州市天河区科普基地的优势，联合其他社会机构共同推进科学技术在全社会的普及。

2013—2022年，“科普广图”青少年科普阅读服务项目围绕全国科普开放日主题、全国科技活动周主题、社会科技热点、少年儿童阅读需求共举办科普阅读推广活动 1684 场次，共计 488431 人次参与。其中线上科普推广活动 435 场次，累计参与量为 293765 人次，线下科普推广活动 1249 场次，累计参与量为 194666 人次（含展览），深受市民喜爱。主要活动形式如下。

（一）科普小课堂——“科普小达人”

“科普小达人”系列依托本馆科普资源，以推广未成年人科普资源为目的，每月开展内容丰富、贴近生活、公众喜闻乐见的特色科普活动项目，旨在丰富未成年人的科普知识，拓宽科普视野，提高科学素质。活动的主题涉及面广，包括环保、地理、化学、气候、天文、建筑、安全教育、生物等主题的科普知识。形式包括专题小讲座、科普制作、科学实验展示、科普游戏、手工书 DIY 等。

图 3-2-2　2020 年 9 月 5 日，“从湿地到海底公园”科普活动

（二）创客工作坊——“小小创客”

近年来，人工智能已深入到社会生活的各个领域。人工智能的研究内容与应用领域之广，决定了人工智能在将来的各个工作领域得到大展拳脚的机会，是未来社会发展的趋势。为顺应时代发展潮流，广州图书馆在科普资源区域设置儿童与青少年创客空间，并相应推出“小小创客”系列活动。以创客工作坊的活动形式，融合科学、艺术、阅读、创意、手工，包括创意儿童编程、3D 打印工坊、机器人工作坊、纸电路工作坊、非遗创客工坊等。除开展主题活动外，“小小创客”工作坊还推出创客体验活动和冬令营、夏令营活动，利用已有空间和阅览桌椅，配备电脑、创客工具、DIY 材料、3D 打印机等，鼓励青少年团体或个人交流、商讨并进行创意设计。

图 3-2-3　2021 年 5 月 11 日，“小小创客”——推箱子科普活动

（三）小河马玩具馆的玩具创意活动

小河马玩具馆的玩具创意系列活动以玩具为媒介，以主题活动或者游戏为组织形式，旨在融合建构、科学、数学、语言、听觉、视觉、运动、社交等多元化内容，形成全面且系统的儿童智能开发模式。每周定期举办活动，适合 0—8 岁的儿童及其家长参加。每年暑假期间，还组织开展玩具创意大赛和创意玩具展览，为孩子们提供一个创意交流平台，培养孩子的想象和创造能力，宣传玩具教育理念。

（四）科普展览——“科普大篷车”和3D立体图书体验科普展览

广州图书馆引进新型互动展品“科普大篷车”，与广州市科普中心联合举办“科普大篷车”青少年科普展品体验展览。“科普大篷车”是承载科普展品、科普资料、科普展览、放映科普影片等活动内容的多功能流动科普宣传设施，车载展品具有很强的参与性、互动性，故“科普大篷车”被形象地称为“流动的科技馆”。长期在馆内摆设“科普大篷车”，寓教于乐，满足了未成年人边玩边学的愿望。

图3-2-4　2014年5月18日，“科普大篷车进广图”科普展览

“科普广图”青少年科普阅读服务项目还会举办3D立体图书体验科普展览，引入科普电子借阅机设备及特殊制作的3D科普图书展示墙，读者可以拿手机、Pad设备等自行扫码阅览3D科普图书。展览以新颖的独特方式、多维的感官刺激激发青少年对科学的兴趣，让书上的角色真正跃然纸上，吸引小朋友阅读科普图书。

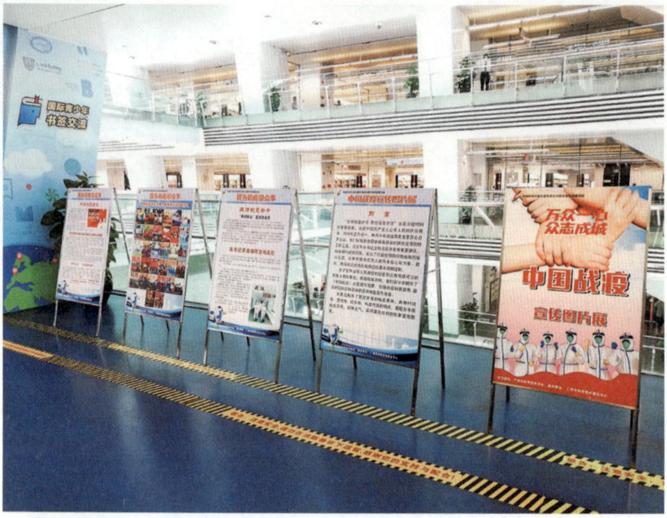

图 3-2-5　2020 年 7—8 月，科普大篷车——“中国战疫”宣传图片展

图 3-2-6　2014 年 7—8 月，3D 立体图书体验科普展览

（五）科普讲座——“身边的科学”

为了向更多的读者推荐科普资源，宣传科学、普及科学，“科普广图”青少年科普阅读服务项目每年都会开展大型亲子科普讲座。2013—2022 年，共举办“身边的科学”科普系列讲座 19 场次，参与者达 4348 人次，讲座内容涉

及天文科学、医学健康、自然科学、建筑科学等领域。其中，“给孩子一个健康童年——儿童春季呼吸系统常见疾病的正确护理”专题讲座，邀请国内著名儿科专家邓力为大家解读春季儿童多发病应如何预防并正确护理；“日食、极光——科技与大自然的和谐之美”讲座中，资深天文爱好者袁凤芳和大家分享北欧日食，徜徉西藏星空，探索极光之旅；“儿童建筑，引领想象与创造的儿童乐园”科普讲座，由华南理工大学建筑学院志愿者为大家讲解，介绍专门为儿童打造的建筑背后隐藏着什么奇妙的构思；“野外观蝶——广州蝴蝶生态图鉴”科普讲座，让小读者们走进蝴蝶大世界，感受蝴蝶生态的神奇魅力，同时感受大自然的美好，从而进一步增强环保意识，建立人与自然的和谐关系。

图 3-2-7　2019 年 3 月 17 日，“鸟类迁徙无国界”科普讲座

（六）科普竞赛类活动

2017—2021 年，在广州市科技创新委员会的指导下，广州图书馆、广州市青少年科技教育协会、广州市天河区科技工业和信息化局、广州市天河区科学技术协会，连续 5 年共同开展“一起创”创客大赛，以“全民创客、共建未来”为宗旨，通过竞赛形式鼓励大众从“一起想”“一起学”到“一起造”。大赛由报名、赛前培训、模拟赛筛选、技术测试、现场决赛、路演、

颁奖典礼等环节组成，在广州图书馆举办预热公开课、培训和现场赛等，参加者年龄涵盖 4 岁到 60 岁，活动鼓励大家创作出有创意、有科技感、有文化特色的作品。

图 3-2-8　2017 年 10 月 8 日，“一起创”创客大赛

2014—2022 年春节期间，广州图书馆开展形式多样的科普猜谜活动，结合新春传统节日文化，融合生物、太空、安全、物理、化学等科学知识，以科学游戏的互动形式，提升少年儿童探索科学的兴趣，引导他们运用科普图书这个工具认识世界，走向世界。

（七）科技活动周和全国科普日主题活动

科技活动周是中国重要的科普活动之一。科技活动周的内容非常丰富，全国各省市有关科普活动的机构都采取行动宣传科技，促进公众与科学的对话。每年国家科普联席会议都通过协商形成一个科技周的主题，各部门再围绕该主题举办各种形式的科普活动。为提升全民科学素质，促进科技创新和科学普及协调发展，在全社会营造热爱科学、开拓创新的良好氛围，广州图书馆充分发挥科普基地作用，在每年全国科技活动周期间，围绕当年主题，面向小读者开展一系列科普宣传活动，举办科普小达人、“小小创客”、玩具创意、科普教育纪录片、科普大篷车互动展等多场集趣味性、互动性、知识性于一体的科普阅读推广活动，推动儿童与青少年科学素质教育发展。

图 3-2-9　2017 年 5 月 6 日，广州图书馆联合广州市科学技术普及中心等开展“科普进山区，科普进农村”科普活动周主题活动

图 3-2-10　2018 年 5 月 19 日，广州创新科普嘉年华启动仪式

全国科普日是为纪念《中华人民共和国科学技术普及法》的颁布而设立的纪念日。2002 年 6 月 29 日，我国第一部关于科普的法律——《中华人民共和国科学技术普及法》正式颁布实施。2003 年 6 月 29 日，在《中华人民共和国科学技术普及法》颁布一周年之际，为在全国掀起宣传贯彻落实《中华人民共和国科学技术普及法》的热潮，中国科学技术协会在全国范围内开

展了一系列科普活动。自此，中国科学技术协会每年都组织全国学会和地方科学技术协会在全国开展科普日活动。在每年全国科普日活动期间，“科普广图”青少年科普阅读服务项目组成员围绕每年的科普主题，充分发挥科普基地的作用，积极参与广州市全国科普日主会场活动，在广州图书馆组织策划一系列贴近群众、推广科学的科普系列活动。

图 3-2-11　2019 年 10 月 13 日，广州图书馆在广州电视台开展科普开放日科普阅读推广活动

图 3-2-12　2022 年 9 月 17 日，广州图书馆在华南植物园开展科普开放日科普阅读推广活动

（八）线上科普活动多元化发展

多元化的科普线上活动，是以微信平台为基础，集教育视频、直播推荐、互动游戏、图书推荐于一体的少儿线上活动，为激励读者参与，参与活动的读者可获得相应的阅读印章并兑换积分。具体如下：

①线上活动“科普阅读这样玩儿”是从“直播带货”中构思出来的活动，馆员化身为网络主播，向广大读者介绍关于汽车主题的科普立体书，特别介绍了立体图书有趣的机关设计、互动设计，十分吸引读者的眼球。活动推出后，吸引了众多读者的关注，大大提高了科普立体图书的使用率。

②适合 0—8 岁的“哇呜科普实验室”，以讲述科普故事、科普实验的形式，分享科学知识给年龄较小的读者，读者可以运用身边的材料，在家按照小视频的教学，做科普实验，学习科学知识。

③创新科普活动形式，运用微信公众号、本馆科普资源，设计少年儿童科普知识服务的线上互动游戏“科普知识大闯关”，融合生物科学、天文科学、数理化科学、智能科学等学科知识，带领小读者走进科学的大门，认识广阔的世界。

四、项目创新与意义

（一）项目创新

1. 服务方式创新：打造“科普 +”

（1）“科普 + 非遗”方式

非物质文化遗产是一个国家和民族历史文化成就的重要标志，它不仅对于研究人类文明的演进具有重要意义，而且对于展现世界文化的多样性具有独特作用。中国深厚的文化底蕴是文化创意的源泉，为了给青少年提供更多接触和体验中国文化的机会，2021 年，广州图书馆对“小小创客 ”项目进行创新设计，尝试在创客活动中引入非遗文化创新项目，策划“小小创客——非遗 STEAM 融合课堂”，既为青少年读者创客项目提供灵感来源和创作题材，又能够为保护和传承非物质文化遗产提供新的思路。

表 3-2-1 “科普 + 非遗”项目开展情况

时间	活动名称	活动详情
2021 年 5 月 15 日	嵌瓷	学习广东省潮汕地区的民间建筑装饰艺术，探索嵌瓷之美，用科学的方法探索非遗印记
2021 年 9 月 25 日	神奇榫卯之旅——鲁班锁之三通锁	了解古代科学技术，亲身感受中国古代榫卯结构的神奇，在心灵里播下对“非遗”的认知、保护和传承的良好种子
2021 年 11 月 14 日	活字印刷	了解活字印刷术的发明过程，学习铅活字的结构和铸造工艺，用活字印刷技术创作作品
2022 年 9 月 11 日	火龙贺中秋	了解中秋传统文化，运用科学的方法学习制作火龙，体会古代人民的智慧

（2）“科普 + 游戏”方式

科普阅读推广与青少年大型推广项目“阅读攀登计划”相结合，使阅读与科普互促互进。“阅读攀登计划”项目激励少年儿童阅读图书，参与馆内活动，制作阅读创作作品参与积分，赢取阅读达人称号。“阅读攀登计划”和科普阅读推广活动相结合，带动少年儿童积极参与科普活动，阅读科普图书。该项目每年发放阅读护照 2000 余个，读者通过借阅科普图书、参与线上线下科普活动、提交科普阅读作品赢得阅读积分，把科普与阅读有机融合起来。

2020—2022 年，策划线上科普游戏项目，以科普互动游戏吸引少年儿童边玩边学，包括“科普知识大闯关”“萌宝游戏园”“趣玩趣享”系列活动，以科学互动游戏吸引孩子学习科学知识。

（3）“科普 + 研学”方式

为充分发挥图书馆在公共文化服务和教育领域的作用，广州图书馆从 2021 年开始开展科普研学活动。科普研学活动让图书馆阅读推广活动与城市景点相结合，让阅读活动走出图书馆。科普研学活动丰富了科普阅读推广活动的内容和形式，未来将进一步深化科普研学活动探索，形成系列特色科普研学活动。

表 3-2-2　科普研学项目开展情况

时间	活动名称	合作机构	活动目标
2021 年 5 月 9 日	科普研学活动：城市万花筒	华南理工大学建筑学院筑行志愿服务队	带领小朋友观察并为他们讲解广州图书馆、广东省博物馆、广州大剧院、广州塔、广州市少年宫、广州当代美术馆及花城广场景观设计，引导孩子们自行创作建筑模型作品，在研学中学习科普知识，提高综合素质，促进阅读
2021 年 11 月 7 日	科普研学观鸟活动	广东省湿地保护协会	带领小朋友了解有趣的观鸟活动并进行户外鸟类观察，创作自然观察笔记，感受自然的魅力。
2023 年 3 月 18 日	科普研学活动：藏在沙漠里的空中花园——阿拉伯建筑之美	沙特阿拉伯驻广州领事馆、华南理工大学建筑学院筑行志愿服务队	带领小朋友们参观“沙砾遗珍——沙特阿拉伯文化展”，并由华南理工大学建筑学院筑行志愿服务队带来“小小建筑师”活动：藏在沙漠里的空中花园——阿拉伯建筑之美
2023 年 5 月 21 日	科普研学活动：走进华工・筑梦科学	华南理工大学自动化科学与工程学院志愿服务队	通过参观学习，感受良好的大学氛围，了解华南理工大学的百年校史，同时学习有趣的科技知识，提高学生的科学兴趣

2. 服务内容创新：融合多学科知识，拓展少年儿童创新能力培养

科普活动开展了很多主题的知识服务，如生物科学、建筑科学、智能科学、数理科学、环境科学、安全科学等。围绕科普活动主题，多角度多方面拓展项目的主题，优化指导方法、宣传手段，注重人员能力培养。创新的理念、创新的思路、创新的内容、创新的形式为项目注入新的力量，带给读者新的体验、新的阅读动力、新的创作思路，吸引更多读者加入科普阅读的大家庭。“科普广图”青少年科普阅读服务项目组成员采用设计思维方法，邀请活动主讲者、参与者、志愿者与馆员一起组成行动者队伍，共同开展项目的创新策划、宣传的创新推广、活动效果的创新评估、人员的创新能力培养

等。2022 年“科普一小时”活动，融合运动项目“铁人三项赛”理念，要求小读者在一小时内完成三个科普阅读游戏的挑战，蕴含多学科知识的应用，激发孩子阅读兴趣，也是对孩子阅读持久力的考量，阅读思考力的触发，以及阅读创作力的培养。2022 年，广州图书馆开展“小小体验官”活动，植入“设计思维”方法，开展读者参与服务研究，让读者、志愿者参与活动设计，运用“头脑风暴”“同理心地图”等思维方法，集体创作策划“3D 打印话今昔”科普活动。

3. 服务机制创新：科普实施主体社会化，形成长效合作机制

科普活动的开展不再是图书馆孤军奋战，越来越多的社会主体参与各种影响面广、作用力大的科普活动，建立起共同参与的长效合作机制。

（1）大学志愿者

广州图书馆与省内多家高校的志愿者团体合作，共同开展相应的科普活动。如与华南理工大学建筑学院的大学生志愿者合作，围绕“建筑”主题，通过科普情景剧、讲座、展览、视频、制作模型、有奖问答等形式让青少年从多方面了解建筑的世界；与广东第二师范学院的志愿者团体合作，为低幼儿童开展科普绘本赏读活动等。

（2）政府机构

联合多家政府机构，共同推进科普阅读推广。在广东省科学技术厅、广东省科学技术协会、广州市科学技术局、广州市科学技术协会的指导下，广州图书馆联合其他省、市科普基地、科普联盟，共同开展形式多样的跨学科、跨领域的科普教育活动。

（3）社会教育机构

整合利用社会资源，鼓励社会教育机构与图书馆合作开展形式各异的科普活动。如与魔法图书馆合作，开展编程一小时活动；与星空漫游天文科学俱乐部合作，开展天文知识小讲座等。

（4）幼儿园和中小学校

公共图书馆未成年人服务在服务对象和服务目标上与幼儿园、中小学校一致，这也使得公共图书馆未成年人服务与幼儿园、中小学校合作最密切、最频繁。广州图书馆与幼儿园、中小学校合作开展各类未成年人阅读推广活

动，形成馆校合作模式。

（二）项目意义

“科普广图”青少年科普阅读服务项目在科学理论的指导下，以广州图书馆为实践平台，从儿童与青少年的阅读特点、阅读需求出发设计的创新性的科普阅读项目，为其他图书馆儿童与青少年科普阅读推广提供借鉴和参考。

本项目立足公共图书馆科普资源和实践平台，以推动科普资源与科普教育融合，提升青少年科普阅读素养为目标，形成一套以读者为中心的创新科普阅读服务策略，促进图书馆科普资源的开发利用，融合科学、艺术、文学等多个领域，根据少年儿童好奇心强、喜欢探索、热爱新事物等特点，通过多元化的创新推广手段，提高青少年科普阅读能力和科学素养。

五、成效与影响

（一）项目成效

2013—2022 年，“科普广图”青少年科普阅读服务项目各系列科普推广活动举办场次 1684 场，参加人数达 488431 人次，活动深受市民喜爱。受科普活动的推动，科普图书外借册次从 2014 年的 44.7 万册次增长为 2022 年的 52.4 万册次，增长率为 17.23%。2013 年新馆开馆之初，只有“科普小达人”一个系列活动，到 2022 年发展至“科普小达人”“小小创客”“小河马玩具馆玩具创意活动”“身边的科学”“科普大篷车”“科普知识大闯关”“哇呜科普实验室”“新春科普猜谜”“科技活动周和科普开放日主题活动”九个系列活动。其中，“科普小达人”系列活动以大学生志愿者团队自行研发设计的科普活动为主体，通过游戏、科普表演、视频、互动问答、科普讲座等多种形式向少年儿童传递科学知识，同时志愿者能够通过活动平台增长社会阅历、职业经验。“小小创客”系列活动，联合科学教育机构，合作开展创客教育、STEAM 教育相关活动，包括儿童编程、纸电路工坊、机器人工坊、计算思维工坊，从小培养少年儿童创新思维，锻炼动手能力，推动社会创新发展。小河马玩具馆的玩具创意系列活动，以玩具和图书为媒介，锻炼儿童阅读和动手能力，通过开展亲子活动，激发儿童元智能发展，引起家长对儿童各种智能发展的关注。科普讲座、科普展览、科普竞赛活动，是参与人数众多的社会活动，可以有效加大科学知识的传播力度，增进亲子关系，对提升少年儿童阅读素养、科学素养都起到一定的促进作用。

（二）项目影响

各类科普推广活动通过广州图书馆微信和微博平台、馆内宣传折页，以及其他媒体等线上线下渠道进行宣传推广，社会影响力大。据不完全统计，2013—2022年间，广州图书馆儿童科普活动在《广东科技报》、新华网、南方网等多家媒体发布宣传稿件，其中，2018年1月29日，主题为“寒假图书馆科技体验乐趣多”的报道在广州电视台播出；2月2日，《先做Maker让小朋友们玩转AI——广图创客公益活动寒假版陆续上线》报道在《广东科技报》刊登；5月7日，《去广州图书馆玩玩具》报道刊登在《广州日报》。

“科普广图”青少年科普阅读服务项目作为广州图书馆科普阅读活动主推项目，经过多年的努力，逐渐得到社会的认可。2018年，项目被中国阅读推广委员会评为科普阅读推广优秀案例一等奖。2020年，广州图书馆获全国科技活动周组委会办公室颁发的荣誉证书，证书称广州图书馆“在2020年全国科技活动周及重大示范活动中，积极参与，热情服务，表现优异”。2022年，广州图书馆获“十佳媒体关注科普基地”奖项。

从读者对活动的评价意见看，科普活动好评率为99%。有小读者反馈：“（这些）非常有趣有爱的（活动）解读，让螺旋的形状有了温度和高度，又好玩又长知识。谢谢老师和工作人员！”有家长反馈：“（活动）生动有趣，锻炼孩子的动手能力和创造能力，（是）很不错的活动，期待（开展）更多的不同类型的活动。”

六、项目未来发展规划

“科普广图”青少年科普阅读服务项目在实践中不断总结经验，收集读者意见改进迭代项目，融合公共文化服务与科学普及的双重社会责任，以项目带动科普阅读。未来项目的着力点将放在提升项目的持续性、创新性、融合性、多元性等方面。

（一）推进跨界融合，优化“科普+”服务模式，发挥公共文化服务的优势

广州图书馆承担社会科学普及的责任，积极联系广东省科普基地、广州市科普基地、广州科普联盟、广州市天河区科普基地，并积极与其他科普基地合作开展多样化的科普活动，未来更要发挥公共文化服务与科学普及的融合作用，融合科学的专业性和科学的普及性于一体。如与广州动物园、华南国家植物园合作，开展生物多样性科学普及活动；与广州博物馆、广州地铁博物馆等科普基地合作，开展传统文化与科普阅读推广的融合创新活动。

（二）重视行动者队伍建设，培养团队人员创新精神

人才是服务的基础。提升人员的综合素质，培养团队的创新精神，是项目未来发展必由之路。未来项目会以馆员、专家、读者、志愿者为主体，组建包含策划者、组织者、观察者、参与者、评价者的行动者队伍，提升行动者人员的创新精神、实践精神，推动科普与图书馆服务的深度融合和发展。

（三）突破局限，加强公共文化服务多元文化交流

科普阅读的推广工作不应仅局限于科学领域，还应充分结合建成文化强国的战略目标，融合中华优秀传统文化，突破地域限制、时空限制、学科限制，与国内外城市公共图书馆开展文化合作交流，从小培养少年儿童坚定的文化自信，增强科学创新精神，促进文化传承发展。如举办多个城市图书馆青少年非遗创客作品展示交流活动，举办国内外城市图书馆青少年多元文化

科普创作绘画作品展示交流活动等。

科学普及、全民阅读推广工作任重道远，需要持续宣传、持续创新，才能达到良好效果。持续的科普推广活动使小读者到图书馆成为一种自觉的、自愿的主动行为。在推广过程中，以丰富的馆藏资源作为阅读基础，开展多元化的少儿科普活动，根据多变的社会服务需求，不断迭代、创新科普项目，提升服务品牌宣传的成效。

案例三　连接世界，阅见古今

——“签·约世界”国际青少年书签设计交流活动

温　戈

本案例介绍了由中国广州图书馆和美国洛杉矶县立公共图书馆等多家国内外城市公共图书馆联合举办的，以促进儿童与青少年多元文化交流为宗旨的“签·约世界”国际青少年书签设计交流活动（以下简称“签·约世界”书签设计交流活动）。案例从法律、政策、发展规划等社会背景和教育学、图书馆学等学理方面以及书签自身的历史方面阐述了活动举办的背景，并从馆藏服务资源、人力组织资源、空间场地资源等方面讨论了公共图书馆举办“签·约世界”书签设计交流活动的可行性。活动过程分为前期策划准备、活动宣传发布、配套活动展览及作品收集评选四个部分，倡导青少年增强文化自觉和坚定文化自信，为进一步挖掘广州本土文化特色、讲好广州故事贡献一份力量，活动面向 5—18 岁的儿童与青少年，组织开展有利于发挥创造力、想象力、艺术感的书签设计创作活动，鼓励儿童以自己的视角，用稚嫩笔触描绘对阅读的热爱，释放天马行空的创意，展现世界的活力，并呈现儿童书签艺术的独特魅力。

一、活动背景

（一）法律依据

《中华人民共和国教育法》[①]和《中华人民共和国未成年人保护法》明确规定，应当积极开展青少年文化艺术教育，引导未成年人健康成长。未成年人的教育、文化等方面的活动应当尊重其身心特点和发展需求。联合国发布的《儿童权利公约》规定，所有儿童都享有接受教育、自由参加文化生活和休闲活动的权利，并且权利应当得到充分保障。

“签·约世界”书签设计交流活动十年来致力于引导青少年创作主题积极向上的书签，材料易得，形式多样，并配套开展讲座、工作坊等形式的培训活动，为未成年人提供丰富的文化服务。

（二）政策依据

国际图联与联合国教科文组织联合发布的《公共图书馆服务发展指南》[②]、国际图联发布的《儿童图书馆服务发展指南》[③]指出，图书馆应该为儿童提供广泛的阅读资源和活动，图书馆的服务应该与不断发展的社会相适应，以满足儿童信息、文化和娱乐的需求。美国图书馆协会制定的《图书馆权利宣言》要求不以年龄为借口剥夺未成年人对图书馆资源、服务和设备的使用，他们应该拥有同成人一样的权利，平等、自由地使用图书馆提供的一切资源、服务和设备。

在满足日益增加的未成年人阅读需求的同时，提供精准化服务，公共图

---

① 中华人民共和国教育法［EB/OL］.［2023-06-13］.http://www.moe.gov.cn/jyb_sjzl/sjzl_zcfg/zcfg_jyfl/202107/t20210730_547843.html.

② KOONTZ C，GUBBIN B. IFLA public library service guidelines［EB/OL］.［2023-05-11］.https://repository.ifla.org/server/api/core/bitstreams/38972f05-5a77-46ce-a67f-aaa7c7e3eb42/content.

③ Guidelines for Children’s Library Services［EB/OL］.［2023-05-11］.https://www.ifla.org/wp-content/uploads/2019/05/assets/libraries-for-children-and-ya/publications/guidelines-for-childrens-libraries-services-zh.pdf.

书馆逐步加大对未成年人阅读推广服务的重视力度。“签·约世界”书签设计交流活动以艺术创作和文化交流的方式引领未成年人多读书、读好书、善读书，促进他们的健康成长及综合素质的全面提升。

（三）发展规划依据

《中国教育现代化 2035》提出了“全面发展、全过程教育、多元评价”的教育目标，强调培养学生的创新能力、实践能力和综合素质[①]。《中华人民共和国国民经济和社会发展第十四个五年规划和 2035 年远景目标纲要》提出加强对外文化交流和多层次文明对话，创新推进国际传播，利用线上线下，讲好中国故事，传播好中国声音，扩大优质文化产品供给，鼓励文化领域的创新和创意[②]。

通过参与书签设计活动，孩子们可以深入了解中国传统文化和当代文化，并将其融入自己的作品中，这不仅有利于促进青少年的全面发展，也有助于推动中国文化产业的发展和创新。

（四）教育学理论依据

卡尔·罗杰斯认为，传统教学是以教师为中心、灌输性的、有指导的教学。他根据自己的经验，提出教学要提供人道主义的愉快环境，提出了非指导性教学理论（non-directive teaching）[③]。他期望学生成为有洞察力、有选择性、有建设性、有创造性的群体，所以需要创造一个自由交流、兴趣主导和以学生为中心的环境。

“签·约世界”书签设计交流活动中，图书馆为儿童提供创作用品和场地，同时提供多个主题供参与者自由选择，鼓励儿童发挥创造力，探索自己的想象力和创意。在书签设计工作坊中进行创作时，儿童有机会表达自己的

---

① 中共中央、国务院印发《中国教育现代化2035》[EB/OL].[2023-05-11].https://www.gov.cn/zhengce/2019-02/23/content_5367987.html.

② 中华人民共和国国民经济和社会发展第十四个五年规划和2035年远景目标纲要[N].人民日报,2021-03-13(1).

③ 周忠生,田宗友.罗杰斯的“非指导性教学”模式评述[J].外国中小学教育,2002(6):44-46.

观点、感受和思想。参加活动可以让孩子与其他小读者互动、合作和交流，从而提高他们的社交能力。如果儿童获得了奖项或者在工作坊被认可，他们会感到更加自信，并且更愿意尝试新事物和面对新挑战。

（五）图书馆学理论依据

图书馆学五定律在图书馆工作的方方面面都具有深远且重要的指导意义。“书是为了用的”，图书馆的主要职能从藏书变成让书籍得到充分利用，这是图书馆开展阅读推广服务的前提。“签·约世界”书签设计交流活动每年根据当年活动主题，向读者推荐图书以帮助他们进行创作，从书籍中汲取养分，为每本书找到潜在的读者，也就是“为书找人”，缩小了读者与藏书之间的距离，也提高了藏书的利用率和读者需要的满足率，“节约读者的时间”，提升读者的效率，强调维护读者的利益。“图书馆是一个生长着的有机体”，阐释了现代图书馆生长状态和图书馆发展规律。读者需求多样化、复杂化的当下，图书馆必须适应社会的发展和需求，与时俱进，不断调整自我。紧跟时代潮流，广州图书馆引导读者采取灵活多样的方式参与书签设计交流，创新系列作品投稿形式和视频投稿形式等，并定期推出各类书签培训活动，帮助参赛者触发灵感、挥洒创意。

二、可行性分析

（一）资源

筹备艺术作品设计交流活动需要的资源包括馆藏资源、空间资源、人力资源、管理资源。

1. 馆藏资源

“签·约世界”书签设计交流活动每年从馆藏资源中撷取当年的活动主题，并向读者推荐图书以帮助他们进行创作，从书籍中汲取养分。

2. 空间资源

举办“签·约世界”书签设计交流活动需要一个足够开展活动宣传、活动培训，展示作品和进行评选的空间。图书馆可以充分利用自己的场地资源，在公共空间设置展示区域，展览历年优秀作品及当年活动宣传资料，并在活动空间开展相关配套活动。

3. 人力资源

“签·约世界”书签设计交流活动分为策划准备、宣传发布、设计创作、培训讲座开展、作品收集、作品评选、作品展示等环节，要求图书馆员具备活动策划运营、活动宣发、对外交流等能力，此外，宣发、培训、评选、展览等环节还需要专业人士及广告公司等其他主体的支持。活动过程中，也需要志愿者进行活动秩序维护等服务。

4. 管理资源

举办此类活动需要制定细致的活动策划方案，包括宣传推广方案、参赛规则、评审标准等。在活动策划过程中，策划者需要充分考虑参赛者的年龄、兴趣爱好等因素，以吸引更多人参与。图书馆作为文化机构，拥有丰富的组织经验和管理能力，通过精心策划和组织，可以使活动顺利进行，并取得良好效果。

（二）需求

1. 读者活动需求

公共图书馆是居民获取知识的重要场所。书签作为人们阅读过程中的必要工具，具有设计美观、实用性强、创意突出、形式多样等特点，深受读者的喜爱。举办“签·约世界”书签设计交流活动能够满足读者对于个性化、多样化书签的需求，同时也能提高图书馆服务质量，吸引更多读者。“签·约世界”书签设计交流活动可以通过吸引更多读者参与，提升图书馆的借阅量，提高藏书的阅读率。同时，举办“签·约世界”书签设计交流活动也可以促进图书馆的文化传承和知识普及工作，为读者提供更多元化、个性化的阅读体验。

2. 图书馆阅读推广需求

举办“签·约世界”书签设计交流活动不仅可以提升图书馆服务质量和吸引更多读者，还可以促进文化交流和思维创新，同时也有利于推动文化产业发展和扩大社会影响。

三、实施过程

随着国际经济、文化交流的日益频繁和现代科学技术的飞速发展，全球化进程不断深入，各国间相互依赖的程度达到了前所未有的地步。在这个地球村上，来自不同社会制度的国家，具有不同价值观念、文化传统和民族特性的人以各种各样的方式广泛交往。文化的多样性是人类文明的重要特征，也是人类文明进步的动力。图书馆作为重要的文化机构，应积极培养儿童与青少年的全球意识，提升其公民意识和积极的跨文化认同与交流意识，消除偏见和歧视。

书签虽然小，但却是重要的文化符号。书签是一种独特的文化形态，它不仅是读书时的辅助工具，具有实用功能，还蕴含着艺术审美、人文理念等传统文化和时代精神。从简牍时代的“牙签”到如今的书签，书签承载文化的能力也得到了极大的提高。古人在纸质书签上进行创作，把审美意趣和人生追求融入其中；还有文人会在上面书写书籍名称、内容评注等信息，不仅方便个人阅读，还在互相传阅中有效地传递有用的信息，书签中凝聚着读者的审美意趣和时代特点。书签最初被发明的目的是方便阅读，后伴随着书籍的形态的发展而发生转变，一方面，在高速发展的现代化生活中，书签的功能不再单一，以文化创意产品、旅游纪念品的形态出现在生活中；另一方面，在电子化书籍的推广下，纸质书签的使用频率已经不如以前那么高了，但它随着时代的变化而发展，演化成电子书签、浏览器收藏夹、便笺纸等形式出现在公众的面前①。

为提倡儿童和青少年进行多元文化交流，广州图书馆自2013年起与美国洛杉矶、法国里昂、俄罗斯叶卡捷琳堡等国际友好城市的图书馆及国内多家公共图书馆合作，联合举办“签·约世界”书签设计交流活动。该项目面向5—18岁的儿童与青少年，组织开展有利于发挥创造力、想象力、艺术

---

① 李敏丽,陈勇.浅谈“书签”[J].江西图书馆学刊,2006(4):122-124.

感的书签设计活动。活动鼓励儿童与青少年通过阅读并创作有本土文化特色的作品，强化不同国家或地区未成年人多元文化交流，进而激发阅读创作、文化交流的动力，培养良好阅读素养。

图 3-3-1　“签·约世界”书签设计交流活动 Logo

（一）前期策划及准备

“签·约世界”书签设计交流活动于每年 4 月读书月启动，活动前期策划及准备则需要在 3 月全部完成，并将活动资料发送给国际友好城市图书馆、国内公共图书馆等有意共同举办活动的机构。活动资料包含以下内容：活动简介、活动方案、活动推进时间轴、报名表、参与单位信息表、优秀作品信息表、历年活动展览及照片等。

其中，一项重要的工作是确定每年“签·约世界”书签设计交流活动的主题，参赛者及活动举办方会围绕主题展开创作或培训、进行书目推荐等，主题的选择至关重要。通常，活动主题与“阅读”“图书馆”“城市”等元素相关，其中“城市”这个元素源于“签·约世界”书签设计交流活动促进不同城市间文化交流的功能。

2013—2020 年的“签·约世界”书签设计交流活动分别以“阅读·寻找·探索”“彩色的梦想”“阅读·图书馆·城市”“缤纷阅读·彩色生活”“阅读让城市更美好”“一城一故事”“阅读与行走”“图书馆，让生活更美好！”为主题，2021 年起统一以“阅读·传承·梦想”为主题并下设符合时代精神的分主题。

表 3-3-1 “签·约世界”书签设计交流活动历年主题

年份	主题
2013	阅读·寻找·探索
2014	彩色的梦想
2015	阅读·图书馆·城市
2016	缤纷阅读·彩色生活
2017	阅读让城市更美好
2018	一城一故事
2019	阅读与行走
2020	图书馆，让生活更美好！
2021	阅读·传承·梦想
2022	阅读·传承·梦想

当活动的信息都得到确定后，活动就来到下一步：采取各种新媒体或传统手段宣传即将启动的“签·约世界”书签设计交流活动。

（二）活动宣传与发布

首先，广州图书馆确定当年“签·约世界”书签设计交流活动宣传的主题和目标受众，根据受众制定宣传策略，设计宣传内容和素材，包括展架海报、推送文章、宣传品、短视频等。其次，每年“签·约世界”书签设计交流活动的启动信息会在广州图书馆官方网站、官方微信公众号等自媒体发布，而传统媒体通常也会在集中播报 4 月读书月活动时介绍“签·约世界”书签设计交流活动，广州图书馆整合多种传媒资源，包括电视、网站、新媒体等多个宣传渠道，并根据不同的受众群体特点和偏好，规划合适的宣传媒介和营销推广渠道。此外，广州图书馆会通过多种形式的宣传活动，如培训讲座、历年优秀书签作品回顾展览等，为少儿读者带来沉浸式的体验。最后，广州图书馆联合其他主办单位同时发布活动，加强合作与对接，形成宣传的合力。

在宣传发布的全过程中，广州图书馆及时跟进反馈：收集反馈并分析宣传效果，工作人员作出相应的调整重组，尽最大努力实现预期目标；同时及时跟进听取反馈，获取目标受众的反馈和意见，为下一步宣传策略和规划提供参考建议。

（三）配套活动和展览

为帮助读者深入理解活动主题，广州图书馆每年配合“签·约世界”书签设计交流活动举办培训、工作坊、展览、讲座等逾 20 场，参与人次超过 10 万。其中讲座、培训及工作坊主要邀请专家、学者等工艺美术行业内相关人士，就书签设计、制作、收集、鉴赏等话题作主题分享，或者邀请成功设计者分享书签设计心得和经验。书签设计工作坊迎合低年龄小读者的身心发展规律，常常以环保材料拼贴作为创作理念，参与培训的读者用平时积攒的环保材料进行创作，在文化交流的同时传达了环保的理念。

图 3-3-2　2017 年，广州图书馆举办配套书签设计培训讲座

英国儿童阅读专家艾登·钱伯斯在《打造儿童阅读环境》中指出，阅读

是一个循环的过程[①]。因此，公共图书馆除了提供传统少儿借阅服务以外，有必要在未成年阅读的过程中帮助未成年读者找到适合他们阅读水平和阅读兴趣的图书，并提供其他能引起阅读兴趣的服务。“签·约世界”书签设计交流活动为少年儿童提供相关主题的图书推荐，且活动本身及配套活动都会吸引读者再次来到图书馆进行阅读。

广州图书馆每年在阅览区域旁的展廊或图书馆展厅、合作主办单位等地开展多场展览，展出精选的优秀书签设计作品，并配合同步线上展览、线上视频作品展览，让读者亲眼看到、了解优秀的书签设计和制作过程。

图 3-3-3　2017 年，作为广州市与林雪平市缔结国际友好城市 20 周年的主打品牌活动，“签·约世界”书签设计交流活动获奖书签作品在广州图书馆展出

（四）作品收集与评选

“签·约世界”书签设计交流活动根据不同的作品形式，提供不同的收稿方式。读者可以在报名表上直接创作，并提交实体作品到广州图书馆；为了区分多图作品和单图作品，多图作品读者可以发送书签作品的扫描版本到

① 钱伯斯.打造儿童阅读环境[M].许慧贞,蔡宜容,译.海口:南海出版社,2007:5.

广州图书馆工作邮箱，视频作品也被发送到邮箱。团体组织参赛者会把自己制作的书签送到该团体指定地点，统一时间收集后交给广州图书馆。广州图书馆按照年龄划分组别，进行分类，在截止收稿后统计数据并整理好作品，为接下来的评选作准备。

前期策划阶段中，广州图书馆在活动方案里提前确定评选标准，例如创新性、美观性、主题性、传播性、延展性等方面。平面作品需要邀请足够数量的美术领域的评委，按照评分标准进行打分。每年共选出创意书签作品 100 份，选出国际交流书签 20 份。

广州图书馆要求评委在评选过程中时刻保证公正公平，确保优秀作品获得更多的关注和评价。视频作品采取线上投票方式，让读者选出自己心仪的书签视频作品。对积极参与活动、工作落实到位、职责清楚、任务明确的单位和个人，广州图书馆分别设置“活动组织之星”“星级指导老师”名单。

表 3–3–2 “签·约世界”书签设计交流活动评选标准

标准	具体要求
创新性	作品具有新颖设计理念和创意思想
美观性	构图饱满，色彩和谐，具有设计感
主题性	贴合活动主题，体现作品的人文价值
传播性	作品易于传播，可引起观众对阅读的兴趣与共鸣
延展性	作品适用于书签、文化衫、帆布包等文创产品的开发

四、项目创新与意义

（一）项目创新点

书签十年，历久弥新。“签·约世界”书签设计交流活动在多个方面充满创新点。

1. 主题设置紧跟时事

“签・约世界”书签设计交流活动每年度设置不同主题，并紧随时代潮流，根据当年热点话题设立分主题。如 2020 年，作品主题结合“抗疫”等时事热点，引起公众共鸣。

2. 创作形式多种多样

收稿要求开放性强，不限定书签材料和形式，并开展拼贴创作等创新形式的书签培训工作坊。获奖作品中，拼贴、中国画、拓印、刺绣等书签创作形式也常有出现，2022 年新增系列作品投稿和视频投稿，鼓励参赛者自由发挥创意。

3. 奖项评选别出心裁

从评选方式来看，“签・约世界”书签设计交流活动从 2022 年开始新增线上评选通道，通过线上投票或专家评审等方式进行评选，增加活动公正度和透明度；除常规奖项外，设置最具创意视频奖等特别奖项，在激励参赛者的同时也能够丰富活动内容。

4. 展览文创扩大影响

每年书签设计交流活动结束后，广州图书馆将优秀作品汇集成生动有趣的展览、内容丰富的画册或印制成文化创意书签等，通过微信公众号及视频号、图书馆官方网站、官方微博等社交媒体或其他渠道进行宣传推广，提高了书签设计交流活动的影响力和参与度。

（二）项目意义

1. 理论意义

“签・约世界”书签设计交流活动促进了全球文化交流和阅读文化的普及。通过“签・约世界”书签设计交流活动，不同国家和地区的读者可以了解彼此的阅读行为，进而增进彼此之间的了解和交流。

“签・约世界”书签设计交流活动向读者提供了阅读指导、美学教育，设计书签需要从“阅读”“图书馆”等主题入手展开创作，在设计过程中要注重美感和创意，培养了孩子们的审美能力和艺术创造力。

此外，活动也有助于推广优秀的本土图书、文化和作家，促进阅读文化的发展和普及，同时还可以增强读者对阅读的兴趣和热情，提升阅读素养和能力。因此，国际书签设计交流活动不仅有重要的文化和教育意义，也具有积极的社会意义。

2. 实践意义

（1）多元文化交流平台

书签虽然小，但却是重要的文化符号。“签·约世界”书签设计交流活动激发青少年的阅读兴趣，提供展示才华的平台，培养未成年人多元文化素养。这也为进一步增进国家间的交流与合作，促进不同国家青少年之间的友谊，作出了巨大的贡献。

书签成了不同文化之间的桥梁。通过书签，人们可以了解到其他国家或地区的文化、历史等方面的信息。设计儿童书签，可以让不同国家、不同文化背景的儿童之间进行交流，互相了解，促进跨文化交流和理解。设计和制作共同使用的书签，可以增进各国之间友好合作关系，在文化、教育等领域进行更深入和广泛的合作。通过制作具有特色的书签，将中华文化、岭南故事、著名地标、科技创新等方面宣传推广给外国友人。

（2）文化交流合作平台

“签·约世界”书签设计交流活动由各主办图书馆分别负责组织当地儿童与青少年参赛并进行评选，各自举办颁奖仪式进行表彰。荣誉证书由各图书馆颁发。优胜作品将制作成海报在各图书馆之间进行巡回展览，活动资源交流共享。

（3）文创产品推进宣传

每年“签·约世界”书签设计交流活动的优胜作品会被制作成精美的书签分发给优胜者及广大读者。书签是一种小巧精美、价格适中的文化创意产品。将创意书签及国际交流书签赠送给访问来宾、读者，不仅能够展示自己的文化，还能够增进彼此之间的友谊。

五、项目成效与影响

（一）活动成效

1. 参赛作品数量持续上升

“签·约世界”书签设计交流活动始于2013年，至2022年已成功举办10届。10年来，每年收到的参赛作品从2013年的3584份逐渐增多，2022年，广州赛区共收到全市各中小学、培训机构等选送的书签作品约80000份，从中评选出获奖作品总共920份。

2. 团体单位积极参与

活动征稿范围涉及广州市9个区110间中小学校、幼儿园和教育培训机构。不少学校及教育培训机构，如东山培正小学、天河区石牌小学、天河区员村小学、精英画室等已连续多年参赛。

3. 文化交流不断拓展

越来越多国际友好城市图书馆主动加入“签·约世界”书签设计交流活动。参与的图书馆除最初的广州图书馆和美国洛杉矶县立公共图书馆外，法国里昂图书馆、俄罗斯叶卡捷琳堡图书馆、俄罗斯国家外文图书馆、瑞典林雪平市市长图书馆等国际友好城市图书馆先后加入。

在展览方面，优秀作品除了每年在主办图书馆参与常规巡展外，还分别于2015年、2017年、2018年在广州与韩国光州、广州与瑞典林雪平、广州与法国里昂缔结国际友好城市周年庆典活动中扮演重要文化交流角色，各城市主要领导现场观展，对项目高度认可，并表示要继续推动。书签设计交流活动的优秀作品于2015年受邀在韩国光州广域市立图书馆展览，并于2018年在法国里昂图书馆展览，不断加强不同国家青少年间的文化交流。

图 3-3-4　2015 年 6 月，优秀书签作品在韩国光州广域市立图书馆展出，时任广州市市长陈建华参观展览

“签·约世界”书签设计交流活动作为洛杉矶年度保留活动，对获奖者进行表彰，并在多个社区分馆举办作品展览。在 2017 年广州与林雪平市缔结国际友好城市 20 周年活动和 2018 年广州与里昂缔结国际友好城市关系 30 周年活动中，“签·约世界”书签设计交流活动更是作为主打品牌活动在三国图书馆内宣传展示，书签设计活动已成为不同国家城市之间文化交流的重要活动。

4. 受众反馈

广州图书馆每年配合“签·约世界”书签设计交流活动举办培训、工作坊、展览等逾 20 场，参与人次超过 10 万；此外，项目受到行业认可，受邀在广东地区品牌活动“南国书香节”举办作品展览，广州市委宣传部对书签设计交流活动的优胜作品给予高度评价，并把书签作品以文创形式制作成书香节纪念品，受到广大市民喜爱，进一步扩大了活动的影响力。

图 3-3-5　2018 年 8 月，获奖书签作品受邀在广州“南国书香节”展出

2020 年广州图书馆与中国图书馆学会阅读推广委员会在全国范围开展“签·约世界”书签设计交流活动，并尝试开展了书签创作培训线上活动。活动共收到全国 57 家公共图书馆、中小学、幼儿园、培训机构等选送的书签作品 12000 多份，作品主题围绕“图书馆”和“阅读”，并结合“抗疫”“餐桌文明”等时事热点，引起公众共鸣。2021 年，广州图书馆连同国内 15 个城市的公共图书馆共同举办“签·约世界”书签设计交流活动，收到多个城市小读者的优秀作品和活动好评。

六、项目未来发展规划

“签·约世界”书签设计交流活动作为广州图书馆举办了十年的成熟项目，在未来发展过程中要更好担负起新的文化使命，全面落实党的二十大关于宣传思想文化工作的各项战略部署，讲好中华文明的多彩故事，做好传统文化的传承，充分交流，开放互鉴，为文化强国建设贡献力量。

（一）增加影响

通过加强图书馆营销，与各国图书馆、文化组织等合作，加强交流合作，凝聚世界文明智慧，利用网络等新媒体手段进行宣传，扩大活动的知名度和影响力，吸引更多读者和参赛者。

（二）提高品质

加强策划，加强团队的建设和培养，定期进行培训，提高比赛的专业性。公共图书馆馆员要吸收外来文化、不忘传统文化、激发创新文化，为社会主义文化强国建设贡献力量。

（三）拓展内容

除了传统的书签设计比赛以外，还可以扩展比赛的内容，如书签扮演游戏、阅读体验比赛等，丰富比赛形式，增强“签・约世界”书签设计交流活动的趣味性和读者的参与感。

（四）提炼模式

“签・约世界”书签设计交流活动成本低，容易推广，可复制性强，可以总结书签设计交流活动的模式进行推广。

“签・约世界”书签设计交流活动充分挖掘读者的创意和想象力，丰富了阅读的体验，为阅读增添乐趣，同时也在促进图书馆阅读推广、扩大读者群体和提升读者参与度方面发挥了积极作用。“签・约世界”书签设计交流活动促进了读者和读者所在城市及文化之间的交流，增强了读者对图书馆和城市的归属感。

创新思维，促进阅读。“签・约世界”书签设计交流活动鼓励读者以轻松有趣的形式探讨阅读，进行文化交流，有助于激发儿童读者的创新思维和提高阅读兴趣。比赛吸引了许多读者参与并帮助他们收获了丰富的文化体验，同时也为参赛者提供了一次展示自己才华和创意的机会。希望“签・约世界”书签设计交流活动可以得到进一步关注，并推动图书馆文化交流的发展和创新。

案例四　亲子阅创空间，多元智能平台

——小河马玩具馆

郭起云

公共图书馆是少年儿童培养阅读兴趣、养成良好阅读习惯的重要公共文化场所，公共图书馆内开设的玩具图书馆保障了儿童的游戏、阅读权利，是学龄前儿童重要的活动场所。广州图书馆小河马玩具馆（以下简称玩具馆）融合了加德纳八大多元智能理论体系，以玩具为媒介、以主题活动或者游戏为组织形式，开展形式多样的学龄前儿童阅读推广活动，为低龄儿童提供了“阅读＋创作”的空间。玩具馆内的玩具根据多元智能理论分成视觉与艺术、角色与交流、构建与空间、逻辑与数学、自然与科学五大类。玩具馆在注重玩具娱乐性、丰富儿童生活的同时，更加注重玩具在开发儿童多元智能、促进亲子关系良好发展中的作用。

玩具馆的服务对象为1—8周岁儿童及其家长，服务形式主要分为亲子活动和主题活动：亲子活动是由家长陪同儿童在馆内自由挑选玩具亲子共玩，老师适时指导；主题活动是玩具馆的特色活动，由玩具教育专业老师围绕传统文化、建筑、民俗风情、职业、交通工具等各领域相关知识，设计亲子互动课程。除常规的亲子活动和主题活动外，玩具馆还在暑假期间举办“玩具创意交流活动”“创意玩具展”“玩具路演”等活动，丰富儿童的假期生活，扩大玩具馆活动的宣传面。玩具馆在创建公共图书馆儿童创新服务模式，促进儿童自身及亲子关系良性发展，实现图书馆服务与家庭教育、学校教育的融合及提供公共图书馆玩具馆运营的经验等方面都有着重要意义。通过近10年的实践，玩具馆取得了良好的社会效益及较丰硕的理论成果。

一、案例背景

《儿童权利宣言》指出，游戏和娱乐是儿童的权利[①]。未成年人是公共图书馆重要的服务对象，图书馆应当提供多样化的服务以吸引未成年读者到馆。公共图书馆作为社会教育机构，在开展大众服务的同时，也努力朝对象化、专业化方向发展面向各类人群的细分服务。近年来，随着公共图书馆儿童服务在实践领域的发展，公共图书馆设立玩具图书馆、开展玩具服务，已经成为公共图书馆学龄前儿童服务的一种全新形式。公共图书馆通过玩具图书馆服务，不断创新服务特色，保障儿童游戏、阅读权利。

从玩具图书馆的国外发展历史来看，玩具图书馆最初主要面向特殊儿童，作为他们融入社会、进行康复训练的有效手段之一。随着社会的发展，玩具图书馆的服务形式与内容有了改变，服务对象也在延伸，除各类针对特殊儿童与家长的小型儿童玩具图书馆外，公共图书馆所建设的玩具图书馆在吸引低幼儿童到馆、培养低龄儿童阅读兴趣等方面也取得较好效果，公众对玩具服务的关注度普遍较高。同时，公共图书馆以玩具为依托，以阅读为主题，为低龄儿童提供了“阅读 + 创作”的空间，吸引儿童及其监护人进入图书馆并使用图书馆，不仅体现了公共图书馆的儿童服务模式的创新，也践行了普遍均等的公共图书馆服务理念，是公共图书馆未成年人服务的创新模式。

二、项目实施的可行性分析

广州图书馆新馆地处城市中心，交通便利，给公众提供了极大的方便，优化了读者的到馆体验。读者群体随之不断扩大，对图书馆的服务空间也提出了更高的要求。广州图书馆对于儿童的阅读推广活动非常重视，尤其重视学龄前儿童的阅读活动，对于开展儿童阅读活动的空间也作了新的规划，预

---

① 儿童权利宣言［EB/OL］.［2023-04-02］.https://www.un.org/zh/documents/treaty/A-RES-1386（XIV）.

留了足够的空间，完全满足玩具馆的独立活动空间设置。

在玩具资源方面，经过多方调研，结合自身定位和读者需求，广州图书馆按照玩具采购安全标准，入藏了500多套适合各年龄段读者的功能型玩具，并根据加德纳的多元智能理论将玩具分成5大类，即：视觉与艺术、构建与空间、角色与交流、自然与科学、逻辑与数学。此外，玩具馆还添置了玩具柜、消毒柜、投影仪等设备，这些都为玩具馆的运行提供了基本的物质保障。

在专业人员方面，由于图书馆玩具教育专业人员的缺乏，玩具馆的运营采用服务外包的合作方式，采用馆员主导、服务外聘辅助的运营方式，馆员负责活动策划、日常管理、规范制定、监督实施、项目研究等，外聘专业团队则承担活动组织实施工作，在玩具采选上为图书馆提供建议。专业团队的入驻为玩具馆的运行提供了技术保障。

玩具馆还制定了活动管理规范，并通过宣传单、网站等进行宣传，使读者对玩具馆的功能、使用规则了解得更清楚，这为玩具馆开馆提供了制度保障。

三、项目实施过程

2014年1月广州图书馆玩具馆正式对外开放，服务对象为1—8岁儿童及其家长。玩具馆以玩具为媒介，将加德纳8大多元智能理论体系融合到活动中，在注重玩具娱乐性的同时，更注重玩具对促进儿童阅读及多元智能发展的作用。

（一）服务对象

最初玩具馆的服务对象为2—8岁的儿童及其家长。为拓展婴幼儿阅读服务，玩具馆于2016年起在每周主题活动中新增1—2岁婴幼儿活动。由于学龄前各阶段孩子的认知发展水平差异较大，为确保活动效果，玩具馆对每周末的主题活动进行了更加细致的读者年龄划分。根据年龄段设计相关课程，由馆员带领小朋友开展主题活动，参与者都是同一年龄段的孩子有利于馆员把握活动进度，服务效果更好，专业化的服务也更能得到读者的认可。此外，玩具馆还为特殊儿童，如智力障碍、孤独症儿童等提供专场服务，通过玩具、游戏，满足他们的个性需求，促进其社会性的发展。

（二）服务时间

为充分发挥学龄前儿童的活动阵地作用，玩具馆的开放时间与儿童阅览区的开放时间一致。为引导儿童遵守图书馆的规则，维持良好的活动秩序，玩具馆每天设定 2—3 个活动时间段，家长可选择活动时间段进行报名。在工作日，为 1—2 岁还未进入幼儿园的幼儿开设主题活动和亲子活动，丰富这一群体的图书馆服务内容；周末活动则以 3—8 岁儿童为主，充分利用不同年龄段儿童到馆时间差，考虑多个群体的活动需求。结合儿童发育特点，根据年龄设置活动时长，每场亲子活动设定为 40 分钟，主题活动设定为 60 分钟。

（三）主题活动内容

玩具馆活动主题紧扣社会热点及读者家庭需求，围绕绘本阅读、早期教育、空间构建、角色扮演、数学逻辑、自然科学、艺术音乐等范畴设计内容，以多样化的内容激发儿童阅读兴趣，开发儿童多元智能。活动过程为老师引导示范、孩子动手搭建、成果展示、作品改进、创新等。活动注重玩具与绘本的结合，充分开发玩具与教具的阅读延伸性能，加强玩具与阅读的黏合度，根据不同的主题穿插音乐、绘画、舞蹈、手工、游戏等环节，使得玩具馆的活动不仅仅是玩玩具，更有助于儿童阅读习惯的培养和多元智能的提升。

1. 亲子感统活动

感觉统合（简称感统）训练在婴幼儿时期具有非常重要的作用，能有效增强孩子皮肤的触觉、前庭感觉和本体感受，实现大脑与身体各种机能的联系与协调，从而促进儿童大脑与体魄的发育。面向 1 周岁幼儿的亲子感统活动注重亲子关系的培养，活动形式多样、趣味十足，符合该年龄段幼儿的认知规律。一系列感统活动，可以锻炼幼儿的感知能力，促进大小肌肉的协调发育，增强亲子互动，加强家庭亲密关系。

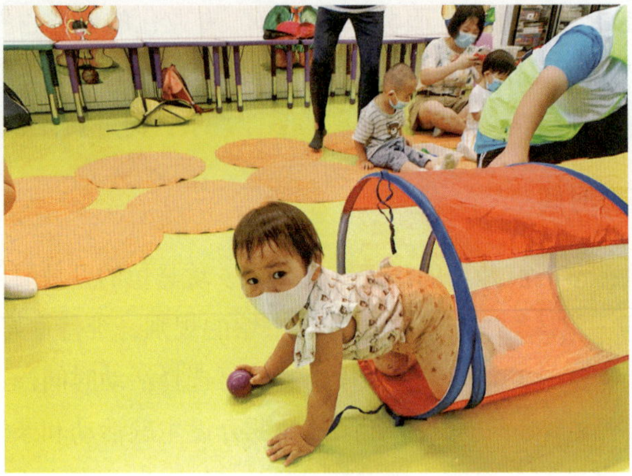

图 3-4-1　亲子感统活动

2. 绘本情景剧

学龄前期的儿童的大脑正处于快速发育的时期，这一时期的孩子有着超强的模仿能力，模仿也是他们最重要的学习方式之一。绘本情景剧将玩具馆活动与绘本故事相结合，儿童把故事里的主人公、情节用积木搭建出来，再将绘本故事进行演绎，重现绘本故事，突出立体化、形象化阅读，加深读者对绘本的印象，在培养孩子动手能力的同时，激发孩子的阅读兴趣，从小培养阅读习惯。

图 3-4-2　绘本情景活动

3. 立体构建活动

3—5岁是孩子认知能力及空间能力发展的重要时期。玩具馆结合世界各地特色建筑，以积木搭建的方式锻炼孩子的空间感，提高孩子的立体构建能力，发展孩子的立体空间思维能力和逻辑思维能力。

图 3-4-3 立体构建活动

4. 益智类玩具课程

玩具馆主题活动还引入了魔方、七巧板等专题课程，并由易到难分阶段设计活动，循序渐进地让孩子掌握魔方复原、七巧板拼贴画的基本方法。魔方课程开启孩子们的魔方之门，能培养孩子们的空间感知能力和判断推理能力；七巧板拼贴画能让孩子对图形及其组合有更直观的认知。活动自推出以来深受家长和孩子们的喜爱。

图 3-4-4　魔方课程

（四）主题活动特色

1. 活动与多元智能理论相融合

玩具馆的活动以培养儿童的动手能力和创新能力为主，将绘本故事、绘画、音乐、舞蹈等融入其中，充分调动小朋友的感官，促进语言智能、音乐智能、肢体运动智能、逻辑思维能力及自然观察智能的发展。在活动中，小朋友们手脑并用，充分发挥主观能动性、创造性，自己思考问题、解决问题，促进语言智能、内省智能、专注力、人际交往智能的提升。

2. 活动与传统文化、民俗风情相融合

玩具馆一直以来十分重视传统文化教育，每逢传统节日，都会推出与之相关的主题活动，宣扬传统节日文化，如：元宵节主题活动“和面机”、端午节“龙舟赛”、中秋节“猜灯谜”等。玩具馆将传统文化与玩具构建相结合，寓教于乐，细润无声地传播传统节日文化。此外，还开展了民族风情主题活动，带小朋友们领略少数民族特色建筑及各民族的传统节日，让小朋友们充分了解我国作为多民族国家具有丰富的节日文化，激发爱国热情，从小培养爱国主义精神。

3. 活动与多元化的阅读载体相融合

除了玩具，玩具馆里还有许多立体书、异形书、玩具书作为玩具与阅读之间的桥梁：除了中文版，也不乏新颖有趣的英文原版立体书、玩具书。公共图书馆内设的玩具图书馆，不应仅是学龄前儿童活动的重要阵地，更应成为培养学龄前儿童阅读兴趣的重要场所。玩具馆充分利用亲子绘本馆的馆藏优势，在活动中，老师利用手偶书、人偶书等引入主题，借助多元化的阅读载体，巧妙地引出活动主题，沉浸式地将儿童带入阅读世界，让儿童手脑并用进行玩具构建的同时，激发儿童阅读的兴趣，让孩子们以更轻松的方式走近绘本，爱上阅读，从小培养良好的阅读习惯。

（五）延伸活动

1. 玩具创意交流活动

首届玩具创意交流活动于 2015 年拉开帷幕，通过自由报名参赛的方式接受读者报名。每一年的创意大赛都有不同主题，如以自由创作为主的“小创客的畅想曲”主题，与绘本相关的“绘玩无限”主题，与红色主题相关的“童心向党 共庆童创”主题。参赛者自由挑选构建类玩具，围绕主题或相关绘本独立搭建作品并进行解说，评审团队根据作品的创意、结构、色彩、难易度等方面综合评选，对评选出的优秀作品进行分类表彰奖励，获奖的作品还将在橱窗展示。玩具创意比赛为孩子提供一个创意交流的平台，培养孩子的动手能力、想象力、创造力，开拓孩子的创新思维，激发孩子的设计灵感，提升孩子的自信心。2015—2022 年玩具馆共举办了 7 届创意大赛，共开展相关活动 209 场次，参与人数达 2294 人次，收获 1107 份作品。玩具创意交流活动已成为玩具馆的暑期品牌活动之一。

2. 创意玩具展

2016 年，首届创意玩具展在亲子绘本阅读馆橱窗展出。一件件好玩有趣的玩具作品及新奇的玩具令不少来亲子绘本阅读馆的小朋友驻足观看。玩具展览主题涉及创意建构、红色文化、传统文化等，以构建类玩具为主，这类积木搭建出的一个个极具创意的作品，可以激发孩子的创作兴趣，对玩具馆的活动起到宣传作用。在玩具创意交流活动后期，获奖的作品在橱窗进行展览，对活动进行二次宣传。截至2022年底，创意玩具展共举办了7届，读者反馈良好。

图 3-4-5　创意玩具展

3. 玩具路演活动

为宣传正确的玩具教育理念，给亲子家庭提供更为丰富的玩具活动，2018年5月，广州图书馆携手广东省玩具协会在广州图书馆负一层小展厅共同举办了“小创客大梦想”玩具路演活动。此次活动包含了专题教育讲座和儿童创客比赛，其中儿童创客比赛系列活动有主题积木搭建大比拼、创意造型捏捏捏、趣味游戏互动体验、DIY创意玩具作品展示、“快乐3D打印”课堂等，所有活动围绕玩具、创意展开，是一次较大型的公益儿童创客类、体验类活动。在创客类活动中，每支队伍必须根据活动规则及现场提供的积木材料，围绕特定主题自由发挥想象力，在规定时间内现场即兴搭建创意作品；在体验活动中，参与体验的儿童必须按照活动规则完成游戏，完成程度不同则奖励方式不同。活动共吸引近1000人次参与，社会反响较好。

四、项目创新与意义

（一）项目创新点

玩具馆服务满足了儿童的多元智能发展需求，是公共图书馆少儿服务发展的创新模式。广州图书馆玩具馆通过将绘本和玩具、游戏进行有机结合，为不同年龄阶段的儿童选择适宜的玩具，设计有趣的游戏课程，并利用玩具及游戏培养儿童从小使用图书馆的习惯。

（二）项目意义

1. 结合图书馆创客空间，创建公共图书馆儿童创新服务模式

设立玩具馆，可以为公共图书馆传统服务带来创新型的运营模式，以“玩具 + 图书”为例，形成更适合儿童的图书馆体验模式，使图书馆成为集学习与休闲于一体的交流平台，激发儿童的阅读兴趣，从小培养儿童使用图书馆的意识。

2. 提供家庭互动交流平台，促进儿童自身及亲子关系良性发展

玩具馆作为一个交流平台，不仅为儿童提供了种类丰富的玩具，也为亲子家庭提供了互动交流的平台。玩具馆的活动，可以充分地发挥儿童的主观能动性，帮助他们学会互动、交流、协助、解决问题、表达自我，激发儿童的多元智能，为学龄前儿童提供一个培养“阅读力 + 创造力”的空间；通过玩具馆亲子活动，家长能准确捕捉到孩子的思维、情感，并及时反馈感受，交流情感，促进亲子关系融洽发展。

3. 实现图书馆服务与家庭教育、学校教育的融合

公共图书馆是社会教育的重要场所。玩具馆通过服务实践与研究，向大众传播正向的教育理念，指导家长科学利用玩具，充分发挥玩具在儿童成长过程中的作用。玩具馆作为学校、家庭以外的教育活动平台，为儿童及其家长创造了亲子互动的良好环境，促进儿童综合素质的提升。

4. 向公共图书馆提供玩具图书馆建设、运营的实践经验

广州图书馆以玩具馆为实践基地，在实践过程中形成了一套行之有效的玩具图书馆建设及活动推广模式，不仅推动广州图书馆玩具服务的良性发展，也为其他各级图书馆的玩具图书馆建设提供参考。

五、服务效能与影响

（一）实践成效

2014—2022 年玩具馆共接待读者 85874 人次，开展活动达 6328 场次，其中主题活动 2076 场次，亲子活动 4252 场次；读者群体遍布广州市各区。在每场主题活动结束后，图书馆都会针对活动的策划、组织、趣味性、知识性等方面进行满意度问卷调查，历年的问卷调查显示读者的满意度皆在 95% 以上。玩具馆开设的专属微信公众号“广州图书馆玩具馆”，截至 2022 年底累计发文 2500 多篇，总用户数逾 27000 人，总阅读量为 930593。

通过分析馆员调研数据发现，绝大多数家长认为参与玩具馆活动对儿童的阅读行为具有明显的促进作用，具体表现在儿童阅读兴趣的提升、阅读习惯的培养及阅读时长的增加等[①]。

（二）理论成果

玩具馆不仅是图书馆服务低龄儿童的重要阵地，也是馆员研究图书馆低龄儿童服务、图书馆创新服务方式的重要依据。“公共图书馆玩具图书馆活动推广及成效研究”以玩具馆为研究对象，2017 年 5 月，成功立项为广东省级课题。课题组结合实际工作，编制了《广州图书馆玩具图书馆管理手册》，该手册包括开馆流程、专业术语、工作职责、活动预约、工作统计五方面内容，为图书馆同行开展实践活动提供参考；课题组公开发表研究论文 7 篇，其中 3 篇发表在核心期刊。2020 年，该课题成功结项并获评“优秀”等级；

---

① 宗何婵瑞，曹文振. 公共图书馆玩具服务对儿童阅读推广的影响研究——来自广州图书馆的证据[J]. 国家图书馆学刊，2020（3）：41-52.

同年，“公共图书馆绘本阅读与玩具服务融合路径研究——以‘绘玩无限’玩具创意大赛为案例”（批准号：Y2020B82）成功立项为中国图书馆学会的规范指南类课题，经过 1 年的研究，课题组编制了《公共图书馆“绘本 + 玩具”融合服务指南》，并发表专业论文 1 篇。

（三）行业影响力

一方面，2014 年 1 月玩具馆开馆后，广东电视台、南方电视台、广州电视台、嘉佳卡通、《南方都市报》、《新快报》、《羊城晚报》等主流电视、报纸媒体对玩具馆活动的报道逾 30 次。媒体对这种全新的阅读推广服务大加赞赏，同时也对玩具馆活动进行了宣传，让更多的读者知晓玩具馆并参与活动。另一方面，玩具馆活动深入分馆，给基层带去相关活动及服务理念，玩具馆活动还在“南国书香节”上进行展示，吸引众多小朋友参与，扩大了玩具馆的影响力；玩具馆三个业务案例分别受到各级行业学会的表彰。

六、未来发展规划

（一）建设专业化馆员队伍

《中华人民共和国公共图书馆法》条款中规定“公共图书馆应当设置少年儿童阅览区域，根据少年儿童的特点配备相应的专业人员，开展面向少年儿童的阅读指导和社会教育活动”[①]。2019 年《广东省全民阅读促进条例》正式实施，对合理设置全民阅读服务岗位，建立阅读推广人队伍提出要求。在玩具馆建立之初，由于缺少玩具相关专业人员，玩具馆采取了购买服务的形式，由专业机构驻馆开展活动，馆员充当管理者的角色，负责监督、验收服务。服务和管理专业化发展成为图书馆行业的发展趋势，公共图书馆从业者的知识和行为将得到进一步的拓展与规范，馆员应尝试独立策划、组织玩具馆活动。

① 中华人民共和国公共图书馆法［EB/OL］.［2023-04-02］.http://www.gov.cn/xinwen/2017-11/05/content_5237326.htm.

（二）拓展玩具馆服务方式

玩具馆的立体书、手偶书、翻翻书、玩具书等为儿童提供了多样化的书籍，各种各样的玩具则丰富了公共图书馆婴幼儿的服务资源。2018 年 1 月，杭州图书馆科技分馆（滨江区图书馆）面向广大市民开展专项借阅服务，引导市民使用“芝麻信用积分”零门槛借用玩具。开放外借当天就借出了 144 件（盒），不到 5 天的时间，500 件（盒）玩具全部借空[①]。本案例充分说明，广大读者有借玩具的需求，为了提高玩具资源的使用率，玩具的外借服务模式有待进一步探讨。

玩具馆是培养儿童早期阅读的重要场所，通过多元化的阅读载体，将建构活动、游戏与阅读相结合，在轻松的氛围中培养儿童的阅读兴趣，养成良好的阅读习惯，培养多元智能。广州图书馆的实践证明，玩具馆对于儿童阅读兴趣的培养有良好的促进作用，这也必将为其他公共图书馆开放和运营玩具馆带来一定的启发和借鉴作用。

---

① 潘卓盈.杭州图书馆可以免费借玩具啦！乐高、机器人、滑板车、抓娃娃机，就连拉风旅行箱都可以借回家[EB/OL].[2023-04-10].http://www.sohu.com/a/215320829_285515.

案例五　记录阅读成长，勇攀阅读高峰

——广州图书馆儿童与青少年阅读攀登计划

王嘉宁　温　戈　冼伟红

未成年人服务在公共图书馆服务总量中占很大比重。结合社会力量做好未成年人服务、积极发挥公共图书馆的社会教育职能，一直是广州图书馆作为一级公共图书馆为未成年人服务的目标和方向。本章以广州图书馆儿童与青少年阅读攀登计划（以下简称阅读攀登计划）活动为实例，研究分析广州图书馆未成年激励阅读服务项目实施的背景、可行性、过程、成效等各方面，总结出项目对激励婴幼儿、学龄前儿童、中小学生不同群体的阅读的作用和影响，提出项目未来向专业化、标准化、社会化发展的方向，力求更好地发挥图书馆的社会教育功能，更好地体现家庭、学校、社会三位一体的合力作用。

一、案例背景

（一）政策背景

2018 年修订版《国际图联 0—18 岁儿童图书馆服务指南》中提出："公共图书馆在支持儿童学会阅读、推广图书和其他媒介方面有其特别的责任。""儿童图书馆员以积极干预的方式增加儿童的阅读自信和乐趣，并为他们提供分享阅读经验的机会，从而促进读者的发展。”①

阅读对于一个独立的、健康的成年人来说，是一种个性化的、自由的行为，但对于需要精心呵护的成长中的青少年来说，则是一件需要鼓励、引导的事情。2017 年 3 月施行的《中华人民共和国公共文化服务保障法》②第十条指出：“国家鼓励和支持公共文化服务与学校教育相结合，充分发挥公共文化服务的社会教育功能，提高青少年思想道德和科学文化素质。”《广州图书馆 2016—2020 年发展规划》也提出“推进全民阅读，强化学习功能”的目标，“优化传统服务，拓展特色活动‘阅读 +’，推进未成年人阅读”的策略，“建设‘阅读攀登计划’‘每周一书’‘每周阅读之星’‘阅读教育讲座’等活动品牌”的行动方案。广州图书馆儿童与青少年阅读攀登计划以推进未成年人阅读发展为目标，积极提升图书馆各项资源的利用效率。

（二）理论背景

美国心理学家亚伯拉罕·马斯洛在其著作《人的动机理论》中提出了著名的需要层次理论，认为人类需求像阶梯一样，从低到高依次为生理需求、安全需求、社交需求、尊重需求、自我实现③。需要层次理论揭示了人类需要的普遍规律，未成年人同样存在着不同层次的需要，这些需要也是激励他们使用公共图书馆服务的动力。阅读攀登计划由难易程度不同的挑战赛事组成，每一项都有与之相对应的“需求层次”。阅读攀登计划以满足读者阅读为基本需求，在保证达到阅读效果的同时进行多维度的延伸和扩展，围绕“听”“说”“读”“写”几大要素进行延伸扩展，利用多种挑战方式让阅读立体化，将良好的阅读习惯融入每位读者的阅读行为中，同时，多种阅读挑战方式也极大满足了不同读者的阅读需求和喜好。读者可根据自己的兴趣自由选择挑战赛并参与，保持了读者个性化的阅读热情。

---

① IFLA Guidelines for Library Services to Children aged 0-18［EB/OL］.［2023-07-21］. https//www.ifla.org/files/assets/libraries-for-children-andya/publications/ifla-guidelines-for-library-services-to-children_aged-0-18-zh.pdf.

② 中华人民共和国公共文化服务保障法［EB/OL］.［2023-07-21］.https//www.npc.gov.cn/zgrdw/npc/xinwen/2016-12/25/content_2004880.htm.

③ 马斯洛 . 动机与人格［M］. 许金声，等译 . 北京：中国人民大学出版社，2007：68-69.

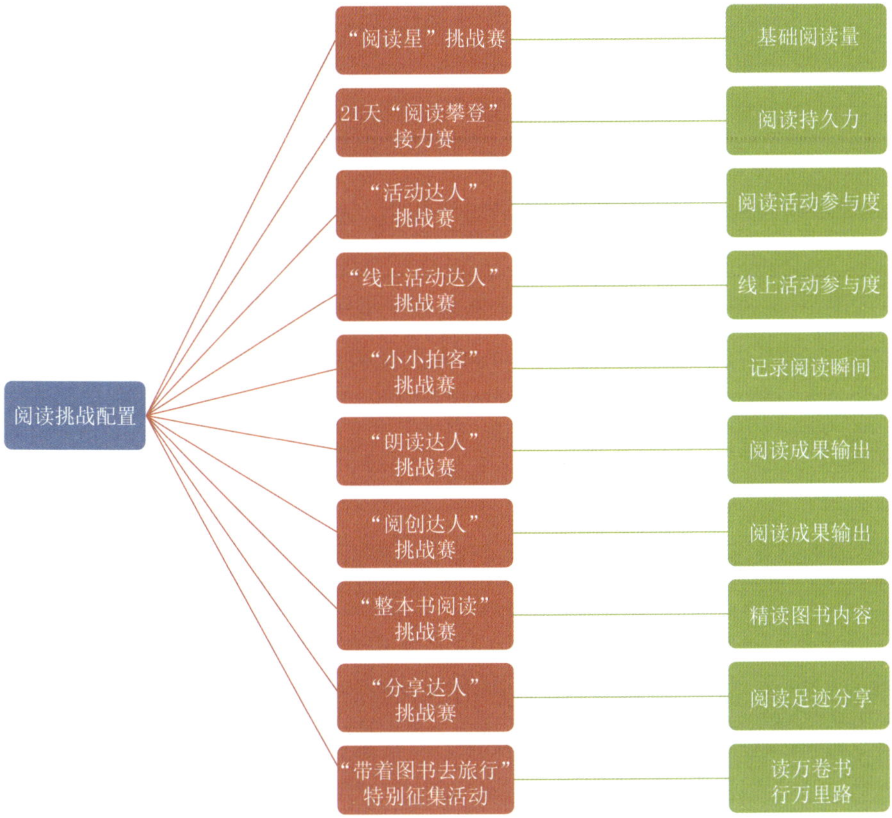

图 3-5-1　阅读挑战设置

二、项目实施的可行性分析

据统计，2022 年，广州市公共图书馆对于未成年人和成年居民的全民阅读保障率分别达到 43.2% 和 17.4%，也就是说，广州市未成年人的人均阅读量为 11.83 册次，其中有 5.11 册次来自公共图书馆；成年居民的人均阅读量为 8.80 册次，其中 1.53 册次来自公共图书馆。截至 2022 年底，广州图书馆儿童与青少年部入藏少儿文献资源 102 万册，文献类型有绘本、文学艺术类图书、社会科学图书、自然科学图书、多媒体资源、期刊等，丰富的馆藏资源为阅读攀登计划项目的开展提供有力的文献支撑。

2013—2016年，广州图书馆共开展儿童与青少年阅读推广活动2376场，参与人次达40.5万，具体包括“小樱桃”阅读树、“漫绘阅读”、“遇见·图书馆”、“科普小达人”、“小小创客”、“知书达礼”、“悦读会”、“书及远方”广图研学、“签·约世界”国际青少年书签设计交流活动等品牌活动，具备优秀活动品牌建设经验和馆员活动组织能力，这为阅读攀登计划项目的开展提供了良好的活动平台。

作为阅读攀登计划项目主要实践场所的儿童与青少年部，阅览场地面积3792平方米，阅览座位541个，分为亲子绘本阅读馆、中小学生文学艺术图书区、中小学生综合书刊区三个服务区；此外，还配置“悦读伴岛”、小河马玩具馆、儿童与青少年创客空间等多个主题场馆，以阅读空间助力阅读推广。

三、项目实施过程

为贯彻全民阅读的战略目标，提升未成年人的阅读素养，2017年4月23日世界读书日，广州图书馆在中国图书馆学会阅读推广委员会的指导下，与家庭阅读专业委员会共同主办开展了阅读攀登计划。这是一项整合了文献资源、服务资源、活动资源、社会资源的大型阅读推广计划。

图 3-5-2　阅读攀登计划品牌活动 Logo

（一）项目概况

2017—2022年，阅读攀登计划项目已持续开展6年，截至2022年11月，累计覆盖未成年人群体40277人次，其中219名少年儿童通过阅读分享创作等激励机制，获评“小状元”称号。阅读攀登计划举办相关配套系列活动约1万场，征集读书笔记、手抄报、书目推荐、书签等阅读成果超过1.2万份，收获了儿童与青少年各学科各类别的阅读输出成果。在阅读推广的基础上，阅读攀登计划为传承中华优秀传统文化，还结合湾区文化、地方习俗开展了广东人文印记、传统节日诗词对暗号等相关活动。

1. 服务定位

阅读攀登计划围绕“阅读与成长”的主题开展，面向0—18岁儿童与青少年、孕妈妈群体、亲子家庭群体，提供分龄分级分主题阅读推广服务，让阅读从“0”开始。涵盖0—3岁婴幼儿阅读服务，4—6岁学龄前儿童阅读服务，7—9岁、10—12岁、13—18岁中小学生阅读服务，及幼儿园、中小学团体定制阅读服务，孕妈妈、亲子家庭特色阅读指导服务等。

2. 服务目标

阅读攀登计划通过“阅读地图”记录读者阅读足迹的方式，鼓励读者发挥阅读主人翁的意识，将阅读的图书和阅读的乐趣不断传递，扩大阅读的影响力，实现个人阅读与家庭阅读的有效结合，实现阅读力量向内与向外的凝聚，实现经典阅读与现代发展的统一，实现读者阅读量和阅读人数的不断增加，实现阅读的有效推广，形成全民阅读的良好风尚。

3. 参与方式

阅读攀登计划参赛读者年龄介于0—18岁之间，分为0—3岁、4—6岁、7—12岁、13—18岁四个年龄阶段，包括婴幼儿读者群体、学龄儿童读者群体、特殊儿童读者群体和青少年读者群体。读者凭借广州图书馆读者证到儿童与青少年部服务台领取阅读包（一证一份），阅读包内含有阅读护照、推荐书目和阅读指导等，根据阅读包指引就可以参与10个项目的挑战赛，赢得积分，兑换礼物。

图 3–5–3　阅读攀登计划阅读包内容展示

4. 项目发展

阅读攀登计划项目的发展时间轴见下图。

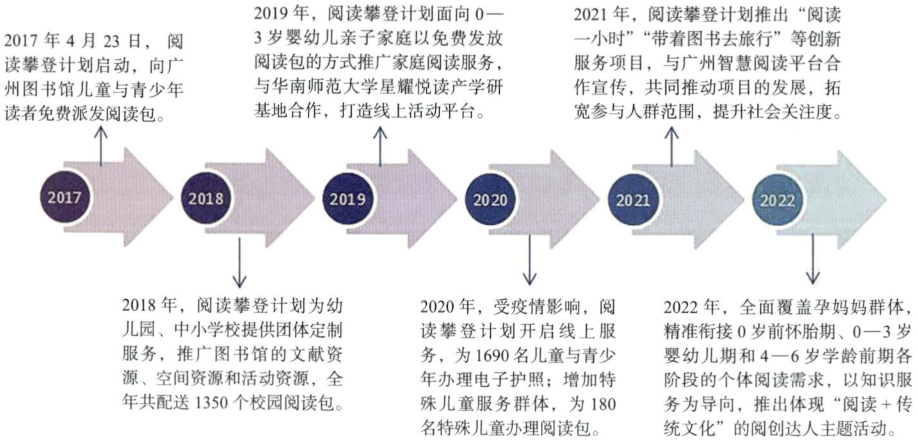

图 3–5–4　阅读攀登计划发展时间轴

2017 年 4 月 23 日，阅读攀登计划在广州图书馆启动，向广大儿童与青少年读者免费派发阅读包，通过多种渠道大力宣传，共吸引 5000 多名读者参与活动。约 500 名读者通过坚持阅读打卡，提交阅读成果，参与阅读活动获得积分兑换了心仪的礼品。有 21 名小读者积分达到 150，被评为“小状元”，借阅量最高的 15 名读者被评为年度“阅读星”。在获奖的读者当中，年龄最小的一名“小状元”只有 1 岁半，年龄虽小，但阅读精神可嘉；还出现了哥哥和妹妹同时获得“小状元”称号的“状元家庭”。可见，亲子阅读、家庭阅读的氛围正在形成，学校、家庭和社会三位一体共同推动未成年人阅读取得成效。

图 3-5-5　2017 年 12 月 3 日，21 名小读者获得年度“小状元”称号

2018 年，阅读攀登计划团体定制服务以幼儿园、中小学校、社会教育机构为对象开展服务。各学校及机构以团体形式申请参加阅读攀登计划，广州图书馆根据各学校的不同需求提供服务，全年共配送了 1350 个校园阅读包。此外，阅读攀登计划有效了连接各个品牌活动，共同打造少儿活动品牌，优化少儿活动资源的利用效率。其中，3 月的“野外观蝶——广州蝴蝶生态图鉴”鉴赏科普讲座，为读者定制了特别的科普资源阅读大礼包，包括蝴蝶主题推荐书单、蝴蝶图谱、书签等，共吸引 69 名参加讲座的读者参加阅读攀登计划；5 月，广州市科普周主题活动暨 2018“一起创”创客大赛启动仪式，吸引了 202 名参与活动的读者参加阅读攀登计划。

2019 年，阅读攀登计划以面向 0—3 岁婴幼儿亲子家庭免费发放阅读包的方式推广家庭阅读服务，多年来持续整合资源，开拓创新，丰富阅读包内核，细化阅读项目，致力于为更多亲子家庭提供更专业的阅读指导。为配合项目的发展，亲子绘本阅读馆着力打造婴幼儿特色馆藏资源建设，为项目提供有力的文献支持。该馆在方便幼儿使用的“一米书架区”设立低幼儿童主题图书专架，并持续上架各种适合婴幼儿阅读的纸板书、翻翻书、玩具书、洗澡书等，丰富的低幼馆藏资源和婴幼儿阅读攀登计划项目相辅相成，互为助力，共同构筑了广州图书馆婴幼儿群体服务的阵地。此外，阅读攀登计划针对偏远地区阅读资源贫乏的民办学校的阅读需求，把活动资源、文献资源送到学校，组织偏远地区学校的学生参加阅读攀登计划，包括番禺区、南沙区、黄埔区和白云区等，联合 5 家学校开展“图书馆来了”阅读活动并派送阅读包 2584 个。

图 3-5-6　2019 年，婴幼儿阅读攀登计划启动

图 3-5-7　婴幼儿阅读包内容展示

2020年，受新冠疫情影响，读者不能到馆，广州图书馆与华南师范大学星耀悦读产学研基地合作，打造阅读攀登计划线上活动平台，开启线上服务，21天“阅读攀登”接力赛、“阅创达人”挑战赛、“分享达人”挑战赛、“活动达人”挑战赛四个项目从线下搬到线上，更方便读者在家参与活动、阅读打卡积分、记录活动轨迹，全年共1690名儿童与青少年办理电子护照。此外，阅读攀登计划在2020年持续开展团体定制服务，增加特殊儿童群体服务，到广东省康复中心为180名特殊儿童办理阅读护照。

图 3-5-8　阅读攀登计划线上平台

2021年是阅读攀登计划陪伴小读者走过的第5年，这一年共有38名小读者获得“小状元”的称号，其中10名还是0—3岁的“婴幼儿小状元”。他们之中，有本年刚刚接触攀登计划的新朋友，也有许多熟悉的面孔。连续四年获得“小状元”称号的小读者罗皓，是广州图书馆的老朋友了，攀登计划陪伴他从蹒跚学步到小小少年。2021年，他积极参与各项阅读活动，坚持每天阅读打卡，在截止统计的前一天依然在认真上传打卡记录；他经常到馆借阅，还获得了年度“阅读星”的称号。罗皓妈妈说，她希望罗皓能培养阅读习惯，进行自主阅读。有时罗皓妈妈会和罗皓约定小目标，让他用自己的努力获得积分换取奖品。这一年，阅读攀登计划推出“阅读一小时”“带着图书去旅行”等创新服务项目，与广州智慧阅读平台合作宣传，共同推动项目的发展，拓宽参与人群范围，提升社会关注度。

2022年，阅读攀登计划邀请深圳市爱阅公益基金会加入，提供儿童阅读专业性指导，并继续携手广东省南方阅读公益基金会、广东省少儿美育艺术研究院为本项目提供家庭阅读、美育指导，通过深化社会合作，进一步为阅读包提供专业性支持，这成为2022年“悦读童行”婴幼儿阅读攀登计划的一大亮点。而在服务对象上，2022年项目在覆盖孕妈妈群体，精准衔接0岁前怀胎期、婴幼儿期和学龄前期各阶段的个体阅读需求，惠及更广泛阅读群体的同时，能更有针对性地分析读者阅读发展情况，有效实现公共图书馆未成年人阅读服务科研一体化。这一年，为弘扬湾区文化、传承地方习俗，阅读攀登计划以知识服务为导向，以文化传承为服务理念，推出体现“阅读+传统文化”的“阅创达人”主题活动，每月公布一个与2022年生肖“虎”相联系的广东元素主题，如广东省第六批非遗名录中的虎头花灯、错金铭文虎节、茂名虎头山等，以鼓励读者在参与阅读活动时多了解地方文化习俗。除此以外，阅读攀登计划在春节、清明节、端午节、中秋节、重阳节等传统佳节开展诗词对暗号活动，使读者对传统古诗词及传统节日有进一步的了解。

图3-5-9　2022年第一位领取婴幼儿阅读包的孕妈妈读者

（二）活动内容

1. 主体活动

阅读攀登计划由“阅读星”挑战赛、21天“阅读攀登”接力赛、“活动达人”挑战赛、“朗读达人”挑战赛、“分享达人”挑战赛、“阅创达人”挑战赛、“整本书阅读”挑战赛、“带着图书去旅行”挑战赛、“线上活动达人”挑战赛和“小小拍客”挑战赛组成，共10个赛段。每个赛段既是独立单元，又可以形成一个整体，每完成一个赛段，读者可以获得相应的印章，不同印章对应不同积分，积分可以累积，用于兑换不同礼品，所以说各个赛段合起来又是一个整体项目。随着积分的积累，读者从书童一直进阶到状元，获得状元头衔的小读者可在当年参与攀登计划年度表彰活动。

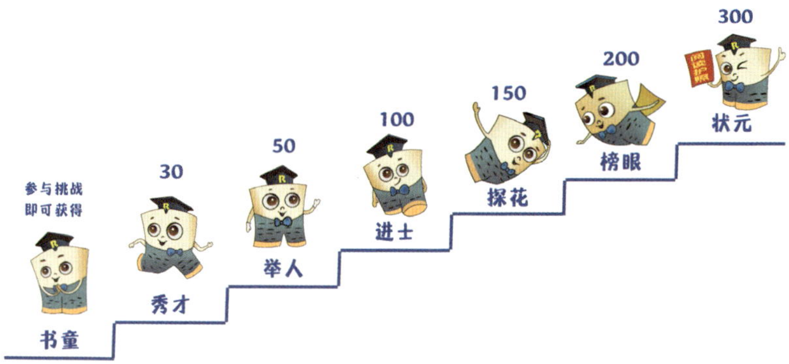

图3-5-10　阅读攀登计划积分进阶图

表3-5-1　阅读攀登计划激励项目

项目名称	项目简介
“阅读星”挑战赛	根据借阅册次获得不同颜色的印章，小读者凭广州图书馆读者证到广州图书馆南四楼服务台查询借阅记录及领取相应的“阅读攀登”印章
21天“阅读攀登”接力赛	每天阅读20分钟以上并在线上平台打卡，根据连续阅读的天数获得不同颜色的“阅读攀登”印章

续表

项目名称	项目简介
“活动达人”挑战赛	参加图书馆举办的少儿活动，即可获得红色“阅读攀登”印章
“线上活动达人”挑战赛	参与图书馆举办的线上活动，根据各种活动具体的奖励分值获得不同颜色的“阅读攀登”印章
“小小拍客”挑战赛	提交一个短视频作品（独立完成或亲子家庭共同完成均可），可以获得不同颜色的“阅读攀登”印章
“朗读达人”挑战赛	提交一个音频作品（独立完成或亲子家庭共同完成均可），可以获得不同颜色的“阅读攀登”印章
“阅创达人”挑战赛	提交一份原创作品，可以获得不同颜色“阅读攀登”印章。作品形式：文字、图画、图文结合、手工创作作品、读书笔记、读书卡、活动心得、手抄报、书目推荐表等
“整本书阅读”挑战赛	每完成一本图书的精读，并回答相应的问题，可以获得紫色“阅读攀登”印章
“分享达人”挑战赛	在微信（朋友圈）或者微博（@广州图书馆）发布参与阅读攀登计划的信息（图书信息、借阅书单、阅读心得等），发布后将截图发送至线上活动平台，可以获得红色“阅读攀登”印章
“带着图书去旅行”特别征集活动	小读者携带广州图书馆任一图书在旅途中与地标建筑或特色景观进行合影，并配上 50 字以内描述，即可获得蓝色“阅读攀登”印章

图 3-5-11　读者提交的阅读成果作品——手抄报

2. 配套活动

（1）阅读一小时挑战赛

阅读一小时挑战赛是一项综合阅读挑战活动，挑战者需要在 1 小时内完成“整本书阅读”“朗读达人”“阅创达人” 3 项阅读挑战。成功完成全部挑战，可以获得年度“阅读全能王”称号。

图 3-5-12　2021 年 1 月 25 日在南四楼中庭举办阅读一小时挑战赛

（2）“对暗号　赢印章”活动

在传统节日，小读者学习与节气相关的古诗，凭阅读护照到南四楼服务台成功对出古诗词“暗号”，可获得“活动达人”绿色印章一枚。

（3）展示阅读成果增强阅读获得感

为了增加小读者的阅读获得感，促进阅读创作，广州图书馆每季度会将小读者提交的优秀作品通过线上的方式进行展览与分享，既有读书笔记、手抄报、书目推荐等阅读成果，也有艺术、科普、创客等类型活动的感受与相关创作，还有诗歌、名著、报刊等朗读作品，形式多样，内容丰富。广州图书馆每年举办线下年度优秀阅创作品展，并为获选读者颁发年度阅创达人奖，激发读者阅读创作热情。同时，“饱览群书”的小读者或者亲子家庭，如果有兴趣制作一本属于自己的绘本，还有机会参加“图书馆，让童年更美好”——新春少年儿童原创绘本展。

图 3-5-13　2018 年阅读攀登计划（第二季）优秀成果展

图 3-5-14　“图书馆，让童年更美好”——2023 年新春少年儿童原创绘本优秀作品展

（4）阅读攀登计划交流活动

阅读攀登计划交流活动以阅读攀登计划读书分享沙龙的形式，邀请年度“小状元”与大家分享参与“计划”的心得和获得积分的小技巧。参与的小读者均可获得蓝色“阅读攀登”印章一枚。

图 3-5-15　2021 年 2 月 28 日在广州图书馆南四楼阅创空间举办的阅读攀登计划交流活动

（5）小河马玩具馆亲子感统活动

为强调亲子合作，锻炼婴幼儿的感知能力，通过亲子互动加强家庭亲密关系，小河马玩具馆举办亲子感统活动，鼓励小读者根据绘本故事，把故事内容用积木搭建出来，突出立体化及形象化阅读，培养婴幼儿的阅读习惯，提升婴幼儿的阅读兴趣，同时提高婴幼儿的动手能力。

图 3-5-16　小河马玩具馆亲子感统活动

（6）“咿呀大本营”婴幼儿亲子阅读分享活动

“咿呀大本营”婴幼儿亲子阅读分享活动针对 0—3 岁低龄幼儿，选择适合婴幼儿的绘本，通过歌谣、律动、亲子互动等形式，刺激宝宝的各种感官，为语言训练创设良好的环境，引导幼儿从小接触图书、亲近图书，养成良好的阅读习惯。

图 3-5-17　“咿呀大本营”婴幼儿亲子阅读分享活动

四、项目创新与意义

（一）项目创新点

1. 挑战项目不断丰富，闯关游戏吸引儿童参与

阅读攀登计划最初由“阅读星”挑战赛、21 天“阅读攀登”接力赛、“活动达人”挑战赛、“线上活动达人”挑战赛、“分享达人”挑战赛 5 个挑战赛组成，经过几年的发展，又增加了“小小拍客”挑战赛、“朗读达人”挑战赛、“阅创达人”挑战赛、“整本书阅读”挑战赛、和“带着图书去旅行”挑战赛，总共 10 项挑战内容，可以满足读者的不同需求。活动以阅读地图记录阅读轨迹，阅读积分展示进阶过程，阅读印章激励积极参与活动，阅读星评选鼓励借阅行为，有效推进图书馆资源的利用。

2022 年新开设的“带着图书去旅行”挑战赛，要求小读者携带广州图书馆任一图书在旅途中与地标建筑或特色景观进行合影。“阅读攀登计划”在这年共收到超过 2 千份阅读作品，其中有 374 份是“带着图书去旅行”挑战赛投稿。读者带着图书走遍大江南北，用脚步丈量图书的厚度，以图书触及更远的远方，向我们展示了什么是“读万卷书，行万里路”。

2. 引入少儿阅读激励项目体系，鼓励儿童“生而阅读”

激励措施对于儿童及其家庭来说尤为重要，在孩子取得一定阅读成果或者小小进步时，及时给予肯定，对孩子今后的阅读和学习之路都能起到至关重要的作用。阅读攀登计划鼓励参与儿童及家庭通过借阅图书、参加活动、提交阅读作品、打卡分享等方式获得积分，用积分换取奖品，并在“阅读成长计划”年度颁奖仪式中表彰优秀亲子家庭。这一举措能够以荣誉感促进亲子家庭在阅读的道路上一路向前，勇攀高峰。

3. 拓宽服务群体，首创孕妈妈群体阅读服务新模式

一般情况下，家长要凭未成年人的有效证件才能办证借阅少儿图书。随着“三孩”政策正式落地，为促使婴幼儿早期阅读服务前移，2021 年 7 月广州图书馆率先推出孕妈妈专享读者证，保证孕妈妈借阅少儿图书开展胎教阅

读的便利性。同时，为增强孕妈妈的参与感和体验感，广州图书馆为前 100 位办理孕妈妈借阅证的孕妈妈赠送婴幼儿阅读包一份，让孕妈妈在阅读少儿书籍的同时能了解图书馆婴幼儿阅读推广服务，开拓了一种具有示范和推广价值的全新服务模式。

（二）项目意义

1. 理论意义

馆员通过撰写研究案例和研究论文，对阅读攀登计划项目进行时间梳理和理论提升。2018 年 3 月，在中国图书馆学会举办的第一届公共图书馆创新创意征集推广活动中，案例《悦读童行——广州图书馆儿童与青少年阅读攀登计划》获得优秀奖；2020 年，案例《广州图书馆婴幼儿阅读攀登计划》荣获广东图书馆学会 2019 年“广东省阅读推广案例大赛二等奖”；案例《阅读初生证》被收录为 2020 年广州市“图书馆之城”建设年报创新案例。2021 年，研究论文《少儿阅读激励项目实践研究——以广州图书馆“阅读攀登计划”为实例》发表于《图书馆研究》2021 年第 2 期。阅读攀登计划为我国公共图书馆未成年阅读激励项目提供了实践经验和有建设性的理论。

2. 实践性意义

项目有效推进了图书馆文献资源、空间资源、活动资源和社会资源的开发与利用，提升了馆员的项目管理和协调组织能力，加强了各项阅读推广活动之间的联动，以激励推动阅读，其经验做法易于被复制和推广。

五、成效与影响

（一）成效

1. 服务效益显著

阅读攀登计划自 2017 年启动以来，截至 2022 年，通过多种宣传渠道大力推广，累计覆盖未成年人群体 40277 人次，其中个人版参与人次为 18718，集体版参与人次为 15559，婴幼儿版参与人次为 6000。读者通过坚持阅读打卡、提交阅读成果、参与阅读活动获得积分，并兑换了心仪的礼品。截至2022年11月，共有219名小读者通过阅读分享创作，被评为“小状元”。

2020年，阅读攀登计划推出线上平台，小读者在新冠疫情防控期间通过线上平台就能完成阅读打卡、作品提交等多项阅读挑战，共6122名小读者参与。在疫情防控常态化的三年间，这个平台成为广州图书馆与小读者之间的沟通桥梁，也有利于广州图书馆对阅读活动的相关参与平台和机制加以完善和升级。以2022年为例，个人版阅读攀登计划参与人次为1796，其中通过线上平台参与“活动达人”挑战赛人次就有1008，“分享达人”挑战赛收到457份作品，“阅创达人”挑战赛收到838份作品，“朗读达人”挑战赛收到426份作品，“小小拍客”挑战赛收到279份作品，“带着图书去旅行”特别征集活动收到393份作品。线上平台大大拓宽了读者参与的途径。

2. 活动宣传力度强

阅读攀登计划通过广州图书馆微信公众号、微博等网络平台宣传推文，馆内物料投放，其他媒体支持等线上线下渠道进行宣传推广，社会反响热烈。据不完全统计，围绕阅读攀登计划主题，广州图书馆微信公众号、微博平台分别推送超过30条推文，累计阅读量超过3万次。广东电视台、广州电视台、《岭南少年报》等多家媒体正面报道多次，其中在与广州电视台G4栏目合作推广项目——“小记者图书馆之旅”活动中，有超过100名小记者亲身参与阅读攀登计划各个子项目挑战，相关专题节目在广州电视台黄金时段分5次播出，时长超过30分钟，小记者还在节目中邀请全市少年儿童参与阅读攀登计划。通过各渠道的有效传播，活动参与人次不断攀升，阅读推广效益显著。

3. 行业影响力显著

针对阅读攀登计划团体定制版中部分偏远地区学校离图书馆远的现状，广州图书馆为团体定制版小读者集体办理读者证，让孩子们享受海量免费数字图书资源，大力推动图书馆资源的利用，促进青少年阅读习惯的养成。

阅读攀登计划作为纽带，让阅读半径不断扩大，让更多读者加入阅读的大家庭中。亲子阅读、家庭阅读的氛围正在形成，学校、家庭和社会三位一体共同推动未成年人阅读成效显著。

（二）影响

1. 阅读攀登计划提升儿童与青少年的阅读素养

广州图书馆通过问卷调查和访谈的方式对参加计划的家长和小读者进行调研，从反馈的信息来看，计划获得良好的活动成效，达到与公众之间进行良性互动交流的目的。读者普遍反映阅读攀登计划是非常有意义的阅读活动，对培养孩子的阅读习惯、提高孩子的阅读素养，增强孩子的阅读能力非常有帮助。小读者在阅读攀登计划的激励下，每个周末都坚持到广州图书馆借阅图书、参加阅读活动。有的读者参加项目前平均每月借阅册次为 20 本，参加项目后，在激励措施的推动下，平均每月借阅册次达 100 本，足足增长了 4 倍，大大推动图书馆资源的利用，促进青少年阅读素养的提升。

13 岁的伍宇晨同学连续数年参与阅读攀登计划，在 2021 年、2022 年获得了“小状元”“朗读达人”“阅创达人”等称号。2013 年 6 月广州图书馆新馆刚全面开放，当时年仅三岁半的她就成了广州图书馆的注册读者，一直到今天，她借阅的读物也从当时的绘本过渡到如今的“大部头”图书。2020 年 10 月号《广州图书馆通讯》还刊载了她推荐阅读杰克・伦敦小说《野性的呼唤》的文章。2020 年 12 月，在共青团广州市委等单位主办的“青春爱尚阅读”广州青少年读书活动中，她阅读了广州图书馆方家忠馆长推荐的《帕瓦娜的守候》并撰写读后感，该读后感被主办方评为“十大好书评”。有家长反馈，阅读攀登计划大大提高了孩子的阅读持久力，在活动的推动下，孩子每天都自觉阅读，并积极邀请同学参加计划①。

2. 馆校合作共建“阅合力”

在开展过程中，阅读攀登计划内容和模式不断更新拓展。广州图书馆阅读攀登计划从 2018 年起面向全市开展团体定制服务，截至 2022 年，广州图书馆已与沙湾分馆、钟落潭分馆以及天河中学、执信中学等 10 余所分馆及中小学校合作开展攀登计划集体版定制活动，已有 15559 名中小学生以团体参与的方式参与其中。

---

① 广图首部自制口述纪录片正式上线 20 名读者被授予“好读者”及“好读者之星”称号［EB/OL］.［2023-05-06］. https://gzlib.org.cn/hdActReport/194867.jhtml.

广州图书馆在推动未成年人服务过程中，对困境儿童始终保持着高度关注，致力为其提供具有针对性、多样化，有温度的图书馆服务。阅读攀登计划团体定制版在 2019 年持续发力，活动拓展至偏远地区的民办、村办学校。针对偏远地区学校离图书馆远的现状，广州图书馆不仅为孩子集体办理读者证，让孩子们享受海量数字图书资源，更将专业性科普知识讲座、绘本读书会等活动带进校园，在偏远地区的孩子心中种下一颗阅读的种子。广州图书馆对集体活动进行特殊化设置，让图书馆和学校、家庭形成合力，对阅读推广起到重要作用。

图 3-5-18　2020 年 10 月 10 日，广州图书馆到执信中学举办阅读攀登计划团体定制服务

3. 阅读成果展示传递阅读力量

阅读攀登计划现每年约收到阅读成果 2 千份，其中有读书笔记、手抄报、书目推荐、艺术作品、创客作品、科普作品等，融合了 0—18 岁儿童与青少年各学科、各类别的阅读成果，作品形式多样、内容丰富，充分展现了小读者们对于阅读的感悟和体会。广州图书馆每年从中选出 60 份优秀作品并举办展览，观展人次接近 10 万。展览带动更多的读者参与阅读攀登计划，传递阅读力量。

图 3-5-19　2019 年 11 月 20 日—30 日，2019 年阅读攀登计划优秀阅读成果在广州图书馆负一层大堂展示

六、项目未来发展的规划

2022 年《广州市妇女发展规划（2021—2030 年）》和《广州市儿童发展规划（2021—2030 年）》《广州市建设儿童友好城市行动计划（2022—2024 年）》等各级促进妇女儿童发展的相关政策文件的发布实施，有机联动了公共图书馆服务与妇女儿童工作。在儿童与青少年阅读攀登计划下一步的实施当中，可以考虑联合各级妇女联合会以及其下的家庭教育促进机构和组织共同参与，加强妇女儿童友好城市合作宣传，进一步凸显图书馆在全民阅读中的职责与地位。

案例六　阅读启智　美育赋能

——“漫绘阅读”青少年儿童艺术素养提升计划

方筱盈

艺术类文献，特别是漫画类图书，一直深受中小学生读者欢迎。广州图书馆基于读者阅读兴趣，立足于特色服务资源优势，通过开展内容丰富、主题及活动形式新颖的艺术阅读推广活动，拓宽未成年人读者阅读兴趣及阅读资源范围，以期达到提升青少年儿童艺术与文化素养的目的。

广州图书馆深入探索阅读推广与艺术教育融合发展之路，以美育为主体，依托多年的馆社合作经验，着力深化建设青少年儿童艺术品牌活动——“漫绘阅读”青少年儿童艺术素养提升计划（以下简称“漫绘阅读”项目），开启阅读为美育赋能的新篇章。

“漫绘阅读”项目以培养和提升儿童与青少年阅读能力和艺术素养为目标，以传承中华优秀传统文化为核心内容，并突出地域特色。该项目以文献资源服务为基础，以绘画艺术创作与成果展示为主要的美育措施，以公益性服务为原则，以专业社会力量支持为重要的外力支撑，是集专题资源推介、名家讲座、读书会、艺术工作坊、作品赏析、作品征集、展览交流等多种活动形式为一体的艺术专题阅读推广项目。

一、案例背景

美育是未成年人素质教育的重要组成部分，体现在其对青少年儿童思想素质、人文修养、审美能力、精神境界的全面培养，其中，艺术教育是美育的核心。

2016 年颁发的《中华人民共和国公共文化服务保障法》[①] 指出："各级人民政府应当充分利用公共文化设施，促进优秀公共文化产品的提供和传播，支持开展全民阅读、全民普法、全民健身、全民科普和艺术普及、优秀传统文化传承活动。"2021 年中共中央办公厅、国务院办公厅印发的《关于进一步减轻义务教育阶段学生作业负担和校外培训负担的意见》[②] 也指出，要科学利用课余时间，引导学生放学回家后开展适宜的体育锻炼，开展阅读和文艺活动。并充分利用社会资源，发挥少年宫、青少年活动中心等校外活动场所在课后服务中的作用。可见，艺术教育对青少年儿童成长以及促进公共图书馆艺术阅读推广服务发展的重要性。

动漫是漫画与动画的结合体，动漫创作源于创作者对漫画历史和漫画艺术的认识、理解。2008 年文化部发布的《〈文化部关于扶持我国动漫产业发展的若干意见〉解读》[③] 中指出："动漫产品是广大人民群众特别是未成年人喜爱的文化产品，发展动漫产业对于满足人民群众精神文化需求，促进社会主义先进文化和未成年人思想道德建设，推动文化产业发展，培育新的经济增长点都具有重要意义。"这些意见为"漫绘阅读"项目发展提供了政策指引。

二、项目实施的可行性分析

（一）丰富的漫画图书资源及其固定的受众成为项目研究的重要基础

位于广州图书馆南三楼的中小学生文学艺术图书区，是为 6—18 岁青少年儿童提供文学、艺术图书借阅服务，及开展"文学后花园""阅创空间 · 青少年艺术坊""漫绘阅读"等文学和艺术品牌阅读活动的专题服务区。

---

① 中华人民共和国公共文化服务保障法［EB/OL］.［2023-07-23］.https//www.npc.gov.cn/zgrdw/npc/xinwen/2016-12/25/content_2004880.htm.

② 关于进一步减轻义务教育阶段学生作业负担和校外培训负担的意见［EB/OL］.［2023-07-23］.https://www.gov.cn/zhengce/2021-07/24/content_5627132.htm.

③《文化部关于扶持我国动漫产业发展的若干意见》解读［EB/OL］.［2023-07-23］.https://zwgk.mct.gov.cn/zfxxgkml/zcfg/zcjd/202012/t20201205_915397.html.

2023 年 3 月，中小学生文学艺术图书区图书总量为 403403 册，其中文学类图书为 308274 册，占 76.4%；艺术类图书为 94498 册，占 23.4%。而呈借出状态的图书数量为 187029 册，其中文学类图书为 132559 册，占借出状态图书总量的 70.9%，艺术类图书为 54239 册，占总量的 29.0%。在所有呈借出状态的艺术类图书类别中，漫画书占 95%，与绘画艺术相关的绘画技法、雕塑、摄影、工艺美术类图书占 3%，其他类别艺术类图书仅占比 2%。

以上数据显示，相比于文学类图书，艺术类图书借出状态占比率（29.0%）高于其馆藏占比率（23.4%），无论是从馆藏侧重点还是从图书利用率来看，绘画类图书特别是漫画类图书始终是读者最喜爱的图书类别。

完成馆藏数据分析之余，“漫绘阅读”项目组还抽查 2019 至 2023 年期间广州图书馆“艺术类图书 2 月借阅排行榜”排名前 10 名的数据，发现读者对“大中华寻宝记”系列科普漫画，如《广东寻宝记》《北京寻宝记》《上海寻宝记》等图书的阅读需求居高不下。

表 3-6-1　2019–2023 年广州图书馆艺术类图书 2 月借阅排行榜前 10 名

排名	2019 年 2 月	2020 年 2 月	2021 年 2 月	2022 年 2 月	2023 年 2 月
1	广东寻宝记	怎样画创意素描	广东寻宝记	重庆寻宝记	烽火戏诸侯
2	北京寻宝记	父与子：2	北京寻宝记	北京寻宝记	烽火戏诸侯
3	上海寻宝记	青海寻宝记	山东寻宝记	江西寻宝记	东施效颦
4	美国寻宝记	辽宁寻宝记	如果历史是一群喵：东汉末年篇	广东寻宝记	如果历史是一群喵：夏商西周篇
5	云南寻宝记	野村重存的三原色水彩课：DVD 完全教学版	天津寻宝记	上海寻宝记	广东寻宝记
6	江西寻宝记	家风：二十二集电视剧	上海寻宝记	陕西寻宝记	北京寻宝记

续表

排名	2019 年 2 月	2020 年 2 月	2021 年 2 月	2022 年 2 月	2023 年 2 月
7	天津寻宝记	我要成为手机摄影师	四川寻宝记	湖北寻宝记	如果历史是一群喵：春秋战国篇
8	贵州寻宝记	清新风格　花草植物刺绣图案集	陕西寻宝记	湖南寻宝记	江苏寻宝记
9	重庆寻宝记	地震求生记	江西寻宝记	江苏寻宝记	巧夺宝葫芦
10	俄罗斯寻宝记	写给大家的西方美术史	湖北寻宝记	安徽寻宝记	山东寻宝记

数据来源：借阅排行榜［EB/OL］.［2023–07–23］.https://www.gzlib.org.cn/loadRankingkkkk/index.jhtml.

另一方面，《丁丁历险记》《猫和老鼠》《写给孩子的漫画世界史》《漫画史记》《漫画三国》《中国古诗词大会漫画》等经典类别、文学与历史类别漫画书也深受欢迎。定期分析小读者对艺术类图书的借阅兴趣与需求情况，为“漫绘阅读”项目创设与发展提供重要的参考依据。

（二）建立完善的社会合作资源开发和维护机制，促使项目延续发展

从 2013 年“阅创空间 · 青少年艺术坊”阅读推广项目开设以来，广州图书馆就注重社会力量合作资源的开发和合作机制的建立与维护。在社会力量开发前期，馆员采取访谈方式，调研合作方对合作开展活动的意见及反馈信息，了解其合作动机，同时借助社会力量的互相引荐，或者通过网站、公众号、电子邮箱等官方社交途径主动发掘志同道合的合作方。馆社合作开始后，广州图书馆不断总结合作经验与问题，探讨如何发挥合作优势，挖掘继续合作的可能性。

2018 年，全新整合的“漫绘阅读”项目吸收“阅创空间 · 青少年艺术坊”已建立的合作方资源开发机制，定期从读者活动反馈信息、馆社双方合作目标完成情况监测、项目成果输出及活动效果的大小等方面对项目特色、

优势、活动效果及发展规划等方面进行综合评价，形成基本完善的社会合作资源开发和维护机制。

以上举措使“漫绘阅读”项目凭借馆藏丰富的艺术文献与读者资源、具有相当影响力的图书馆宣传平台及宣传推广人才优势，吸引了广泛的、更多元化与专业化的社会力量的支持。

（三）培养具备专业技能的人才是项目高质量发展的保证

“漫绘阅读”项目组成员主要为广州图书馆馆员，也有来自各艺术院校的大学生志愿者、个人艺术爱好者、从事艺术教育的教师及专家，基本具备以下素养和技能：一是对读者阅读需求的把握能力及对艺术类图书的筛选与推广能力；二是活动策划与组织能力；三是工作中的沟通与协调能力；四是掌握手工、绘画艺术创作及数字媒体技术展示等活动实施与宣传技能。

如果艺术教育政策、制度及资金投入等方面对项目整体起到承载和强化的作用，那么专业人才则是项目创新和高质量发展的保证。项目开发前期，项目组积极了解国家相关新政策与社会热点话题，以构思和开发新的项目；项目实施过程中，阅读推广、活动策划、艺术成果创作及活动宣传等专业技能，对推动项目前进、保证活动成效具有重要的作用。

三、项目实施的过程

（一）发展概述

广州图书馆中小学生文学艺术图书区的服务职责是根据读者的年龄及其阅读兴趣，完成文学与艺术专题资源推荐，并策划与开展不同主题与形式的阅读推广活动，达到提升未成年读者文学与艺术素养的目的。

1. 探索与积累阶段（2013—2017 年）

2013 年，正值新馆开放，为促进未成年人读者美育发展，广州图书馆始创艺术教育推广项目“阅创空间 · 青少年艺术坊”。项目初始阶段，从开展日常艺术工坊活动起步，不断开发社会合作力量参与阅读推广服务，丰富活动主题和内容。项目中期，逐步拓展专家分享会、作品征稿及作品展览等活动形式，最终使项目获得大量读者的青睐，也积累了丰富的服务经验与成果。

2016—2017年，“阅创空间·青少年艺术坊”项目组根据多年来开展纸艺和漫画图书推广的服务经验，分别策划组织拼贴画及漫画作品征稿、展览及相应的配套活动，积蓄了丰富的读者人气和大型活动组织经验，为后续策划组织“漫绘阅读”项目相关工作奠定了良好的服务基础。

2. 合作运营阶段（2018—2020年）

2018年，广州图书馆以绘画艺术创作与成果展示为推广手段，建设创新服务项目“漫绘阅读”。同年起，广州图书馆连续3年承办动漫品牌项目“中国动漫金龙少儿美术创作大赛”，该项目在青少年儿童群体、中小学校及艺术教育机构中形成良好的口碑。

3. 自主运营提升阶段（2021年至今）

2021年，为寻找新的业务发展，“漫绘阅读”项目正式进入自主培育青少年儿童艺术品牌项目新阶段。广州图书馆首次自主承办由广东省美术家协会等政府机构主办的“我的中国故事”——广东青少年儿童美术作品展暨创作交流活动，2023年已进入第三届，“漫绘阅读”项目在当中所取得的活动成果及社会影响力，使广州图书馆青少年儿童艺术教育项目不断地向专业化及体系化发展。

（二）具体情况

1. 艺术推广在探索中起步

2013年新馆开放伊始，青少年儿童阅读推广项目开发处于探索阶段，在合作资源及项目经费不足的情况下，广州图书馆优先联合旧馆时期已有合作的社会力量，策划年度合作方案，尝试开展“阅创空间·青少年艺术坊”项目活动。活动开展后，受到读者热烈欢迎，为后续的新项目吸引了为数不少的未成年人读者，也吸引了其他慕名而来的社会力量的参与，拓展了超轻黏土、捏面艺术及3D立体画、音乐、朗诵等不同主题和内容的活动。截至2016年，“阅创空间·青少年艺术坊”项目逐渐形成手工艺术、绘画艺术推广与艺术鉴赏三大类别子活动。同年，积累了丰富的艺术活动举办经验的广州图书馆首次策划全市性大型阅读活动“拼贴画创意设计大赛”。

2. 参与承办动漫品牌项目，为自主运营积累经验

2018—2020 年，广州图书馆连续三年参与承办“中国动漫金龙奖少儿美术创作大赛”，正式拉开了阅读推广与艺术教育融合发展的序幕。期间通过举办绘画工作坊、讲座、展览等配套活动，向读者推荐优秀漫画资源，为未成年读者搭建漫画艺术交流平台。

3. 自主运营品牌项目，用“艺术”引领“阅读”

2021 年起，为使“漫绘阅读”项目保持创新和深入发展，同时寻找新的突破口，广州图书馆对项目品牌的内涵与意义进行扩展与延伸。该项目进入自主运营新阶段，紧紧围绕“阅读”核心要素，鼓励未成年读者广泛阅读，并从文学、音乐、历史、政治、自然科学等各项知识的熏陶中获取创作源泉，从而提高个人绘画艺术鉴赏与创作的能力。广州图书馆每年主要策划组织“漫绘阅读·我的中国故事”——广东青少年儿童美术作品展暨创作交流活动，面向 3—18 岁青少年儿童征集和展出插画、图画书及手绘笔记三种类型的艺术作品，鼓励青少年儿童广泛和深入阅读中国文化经典图书，积极创作，通过各种精彩、精炼的创意作品传播中国声音，描绘中国故事，传播中国正能量。

多年来，“漫绘阅读”项目系列活动持续举办，不仅逐年延伸和深化“我的中国故事”主题，使其与中国历史发展特色与社会热点相契合。同时通过自由度较高的材料和画种设置，启发青少年儿童艺术想象力，赋予他们更多的创作自由。在分主题设置方面，激励青少年儿童密切关注国家与社会发展，用画笔描绘中国成就。

图 3-6-1　“漫绘阅读”2022 年青少年儿童艺术素养提升系列活动之“粤剧面谱专题讲座及体验”

图片来源：广州红线女艺术中心。

图 3-6-2　“漫绘阅读”2022 年青少年儿童艺术素养提升系列活动之“漫话绘岭南　民俗分外美”

图 3-6-3 "漫绘阅读" 2022 年青少年儿童艺术素养提升系列活动之 "大圣斗法：动漫里的悟空 100 年"

图 3-6-4 "漫绘阅读·我的中国故事"——2022 广东青少年儿童美术作品展

图 3-6-5 “漫绘阅读 · 我的中国故事”——2023 广东青少年儿童作品展开幕暨表彰仪式

图片来源：何嘉恒。

四、项目创新与意义

（一）项目创新点

1. 为特殊青少年儿童提供贴心的艺术教育服务及艺术才能展示平台

广州图书馆携手广州市少年宫特殊教育部、广东省慧灵智障人士扶助基金会、广州市社会福利院附属特殊教育学校、广州国际残障人文化交流中心、珠海市特殊教育学校等特教机构，鼓励特殊青少年儿童积极创作，帮助特殊青少年儿童向组委会提交插画、图画书、手绘笔记等创意艺术作品，鼓励其参与为该群体特别设立的“暇之美”及“逆之美”奖项评选。2022 年起，广东省残疾人联合会、广州国际残障人文化交流中心先后担任“漫绘阅读 · 我的中国故事——广东青少年儿童美术创作交流活动”组织机构，为“漫绘阅读”项目开展特殊儿童青少年艺术教育服务提供专业理论指导、培训与经费支持。

“漫绘阅读”项目组通过策划开展艺术工作坊，作品展览、作品导赏等多种艺术阅读推广措施，鼓励特殊青少年儿童通过艺术作品创作记录生活点滴，描绘心中的感受。项目从中发掘特殊青少年儿童的艺术专长，培养其在生活与学习中的自信心，帮助他们的心灵健康成长。

2. 建立有效的社会合作机制，形成稳定的项目合作关系，促进项目发展

广州图书馆秉持平等、开放、公益、共赢的基本原则，与政府部门及各专业领域的社会组织在资源、平台等方面开展广泛合作，打造“漫绘阅读”公共文化服务项目，搭建一个集“征稿、展览、讲座、工作坊、分享会”于一体的青少年儿童艺术素养教育的交流平台。同时整合专业人才、专业指导、活动对象、资金及主题文献推荐等各项优秀资源，进一步凝聚社会合作共识，与合作对象形成较为稳定的合作关系，在互惠互利的基础之上，优势互补，资源共享，注重宣传反哺，提升合作机构在项目中的影响力和知名度。

在建立合作关系前，广州图书馆分析合作双方合作条件与合作差异，对合作风险进行有效评估，逐步完善与落实各项风险防控措施，明确双方责任和义务，提前规避相关风险，全面促进品牌项目纵深发展。

（二）项目意义

一方面，“漫绘阅读”项目活动的持续开展，不仅突出了公共图书馆作为社会艺术教育平台的重要作用，也为“双减”政策的有效执行提供了知识与公共图书馆资源服务保障。另一方面，“漫绘阅读”项目的策划与实施始终立足于阅读。通过各项阅读推广措施，鼓励青少年儿童从文学、音乐、历史、政治、自然科学等阅读资源汲取知识营养，获得创作灵感，通过多种形式的艺术表达，抒发其对世界万物的认知、情感、想象和思考，全面促进公共图书馆艺术教育与阅读推广相互融合。

五、成效与影响

（一）成效

2016 年，广州图书馆“阅创空间 · 青少年艺术坊”服务案例荣获“广州

市未成年人图书服务案例评选”优秀奖和首届“广东省阅读推广案例大赛”三等奖。

2017—2020年，广州图书馆荣获“中国动漫金龙奖少儿美术创作大赛”优秀组织奖。2021—2022年广州图书馆入选“广东青少年儿童美术创作交流活动”优秀组织单位榜单。

2020年、2022年，广州图书馆分别编撰和制作《漫绘阅读——中国动漫金龙奖少儿美术创作大赛成果汇编（2018—2019）》《广东青少年儿童美术作品展暨创作交流活动成果汇编（2021—2022）：漫绘阅读卷》，对“漫绘阅读”项目成果进行了完整的收集与整理，同时画册中也收录了名家作品及组织机构领导人、艺术界名人对项目的寄语。

2022年，广州图书馆“‘漫绘阅读’青少年儿童素养提升项目实践案例”入选“中国图书馆学会学术论文与业务案例征集活动”交流名单，为国内公共图书馆开展同类型艺术教育活动提供经验与借鉴。

（二）影响

截至2022年，《人民日报》、《广州日报》、《羊城晚报》、《南方都市报》、《信息时报》、新浪网、广东广播电视台、星空卫视等新闻媒体在传统媒体平台及网络平台发表“漫绘阅读”项目相关报道近200条，获逾100万人次的公众浏览量。

“漫绘阅读”项目每年如期举办线下及线上展览，2018—2022年，逾20万人次的国内读者观展。其中2019年广州图书馆未成年人漫画创作大赛优秀作品受邀在日本福冈综合图书馆、韩国光州广域市立图书馆展出，超过10万人次读者观展。中华人民共和国外交部、光州中国友好中心、韩国光州广域市立图书馆、广州市人民政府外事办公室等机构网站和凤凰新闻等新闻媒体对该展览进行了报道。

2021年，“漫绘阅读”项目举办“植物带你回家——亲子治愈系艺术展”，作为广州图书馆国庆文化助残系列活动之一，口述影像志愿者张诗逸现场为视障人士描述该展览的作品介绍。新华社App对活动进行了报道，浏览量超过80万人次。

听见乡愁：广州视障人士的国庆文化大餐

2021-10-03 12:59:12　来源：新华社

精彩中国　＋关注

10月2日，口述影像志愿者张诗逸（左）在广州图书馆为视障人士描述展览。新华社记者壮锦摄

新华社广州10月3日电（记者壮锦）“会称西瓜算不算一种本领？”听到这句话，视障人士泽宇的好奇心上来

图 3-6-6　2021 年 10 月，新华社对“漫绘阅读”2021 年青少年儿童艺术素养提升系列活动之“植物带你回家”展览进行报道

六、未来发展

（一）完善社会资源开发及合作机制

“漫绘阅读”项目得以深入发展，有赖于稳定的社会合作关系的建立，以及人才资源与项目经费的固定投入的保证，这样才能保持活动主题、形式的创新性。项目既要不断拓宽影响范围，也要突出重点人群艺术教育服务特色，帮助更多的困境儿童平等享受公共图书馆社会教育服务。“漫绘阅读”项目制定措施，完善合作模式，避免在项目实施过程中因合作关系的暂停或者中断，导致人才与资金投入减少、活动对象发动力及社会影响力减弱等。与此同时，还应致力发掘新的社会合作资源，争取获得更广泛的

政府部门和公益组织等单位的支持。

（二）加强图书馆专业人才投入

如果说读者、文献资源及经费投入是“漫绘阅读”项目发展根基，社会合作是提升项目成效及社会影响力的催化剂，那么具备扎实的图书馆专业素养及各项专业技能的馆员就是提升项目质量的重要保证。图书馆项目组可以在实践工作中发掘具备艺术设计、数字媒体等专业背景的馆员，为热衷于从事艺术教育的馆员提供更多项目实践机会。

阅读启智，美育赋能。“漫绘阅读”青少年儿童艺术素养提升计划从创设至今已取得良好的社会效益，在项目后续发展过程中，力求加强专题资源建设工作，为青少年儿童打造一个平等享受公共图书馆艺术教育机会的平台，同时发挥馆社双方合作优势，真正实现合作共赢，促进项目纵深发展，未来任重而道远。要达到以上目标，“漫绘阅读”项目不仅需要国家及公共图书馆制度层面上的保障，以及社会合作力量、专业技术与人才的支持，更需要实践中的积极探索和经验总结。

案例七　与儿童相约于生命的诗意

——“文学后花园”青少年儿童文学素养提升行动

宋　青

童年是需要故事的。儿童文学研究者梅子涵说：“儿童文学的诞生是给童年的一个现代性的幸福。”那些给孩子讲故事的人，就像是斯蒂文森诗歌里的“点灯人”，他总是在黄昏的时刻扛着梯子走来，和孩子们相约于生命的诗意[①]。公共图书馆的少儿馆员作为儿童阅读“点灯人”，在图书馆的公共阅读空间内，通过开展高质量的文学活动，帮助儿童深入理解文学作品，提升儿童阅读文学的能力，激发想象力，从而带领儿童体会深度阅读的乐趣，让他们真正爱上阅读。

广州图书馆作为城市公共文化服务基础设施的重要组成部分，具有阅读推广、社会教育、文化休闲、公共交流等职能。为满足市民的基本公共文化服务需求，图书馆除了馆藏借阅之外，还需要开展相应的阅读推广服务。据统计，截至 2021 年底，广州图书馆 7—17 岁的中小学生读者注册读者量为 341973 人，占全馆注册读者量的 15.3%。

本文以广州图书馆中小学生文学艺术图书区的“文学后花园”青少年儿童文学素养提升行动（以下简称“文学后花园”）为例，展示在 2013—2023 年间，“文学后花园”针对 7—17 岁的青少年儿童开展 360 余场活动的发展全貌，包括针对中外儿童文学经典、外国名著译本、国际大奖小说、中华古诗词、现代诗等文学内容，采用电影、游戏、微信推送等形式所开展的一系列线上、线下活动，探索公共图书馆儿童文学阅读服务的新模式。

---

① 梅子涵.童年书：文字的儿童文学[M].济南：明天出版社，2011：1-2.

一、案例背景

（一）理论背景：文学可以塑造儿童的心灵

古罗马教育家普鲁塔克说：“儿童的心灵不是一个需要填满的罐子，而是一颗需要点燃的火种。”[①] 美国伊利诺伊大学教授凯伦·科茨说：“我们童年期所接触的文学应被视为塑造主体的关键。”[②] 儿童文学能够激发儿童的想象力和创造力，对于儿童而言，阅读是一场灵魂的旅行。公共图书馆拥有丰富的儿童文学资源和活动空间，开展有针对性的儿童文学阅读活动，既能够培养儿童的阅读兴趣，也能够帮助孩子在文学中塑造自我，健康成长。

儿童文学是个大概念。学者宋文翠在《儿童文学概论》一书中将“儿童文学”定义为“以儿童为读者对象，为满足他们的成长需求而创作的具有独特艺术性和丰富价值的各类文学作品的总称”[③]。她还根据教育程度、审美趣味、文学接受能力的不同，将儿童文学划分为针对3—6岁读者的幼儿文学、针对7—12岁读者的童年文学，以及针对13—16岁读者的少年文学。本文所提到的“文学后花园”项目，主要在广州图书馆的中小学生文学艺术图书区开展，主要针对的是7—17岁的童年文学和少年文学。

和图画书相比，青少年文学的主要受众有所减少，表层原因是其文字量较大、章节较多，很多孩子在从图画书到章节书的过渡阶段就逐渐失去了阅读的兴趣，而深层原因在于小读者随着年龄的增长，孩子课业压力加大，留给深度阅读的时间变短，阅读兴趣、阅读能力都受到了影响。其实，儿童文学有着丰富的精神营养，儿童性格的塑造、人文关怀的形成，都与儿童阅读的书籍息息相关。在这样的背景之下，提升青少年儿童阅读章节书的能力和选择好书的能力，就显得格外重要，这也是公共图书馆阅读推

① 曾媛.公共图书馆儿童文学阅读指导策略探析［J］.图书馆工作与研究，2017（2）：114-117.

② 科茨.镜子与永无岛：拉康、欲望及儿童文学中的主体［M］.合肥：安徽少儿出版社，2010：4.

③ 宋文翠.儿童文学概论［M］.济南：山东人民出版社，2010：2.

广服务的关键发力点。

（二）政策背景：图书馆有社会教育的职能

公共图书馆作为文化传播和社会教育的重要机构，是阅读推广活动的重要引领者和践行者。开展阅读推广，将推广活动当成一种主流服务形式，是国内外图书馆应对信息时代用户需求变化的重大创新[①]。

2018 年实施的《中华人民共和国公共图书馆法》[②]中提到，公共图书馆应开展面向少年儿童的阅读指导和社会教育活动。这为公共图书馆开启少儿阅读推广服务提供了法律保障。国际图联发布的《0—18 岁儿童图书馆服务指南》[③]也指出公共图书馆在支持儿童学会阅读、推广图书和其他媒介方面有其特别的责任。图书馆员应以积极干预的方式增加儿童的阅读自信和乐趣，并为他们提供分享阅读经验的机会，从而促进读者的发展。

（三）时代背景：新时期读者需求的多样化

2021 年 7 月 24 日，《关于进一步减轻义务教育阶段学生作业负担和校外培训负担的意见》[④]（以下简称“双减”政策）正式出台。在此政策之下，青少年儿童的课余时间逐步增加。公共图书馆作为公共文化服务机构，应当以自身阅读资源与专业知识为基础，为青少年儿童提供阅读资源、阅读场所、阅读指导等服务。2023 年 3 月 27 日，教育部等八部门印发的《全国青少年学生读书行动实施方案》[⑤]，倡导广泛全面阅读，要求义务教育学校将读书行动纳入

---

① 范并思. 阅读推广：从创新驱动到制度保障［J］. 图书馆建设，2020（5）：49-52.

② 中华人民共和国公共图书馆法［EB/OL］.［2023-03-27］.https://zwgk.mct.gov.cn/zfxxgkml/zcfg/fl/202012/t20201204_905426.html.

③ IFLA Libraries for Children and Young Aclults Section［EB/OL］.［2023-03-27］.https://www.ifla.org/wp-content/uploads/2019/05/assets/libraries-for-children-and-ya/publications/ifla-guidelines-for-library-services-to-children_aged-0-18-zh.pdf.

④ 中共中央办公厅 国务院办公厅印发《关于进一步减轻义务教育阶段学生作业负担和校外培训负担的意见》［EB/OL］.［2021-07-24］.http://www.moe.gov.cn/jyb_xxgk/moe_1777/moe_1778/202107/t20210724_546576.html.

⑤ 教育部等八部门关于印发《全国青少年学生读书行动实施方案》的通知［EB/OL］.［2023-03-27］. https://www.gov.cn/zhengce/zhengceku/2023-03/29/content_5748940.htm.

“双减”工作，严格控制书面作业总量，为学生阅读创造空间，并在学校课后服务中开设阅读活动项目。还要求学校有效利用图书馆、博物馆等社会公共资源，营造持续深入开展青少年学生读书行动的良好环境和浓厚氛围。

在“双减”政策和“学生读书行动”这样的时代背景之下，公共图书馆如何发挥资源优势，积极主动地为学生提供更丰富、更有效的公共文化服务，是公共图书馆面临的新课题。

二、儿童文学活动的可行性分析

（一）充分发挥文献资源优势

2013 年 6 月，广州图书馆新馆全面开放之初，儿童文学类馆藏约有 10 万册（件）。截至 2023 年 2 月，广州图书馆中小学生文学艺术图书区共有儿童文学类图书 8.2 万种，合计 38 万余册。十年间此类图书馆藏的增长，为馆内举办儿童文学阅读推广活动提供了丰富的文献资源基础。

丰富的馆藏为“文学后花园”活动的开展提供了丰富的儿童文学资源，无论是中外儿童小说、童话、民间故事，还是古诗词、现代诗，都是开展阅读推广活动的必要条件。而像“选对译本，读好书”活动，更是需要足够丰富的译本版本作为支撑，才能够呈现出丰富的活动内容。

（二）阅读推广空间服务能力强

中小学生文学艺术图书区位于广州图书馆南三楼，是 2013 年 6 月 1 日开始对外开放的，特别为 6—18 岁的中小学生服务的功能区。该区域环境舒适，阅览面积 1104 平方米，阅览座位 210 个，开架书架共计 39 列，馆藏文学、艺术类少儿图书近 27 万册，是部门借阅量最大的对外服务功能区。东、西阅览区是相对独立的阅览空间，单场活动最多可容纳 50 人。在阅览区开展阅读活动，可以让未参加活动的读者也拥有旁听体验的机会，吸引更多潜在的读者参加。此外，广州图书馆也会根据活动主题拓展其他活动空间，如“悦读伴岛”、影音播放室、纪录片中心放映室等，满足不同类型读者的需求。

（三）主讲人的文学专业性

“文学后花园”活动的主讲人主要是馆内馆员和馆外的专业志愿者（资深语文教师、阅读推广人等），图书馆还会定期邀请社会力量参与主讲，这在一定程度上保证了活动的质量和专业度。除此之外，中小学生文学艺术图书区现有在编图书情报专业技术馆员 9 名，其中 4 人持中国图书馆学会阅读推广人资格证，4 人持广东省阅读推广人初级资格证，并有 2 名图书情报专业背景馆员，拥有较强的活动组织能力和策划能力，为儿童文学阅读推广项目提供了丰富的人才储备。

三、“文学后花园”项目实施过程

2013 年起，广州图书馆一直不断开拓儿童文学阅读推广的方式。截至 2017 年底，陆续采用的活动形式主要有：“悦赏书影”、儿童文学名家讲座、现代诗歌欣赏及创作。部分活动尝试邀请业内专家、专业教师等社会力量参与，但尚未形成系统的文学活动品牌。2018 年起，经过对往年文学项目的分析与创新，广州图书馆正式将中小学生的文学类活动整合为“文学后花园”。该活动品牌将适合儿童的诗歌、小说、民间故事、外国文学等文学体裁作品进行了系统梳理，逐步推进活动的日常化和品牌化。

图 3-7-1　“文学后花园”品牌 Logo 图

2018—2019年，“文学后花园”主要开展“书影对话”“现代诗歌欣赏与创作”等活动；2020年新增了线上活动子品牌——“选对译本，读好书”“故事里的事”；2021年，“故事里的事”开始探索线下活动，并开展了“故事沙龙”“文学读书会”等活动；2023年初，推出中华古诗词活动品牌“诗书童年”，活动形式包括诗词答题、诗词展览，以及线上活动“趣读诗词”等。

随着活动持续、高质量的开展，“文学后花园”品牌逐渐得到了读者和社会的认可，陆续收到合作邀约。2020—2022年，广州图书馆连续三年参与承办粤港澳中小学生故事大会，让孩子们创作自己的故事，并在舞台上讲述；2022年起，“文学后花园”吸引了市教育部门的关注，广州图书馆先后联合市教育局、市教研院等机构共同举办2022“读红色经典，育文化自信”广州市小学生红色经典主题阅读活动、2023“相约飞花令”古诗词阅读及“诵诗语经典，育少年诗心”主题展览等中小学生年度阅读活动。

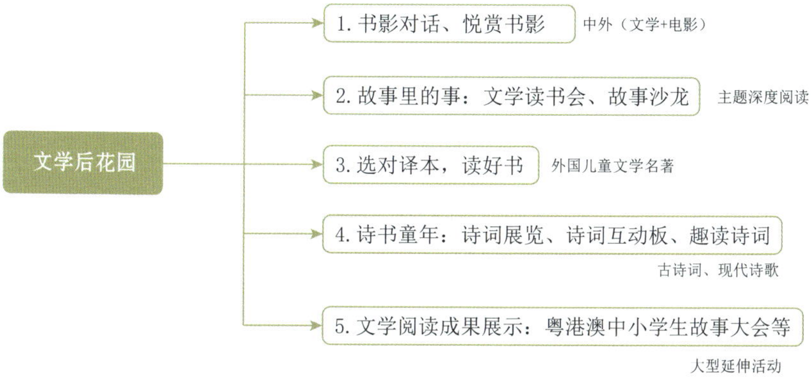

图3-7-2　2023年“文学后花园”品牌项目清单

（一）“文学+电影”模式——“书影对话”“悦赏书影”

除图书资源外，广州图书馆还有很大一部分音像资料馆藏资源。作为视听资源存在的音像资料，是理解文学的重要辅助形式。很多根据优秀的儿童文学故事翻拍出的电影也十分经典。因此，通过视听资源辅助阅读，成为图书馆阅读推广工作的一种新形式。

“文学后花园”品牌建立之前，就有一个将儿童文学和电影相结合的品牌——“悦赏书影”。该活动主要面向 6—12 岁的儿童，由馆员方筱盈主讲，其他馆员和大学生志愿者配合。

2019 年初，“文学后花园”和社会力量深度结合，邀请资深语文教师孟清雅来广州图书馆开展线下活动——“书影对话”。通过看电影片段，读儿童文学原作，引导孩子在书与影的对话中，感受光影与文字的魅力，从而使儿童爱上文学、爱上阅读。

“悦赏书影”“书影对话”均采取“文学 + 电影”的模式开展活动。主讲人会提前准备章节片段作为阅读材料，以阅读引入活动。在读者了解人物关系之后，主讲人播放电影片段。通过观影，读者把想象中的人物和场景具象化。在关键环节暂停播放，主讲人引导读者回到阅读文段中探讨情节，或者思考文字和电影的处理方式异同。互动环节，主讲人会让读者通过绘制思维导图、绘画肖像、描写心理、演绎故事等参与文学作品的延伸创作，引发读者对书籍内容的深度思考，与自身生活深度结合。

2014—2023 年初，“悦赏书影”累计完成了线上、线下文学活动 78 场，约 5501 名读者参与。2016—2023 年 4 月，“悦赏书影”受到媒体报道 52 次，读者关注量 9907 次，累计为读者推荐儿童文学图书 185 本、电影 61 部。

图 3-7-3　2016 年 1 月“悦赏书影”活动——阅读《无字书图书馆》

“书影对话”主要面向8—12岁的小学生读者，2019—2023年初，累计完成线下活动16场；2019年10—12月期间和2020年10—12月期间，“书影对话”走进广州市天河中学，为该校22名12—14岁的中学生开展“馆校合作”的社会综合实践活动10场。

表3-7-1　2019年“书影对话”馆校合作专场活动

序号	活动书籍	活动主题及形式	活动期间	参与人次
1	《战马》	观看电影《战马》	2019年10月	22
2	《杀死一只知更鸟》	观看电影《杀死一只知更鸟》	2019年10—12月	88
3	《杀死一只知更鸟》	学生创作作品展示	2019年12月	22

表3-7-2　2020年“书影对话”馆校合作专场活动

序号	活动地点	活动主题及形式	活动期间	参与人次
1	广州图书馆	观看抗疫纪录片《岂曰无衣》	2020年10月	22
2	广州图书馆	赏读文学作品《安妮日记》	2020年10月	22
3	广州市天河中学	观看电影《夺冠》并讨论	2020年10月	22
4	广州图书馆	观看电影《雨果》	2020年12月	22
5	广州图书馆	赏读文学作品《造梦的雨果》	2020年12月	22
6	广州市天河中学	思考“造梦”，写读后感	2020年12月	22

图 3-7-4　2019 年 12 月，“书影对话”天河中学社会实践课活动现场

（二）主题深度阅读训练——“故事里的事”

文学能够帮助儿童建设自己的精神世界，塑造儿童的世界观、人生观、价值观。2021 年广州图书馆外借文献量榜单中，文学类图书占比为 44.2%[①]，读者对文学作品的兴趣最大。有了阅读兴趣就要培育阅读能力，在儿童文学阅读推广活动中，图书馆应开展深度的阅读活动，陪伴青少年儿童思考阅读内容，培育他们的阅读能力，帮助他们完善自我价值体系，提升他们的综合素质，从而实现自我成长。

2020 年初，“文学后花园”启动了线上活动“故事里的事”。该项目的设立初衷是让 8—17 岁孩子的家长在新冠疫情宅家期间和孩子一起聊聊他们读的文学作品。每期活动选取一本文学作品，从故事中选择一个青少年关心的话题进行讨论，帮助孩子和家长打开沟通之门，建立对话连接。启动初期，项目名称为“用故事和孩子讲那些重要的事儿”，为了方便易懂，一般简称为“故事里的事”。

① 广州图书馆年度报告 2021［EB/OL］.［2023-05-20］.https://www.gzlib.org.cn/gzlibYearReport/200309.jhtml.

截至2023年初，“故事里的事”累计发布线上推文26篇，探讨的话题涉及“友情”“生命”“世界”“自我”“责任”“爱”等多个主题。

表 3-7-3　2020—2023 年“故事里的事”线上主题活动列表

序号	活动主题	活动书目	推送日期
1	最好的友情是什么样？	《青蛙和蟾蜍》	2020年7月25日
2	孩子都需要仪式感吧，证明自己被爱着	《小王子》	2020年9月30日
3	怎样才能赢得他人的尊重？	《木偶奇遇记》	2020年10月31日
4	外形受到歧视怎么办？	《绿山墙的安妮》	2020年11月28日
5	总有一天，要到外面的世界看一看	《借东西的小人》	2020年12月26日
6	你好，初次见面，请多关照	新美南吉的作品	2021年1月16日
7	父母该不该告诉孩子家里不富裕？	《铁路边的孩子》	2021年2月26日
8	有秘密的孩子，一夜长大	《奥莉芙的海洋》	2021年3月20日
9	我喜欢和大人平起平坐的感觉	《亲爱的汉修先生》	2021年4月17日
10	你要施舍的富贵，还是辛苦的自由？	《拉封丹寓言》	2021年5月26日
11	什么样的少年身上，寄托着中国的未来？	《红星照耀中国》	2021年6月19日
12	你有自己的幻想朋友吗？	《我是你的隐形朋友》	2021年9月18日
13	如果孩子偷别人东西，还撒谎，你会怎么做？	《喜乐与我》	2021年11月23日
14	你不一定非要长成玫瑰	《窗边的小豆豆》	2022年5月4日
15	《小妇人》里的家庭教育法则	《小妇人》	2022年5月14日
16	这个举世闻名的“坏小孩”，教我把无聊变有趣	《汤姆·索亚历险记》	2022年6月5日
17	生活中有什么值得坚守的誓言？	《波兰吹号手》	2022年7月23日

续表

序号	活动主题	活动书目	推送日期
18	如何让孩子理解幸福、了解幸福?	《青鸟》	2022 年 8 月 20 日
19	“霍格沃兹”里的考试那些事儿	《哈利·波特与凤凰社》	2022 年 8 月 24 日
20	关于教师，你读过的最富有想象力的作品是?	《乡村教师》	2022 年 9 月 10 日
21	有一种离开是为了回来	《芒果街上的小屋》	2022 年 10 月 5 日
22	要卷，还是要自由?	《海蒂》	2022 年 11 月 2 日
23	成长从失去开始，但不会以失去告终	《我的爸爸在火星》	2022 年 11 月 12 日
24	如果可以选择，我会好好和你说再见	《天蓝色的彼岸》	2022 年 12 月 10 日
25	生命是一场漫长的告别	《萨姆的八个愿望》	2023 年 3 月 4 日
26	听说神不能无处不在，所以创造了妈妈	《妈妈的银行账户》	2023 年 5 月 13 日

从 2021 年起，“故事里的事”开始通过文学读书会、故事沙龙等形式开展线下活动。故事沙龙主要面向 6—9 岁的孩子，从中国和世界各地的民间故事中选取一些故事，开展沙龙小剧场活动，邀请小读者阅读故事、演绎故事，从故事中学会思考，了解几千年流传下来的那些朴素的人生道理。文学读书会主要由馆员担任主讲人，向 8—12 岁的读者介绍优秀的儿童文学故事。每期深入探讨一个主题，让孩子通过读书会学会思考生命的主题。

图 3-7-5　2020 年 8 月，“故事里的事”线下活动：《绿野仙踪》——你最重要的事情是什么

（三）感受文学语言的张力——“选对译本，读好书”

图书馆选择译本的视野和眼光，决定了馆藏外国儿童文学汉译本的品质和影响力。在公共图书馆里，作者去世五十年以上、进入公共领域的外国文学名著，都有着好几种译本，不同的译本选择，影响着读者对这本书的解读。优秀的译作具有言语的张力，正如朱光潜先生所说：“在文字上推敲，骨子里实在是在思想情感上推敲。”[①] 对于同是优秀译作的儿童文学作品，读者可以经过文字的推敲后，选择适合自己阅读口味的译本作品。这就需要图书馆教给读者一些基本的挑选方法。外国儿童文学名著在中小学生文学艺术图书区的馆藏译本纷繁复杂，不同译者、不同出版社、不同年份的书籍，版本质量也不同。帮助小读者在挑书选书时，从馆藏中选到适合自己的、较高质量的图书，是公共图书馆阅读推广的职责之一。

2020 年初，“文学后花园”推出线上活动“选对译本，读好书”。在推

① 叶娟.深度阅读：儿童文学阅读指导的价值指向［J］.七彩语文，2022（12）：85-88.

文中，馆员依据名家译者、出版社、全译本等多个原则，从馆藏中挑选出较为优质的5—6个中译本，并筛选几个文段进行译本对比分析。读者可以挑选最符合自己阅读口味的译者，并在推文中进行投票，通过投票和留言的方式，参与译本互动，使活动达到阅读推广的效果。“选对译本，读好书”活动会每年在广州图书馆官方微信公众号进行年终书目盘点，如发布《2020年读者喜爱的童书译本》，将读者票选出的优秀译本以榜单的形式发布，同时公布书籍的馆藏信息，供其他读者参考借阅。2020—2023年初，微信公众号累计推出38篇推文，阅读量超过17352次。

图3-7-6 2021年“选对译本，读好书”线上活动推文

通过发布线上推文得到读者的留言和投票反馈，“选对译本，读好书”积累了一批外国文学书目的优秀译本，这使馆员在中小学生文学艺术图书区的日常咨询服务中，能够简单直接地帮助读者挑选优质译本。尤其是在寒暑

假期间，外国文学名著的借阅量显著提高。图书馆未来也可以将优质译本的复本纳入采编计划。

（四）给孩子的诗歌课——“诗书童年”

孩子都是天然的诗人。儿童文学中有一个文学类别是诗词，诗词又分为古诗词和现代诗。公共图书馆有推广传统文化的职责，也有引导审美阅读的功能。2016—2019 年间，中小学生文学艺术图书区与社会力量合作，以现代诗的启蒙和创作为主，开办了“诗歌欣赏及创作”系列活动，活动邀请诗歌领域的从业者为孩子们带来读诗词、做手工的活动。

图 3–7–7　2016 年 11 月“诗歌欣赏及创作”活动

2023 年，馆员开始探索古诗词的阅读推广活动路径，创立了中小学生诗词活动品牌——“诗书童年”，在节假日通过诗词展板邀请读者现场填诗词；和中小学校合作，开展全市联动的大型诗词展览，让孩子们认识诗词、沉浸于诗词，在熏陶其内心的同时传承古典文化。“诗书童年”开展活动方式分为以下几种：

1. 诗词展览

广州图书馆利用自身的空间资源和馆藏资源，开展线下主题诗词图书展。2023 年 4 月，在中小学生文学艺术图书区阅览空间内举办“诗书童年 · 有故事的诗词”图书展，为读者展示与诗词有关的故事，推荐好玩的诗词图书。同时，举办配套研学活动“图书馆小使者”。2023 年，“诗书童年”和广州市语文教研院合作举办大型诗词类展览“诵诗语经典，育少年诗心”主题阅读活动优秀作品展暨“诗语 · 诗心”游园活动。

图 3-7-8　2023 年暑假，“诵诗语经典，育少年诗心”主题阅读活动优秀作品展暨“诗语 · 诗心”游园活动在广州图书馆负一层展厅举行

图片来源：广州市教育研究院。

2. 诗词互动板

广州图书馆以节假日为契机，以春夏秋冬为脉络，在阅览空间内放置一块诗词互动板，邀请读者填写相关诗词，张贴在诗词板上，参与读者可以获取小礼物。2023 年春节，广州图书馆举办诗词园游会，邀请读者写下和“春”有关的诗句，活动受到读者的喜爱。

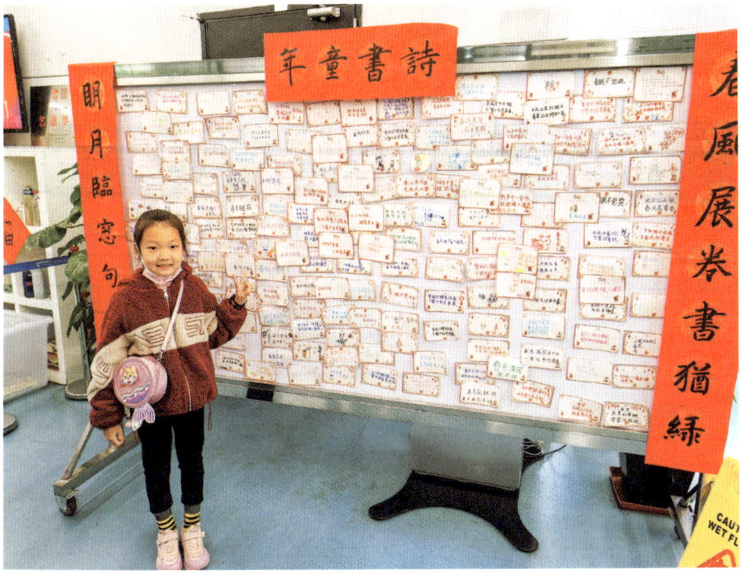

图 3-7-9　2023 年春节，小读者在“诗书童年”诗词互动板上写和“春”有关的诗词

3. 趣读诗词

广州图书馆每隔两个月开展一期的线上诗词活动，从有趣的角度解读诗词。通过留言小游戏，与读者开展互动。目前活动推出两期，每期的留言区都有读者热情参与。

（五）文学阅读成果展示——大型延伸活动

文学阅读活动是一个从输入到输出的闭环。“老师讲—学生听—学生展示—老师评价”，是一个良性循环的阅读环节。“文学后花园”除了以主讲人为核心开展活动，还鼓励青少年读者在阅读后进行自主创作，通过开展阅读征稿、成果展览等活动，为读者搭建阅读成果展示平台，从而鼓励青少年儿童进一步延伸阅读。例如 2019 年至 2022 年连续四年举办的“粤港澳大湾区中小学生故事大会”，以及 2022 年“读红色经典 · 育文化自信”广州市小学生红色经典主题阅读活动优秀作品展。

“粤港澳大湾区中小学生故事大会”是由广州市文化广电新闻出版局主办的中小学生文学活动，以粤港澳大湾区的发展为蓝图，凝聚粤港澳大湾区青少年力量，将传统文化与现代文化有机融合，鼓励孩子们在舞台上展示自己的故事和风采，通过演讲故事，更进一步展示自己的阅读成果。

图 3-7-10　2020 年，“粤港澳大湾区中小学生故事大会”活动现场

图片来源：广州尚扬文化传播有限公司。

“读红色经典·育文化自信”广州市小学生红色经典主题阅读活动优秀作品展，是 2022 年国庆假期期间广州市教育研究院与广州图书馆共同举办的大型红色主题展览。该展览面向广州市所有的小学生征集红色经典故事手工书，这些小学生将自己对革命文化的理解，以手工书的形式投递作品。国庆假期期间，这些作品在广州图书馆展出。

图 3-7-11　2022 年 10 月，“读红色经典·育文化自信”红色手工书作品展现场

四、项目亮点

（一）形式服务于内容，发挥馆藏优势，回归阅读本身

项目在开展阅读推广工作时，注重用读者乐于接受的新媒体形式，快速和读者产生连接，但最终活动推广的是服务与内容，是要回归到阅读本身的。如“选对译本，读好书”是基于大量的图书馆馆藏译本开展的活动，对于读者而言，从庞大的馆藏资源中找到自己心仪的译本是需要耗费一定精力的，馆员通过专业手段开展该活动，有助于帮助读者回归到借阅本身，同时也能发挥馆藏优势，不只是介绍好书，更让读者学会自己选书，享受阅读本身的乐趣。

（二）活动涉及的文学类型丰富，对象覆盖中小学生全年龄段

“文学后花园”活动的书目包括中外各类文学形式，如国际大奖小说、散文、民间传说、古诗词、现代诗等；活动品牌的设计也涵盖了多种文学类

型，覆盖不同年龄段的孩子。“故事里的事”有针对6—9岁孩子的“故事沙龙”，也有针对8—12岁小读者的“文学读书会”；“书影对话”日常活动是针对8—12岁的小学生，而进校园的定制活动是针对12—14岁的中学生；“诗书童年”诗词互动板面向6—17岁所有能背出诗词的小读者。项目力图让每个年龄段的孩子都能参加活动，享受文学的乐趣，有效地解决了“国际公共图书馆界普遍面临的‘7岁后消失的读者’这一突出问题”①。

（三）利用新媒体开展活动，实现形式上的创新

当今时代的青少年儿童，一出生就面临着互联网时代的挑战。他们在学龄前已经基本掌握了iPad、手机、电脑等多媒体工具的操作方法。在新媒体的冲击之下，儿童的生活和精神面貌都在发生变化，爱看书的孩子越来越少，通过网络获取精神滋养的孩子越来越多。在这样的新媒体环境下，儿童文学阅读活动必须要做出改变才能吸引儿童的参加。“文学后花园”品牌是在这样的环境下诞生的。“书影对话”“悦赏书影”结合电影视听语言一起为读者讲故事；“故事里的事”“选对译本，读好书”“趣读诗词”都是在微信公众号发布内容，通过读者的投票、留言等形成反馈互动。这是新媒体应用在图书馆阅读推广工作的创新体现。

（四）馆校合作，探索图书馆整本书阅读的模式

近年来，图书馆作为非正式学习的重要场所，其拥有的丰富的馆藏资源、开放的学习空间、多样的学习方式、多元化的教育目标、生活化的真实体验、社会化的情境创设，均能够在一定程度上补偿学校教育的缺憾②。广州图书馆“十四五”规划指出，要充分发挥图书馆的阅读推广主体职能，深度对接中小学校素质教育需求，联动学校、教育培训机构等开展多元化合作，扩大服务覆盖面。“书影对话”的进校园定制课程，做出了一次“馆校合作”的探索性尝试，为天河中学文学社的22个孩子定期分系列开展文学阅读活

① 范并思.拓展图书馆未成年人阅读服务［J］.图书与情报，2013（2）：2-5.

② 赵慧勤，张天云.基于学生核心素养发展的馆校合作策略研究［J］.中国电化教育，2019（3）：64-71.

动，每年 6 次课程，每次和孩子共读一本书。这次合作也让“文学后花园”开始探索馆校合作开展文学阅读推广合作的方式。未来，项目会尝试为爱好文学的孩子开发系统课程，探索整本书阅读的模式。

（五）馆员在活动中发挥专业性，规划馆员的成长路径

公共图书馆开展阅读推广活动，一直以来较为依赖社会外部力量，通过专家导师的合作开展专业的阅读推广活动。“文学后花园”旗下的活动，除“书影对话”是非馆员导师外，其余子品牌主要依靠馆员自身的力量开展活动。让馆员亲自担任主讲人和撰稿人，不仅可以更加直接地了解读者的阅读需求和兴趣，更是馆员专业化成长的需要。图书馆打造一支擅长开展儿童文学活动的专业团队，才能够更有针对性地开展儿童阅读推广服务，也能够应对外部力量的风险。

五、成效与影响

（一）服务成效：从“无人问津”到“一票难求”

自 2018 年活动开展以来至 2023 年初，“文学后花园”的反馈表从最初的由家长填写，改为由参加活动的小读者本人填写，大多数参与文学活动的读者在反馈表中表示非常满意、非常喜爱。好评率最高的为观影环节、阅读环节，也有读者表示十分期待下一场活动，并将自己喜欢的书列入下一场活动的书目推荐。有的家长表示，“文学后花园”活动陪伴小读者从小学进入中学，塑造了孩子的品格，也培养了孩子的同理心和正确的价值观，部分家长表示会继续将活动推荐给身边的朋友。

除了回应家长的反馈，活动经过精心策划和不断复盘，活动参与度也有了明显提升。“文学后花园”每场活动参与人数都固定在 20 人左右，最初报名的只有 3 人，发展到后来，25 人报满后仍有读者打电话咨询报名情况。经历了时间的洗礼，“文学后花园”受到了越来越多读者的青睐，也将文学的种子种在了更多孩子的心里。

（二）社会影响：业界认可，媒体关注

“文学后花园”自开展以来，大大提升了馆藏儿童文学资源的利用率，通过线上、线下的联动输出，为读者提供全方位、立体的阅读线索，让想要阅读文学、喜爱阅读文学的读者，变成会选书、会阅读的专业读者。同时，打通了家长和孩子在沟通中的壁垒，创造了亲子交流的话题。此外，项目包含众多文学作品的形式，提升孩子文学阅读的丰富度，帮助孩子在各种类型的书籍中找到阅读的突破口。

以“诗书童年”为例，该品牌为孩子提供打开古诗词之门的钥匙，用趣味性的活动引导孩子爱上古典诗词，爱上传统文化。经过品牌梳理之后，“诗书童年”在2023年春节期间开展的“新春诗词板”受到了广东广播电视台的关注和报道。而“粤港澳大湾区中小学生故事大会”、“品读红色经典，漫行阅读长征”系列活动、“读红色经典·育文化自信”广州市小学生红色经典主题阅读活动优秀作品展等大型文学活动，更是收获媒体的大量报道和好评。

“选对译本，读好书”活动在“广图少儿”微信公众号推出后，除了收到读者的正面反馈，还收获了一批媒体和同行的喜爱，活动推文陆续被“花城小语”（广州市小学语文教研组官方公众号），以及兴化图书馆、韶关市图书馆等同行公众号转载。

六、项目发展规划

经过五年的沉淀，“文学后花园”今后将延续线上、线下活动的优势，充分发挥馆员的专业性，继续打造更细分的文学领域，开展更加优质的儿童文学阅读活动。

（一）推动活动自身高质量发展

“文学后花园”目前的线下活动形式还较为单一，除了常规的读书会之外，以孩子为讲述主体的活动还较少开展。应该开拓更加丰富的阅读活动

方式，如阅读沙龙、阅读剧场、名家对谈等，让更多样的活动丰富读者的生活。在探索新的活动形式的同时，注意推动儿童文学阅读的系统性。未来，“文学后花园”将尝试打造系统的整本书阅读课程，和读者建立持续的阅读链接，更好地观察和检验文学活动对孩子的阅读习惯、阅读能力、思想品格的持续影响。

（二）扩大文学阅读服务的覆盖面

“文学后花园”将依托广州市公共图书馆服务体系，精心打磨活动品牌课程，争取走出中心馆，延伸到各区分馆、社区图书馆等，由点及面地推动项目的体系化进程。在未来项目开展的过程中，注意保留每一场活动的活动档案，记录活动流程和环节，整理成册，形成可复制的活动教案，从而推动“文学后花园”的优质服务覆盖到更广泛的读者群体。

（三）多方联动，持续推动“馆校社”合作

“文学后花园”将继续探索“馆校社”三方联动的阅读推广合作模式，三方相互配合、优势互补，合作开展面向青少年儿童的教育活动。通过“馆校社”合作，共同构建文学主题课程、共同设计阅读活动、共同搭建学习平台、共同打造教学团队、共同实施阅读指导，探索出一种科学的、可操作的合作模式，实现图书馆教育对学校教育的有效补充，促进图书馆社会教育职能的发挥，最终为培养青少年儿童的核心素养服务。

（四）打造专业的导师团队，持续输出精品课程

广州图书馆要打造专业的儿童文学阅读推广导师团队。除了资深语文教师、阅读推广人等专家和社会力量的参与外，还要有一批稳定的、高质量的馆员导师。在未来的服务中，馆员除了需要培养自己的儿童本位思想和同理心外，还要注意提升儿童文学素养，阅读大量的儿童文学经典，具备经典书籍的分辨能力、主题书目选择能力。同时，图书馆还要加强针对馆员阅读推广能力的培训，加强馆员的文学活动阅读推广综合能力，为“文学后花园”品牌积蓄可持续发展的人才力量。

案例八　用书籍的厚度丈量更远的远方

——“书及远方”广州图书馆中小学生研学项目

陈思航

2018 年 10 月，《文化和旅游部办公厅关于做好冬季旅游产品供给工作的通知》提出：“要深度挖掘地域性和民族性节庆中的文化内涵，推出一批具有地方文化传承、传统文化展示、历史文物展览、科普科学宣教等特色文化和旅游融合的产品，把博物馆、图书馆、美术馆、文化馆、古籍展示馆、非物质文化遗产传习所等文化场所纳入旅游线路。”[①] 2021 年 4 月文化和旅游部印发的《“十四五”文化和旅游发展规划》提出，要开展国家级研学旅行示范基地创建工作，推出一批主题鲜明、课程精良、运行规范的研学旅行示范基地[②]。

2016 年 11 月，教育部等 11 部门印发的《关于推进中小学生研学旅行的意见》指出，中小学生研学旅行是学校教育和校外教育衔接的创新形式，是教育教学的重要内容，是综合实践育人的有效途径。有利于推动全面实施素质教育，创新人才培养模式，引导学生主动适应社会，促进书本知识和生活经验的深度融合；有利于加快提高人民生活质量，满足学生日益增长的旅游需求，从小培养学生文明旅游意识，养成文明旅游行为习惯[③]。

---

① 文化和旅游部办公厅关于做好冬季旅游产品供给工作的通知[EB/OL].[2023-05-20].https://www.gov.cn/govweb/xinwen/2018-11/02/content_5336748.htm.

② “十四五”文化和旅游发展规划[EB/OL].[2023-05-20].https://www.gov.cn/zhengce/zhengceku/2021-06/03/content_5615106/files/2520519f03024eb2b21461a2f7c2613c.pdf.

③ 教育部等 11 部门关于推进中小学生研学旅行的意见[EB/OL].[2023-05-20].https://www.gov.cn/xinwen/2016-12/19/content_5149943.htm.

2017 年 9 月教育部关于《中小学综合实践活动课程指导纲要》[①] 提出："综合实践活动是从学生的真实生活和发展需要出发，从生活情境中发现问题，转化为活动主题，通过探究、服务、制作、体验等方式，培养学生综合素质的跨学科实践性课程。"并进一步明确中小学生综合实践的目标为价值体认、责任担当、问题解决、创意物化。强调体验、体悟、体认，"在全身心参与的活动中，发现、分析和解决问题，体验和感受生活，发展实践创新能力"。2018 年和 2019 年，广东省教育厅等 12 部门[②]、广州市教育局等 9 部门[③] 也相继出台关于推进中小学生研学旅行的实施意见，提出研学的工作目标：要注重因地制宜，突出广东特色；实现"寓教于游""寓学于游"；做到立意高远、启迪深刻，实践导向、注重体验。并提出四大原则：教育性原则、实践性原则、安全性原则、公益性原则。

公共图书馆作为公共文化服务体系建设中的重要阵地，开展研学旅行实践探索和服务，是积极响应文旅融合发展的重要体现，也更能展现其优秀文化传播价值与社会意义。《广州图书馆 2021—2025 年发展规划》中策略 9"系统优化服务供给，促进未成年人阅读"的第 54 项行动方案提出："充分发挥阅读推广主体职能，深度对接中小学校素质教育需求，联动学校、教育培训机构等开展多元化合作，扩大服务覆盖面。"[④]

综上所述，为促进学生健康成长和全面发展，引导学生主动适应社会，促进书本知识和生活经验的深度融合，发挥图书馆立德树人的社会教育职能，2021 年起，广州图书馆正式开展中小学生研学项目的研究开发工作。项目初始，项目组对相关政策和文献进行研读，面向全广州市，特别是图书馆周边社区学校进行了问卷抽样调查和电话访谈，在充分学习和调研的基础

① 中小学综合实践活动课程指导纲要[EB/OL].[2023-05-20].https://www.gov.cn/xinwen/2017-10/30/content_5235316.htm.

② 广东省教育厅等12部门关于推进中小学生研学旅行的实施意见[EB/OL].[2023-05-20].http://edu.gd.gov.cn/gkmlpt/content/2/2104/post_2104269.html#1621.

③ 广州市教育局等9部门关于推进中小学生研学旅行工作的实施意见[EB/OL].[2023-05-20]. http://jyj.gz.gov.cn/gk/zfxxgkml/bmwj/qtwj/content/post_4195643.html.

④ 广州图书馆2021—2025年发展规划[EB/OL].[2023-05-20].https://www.gzlib.org.cn/devplan1/203908.jhtml.

上，结合图书馆文献资源和场馆空间优势，紧密围绕“阅读”关键词，逐步探索出一条适合图书馆可持续发展的研学服务新路径，并开展了“书及远方”广州图书馆中小学生研学项目（以下简称“书及远方”广图研学）。

一、项目开发与实施过程

我国具有教育意义的场馆建设越来越丰富，博物馆、纪念馆、科技馆、艺术馆、生态教育馆等场馆层出不穷，成为研学旅行的最佳选择。相较于这些场馆，公共图书馆拥有丰富的文献资源、主题场馆空间资源。如何有效利用现有资源，在课程设计上不断迭代优化，设计出一套科学合理的、知识性和趣味性兼容的研学课程，增强项目对中小学生的黏性，是值得深度思考和探索的课题。

（一）制定项目指导性总方案，明确目标和定位

项目建立了一套清晰的指引性总方案，对项目定位、课程内容、研学形式、实施规范等做了明确的制度性指引。

1. 明确项目定义

“书及远方”广图研学是适应现代教育和旅游发展新趋势、文旅融合发展新要求，以公益性、教育性、实践性、安全性为原则，以受众需求为导向，以提升中小学生阅读兴趣、阅读能力、培养价值体认、责任担当、问题解决、创意物化等综合素养为目标，以图书馆文献资源和空间资源服务为依托，以图书馆馆员为核心，社会合作为补充，充分发挥公共图书馆社会教育和阅读推广职能作用，将研究性学习和探索性体验相结合的项目。“易参与、易体验、易收获、易实现”的“图书馆 +”研学项目，是广州图书馆为读者搭建的跨学科的学习与实践平台。

2. 组建团队

为使课程内容和形式更立体化和多元化，项目搭建了以阅读推广馆员为主，社会专业力量为补充的专业导师队伍，明确了职责分工、绩效考核、沟

通协调等管理制度[①]。

3. 明确服务对象

研学服务主要面向中小学生，研学内容以常规课程和学校团体定制课程相结合，以广州图书馆为中心，服务覆盖中心图书馆周边中小学生群体，同时向体系内各级服务网点，以及边远学校复制和延伸，使项目覆盖面更广泛，影响力更深远。

（二）以内容为抓手，做好课程体系建设

1. 确定研学课程主题方向

研学之核心是研学课程体系建设。图书馆的每一种资源、每一个特色主题空间都可转化为研学题材，具有可研可学的价值。在课程内容方面，项目发挥图书馆文献资源全学科特色和主题场馆空间优势，以阅读为核心，对标教育部研学政策要求，参照《广州市中小学生研学实践教育基地、营地申报条件》[②]设置了八大主题板块，并在其中的“劳动教育”板块下，特别设置了以图书馆素养教育为核心内容的“图书馆素养提升与职业体验”系列课程，内容包括阅读兴趣和能力培养、图书馆知识普及与应用、图书馆职业教育与实践等。

八大板块包括：传统文化（如岭南文化、南粤驿道文化、非遗文化、中华传统美德等）；革命传统教育（如爱国主义、革命历史、红色文化等）；国情教育（如乡土乡情、市情区情、广州文化等）；国防科工（如国防教育、科普教育、科技创新等）；自然生态（如自然景观遗产、环境保护等）；劳动教育（如工匠精神、劳动习惯、劳动实践、职业体验、职业规划、职业道德、就业意识等）；生命与安全教育（食品安全、交通安全、健康教育、普法教育、未成年人保护、心理健康教育等）；财商教育（投资理财知识、理财规划、供求科学、公司运营、金融知识、税务知识、货币知识等）。

---

① “书及远方”广图研学项目组成员：李慧敏、招建平、陈思航、宋昀真、方筱盈、陈思任、邓杰明、周文绚、冯蕾、宋青、洪骏、吕满钊、潘京花。

② 广州市中小学生研学实践教育基地、营地申报条件［EB/OL］.［2023-05-20］.http://jyj.gz.gov.cn/yw/tzgg/content/post_8145265.html.

项目在上述八大主题板块框架下，设不同分主题，每一个分主题下设多个单元，形成完整的课程体系。目前，在上述八大板块基础上，广州图书馆结合本馆现有阅读推广服务品牌，重点打造三大主题精品课程：劳动教育板块的“见圜识广”系列课程、国情教育板块的“阅游羊城”系列课程、传统文化板块的“粤读剧目”系列课程，并以此为范本，逐步拓展其他主题的精品课程设计。

2. 丰富课程形式，严格落实“研 + 学”

课程目的是帮助学员学会学习、探究思考、合作交流、解决问题，培养他们的社会参与能力和创新意识。教育部等 11 部门印发的《关于推进中小学生研学旅行的意见（2016）》特别指出应避免“只旅不学”或“只学不旅”现象，因此要避免走马观花式地逛场馆、看展览、听讲解。广图研学课程设计遵照严格意义上的“研究性学习”，注重参与性、研究性和创造性，将学习、探究、体验、创作、展示、评价、激励等基本要素和环节贯穿于活动全程，在探索和实施过程中，逐步向严谨化、规范化发展。

项目组特别针对研学课程制定了课程设计模板，包括课前导入、学习探究、互动体验、创作展示和活动评价五大环节，每一个环节之间可以进行交互，互相渗透，过程中可融入游戏、表演等形式，可鼓励学员分组协作完成以增强课程趣味性和培养学员团队合作精神。

①课前导入：导师向活动参与者介绍学习目标、活动安排、活动规则、注意事项等，并进行安全意识教育。这一环节起到活动暖场、明确活动目标要求、保障活动秩序的作用。

②学习探究：导师向学员普及相关知识及技能，学员通过学习课程内容，学会提出问题，开展讨论、思考、思辨，进行知识延伸。导师充分激发其探索和求知欲，引导学员学会学习、探究思考，鼓励学员发现、提出、分析和解决问题，学会归纳总结提升。这一环节，学员可以按照导师发放的学习单或学习任务表，有目的地开展学习。

③互动体验：学员在导师指导下，参与场景式体验，培养社会参与、合作交流、人际交往能力和责任意识。如图书馆职业体验课程，带领学员体验图书分类与检索、文明导读、图书馆规则宣传、图书修补、文献导读等工

作，其中可穿插游戏环节，增加趣味性和挑战性。

④创作展示：学员根据学习的收获、感想，完善最后的研学任务，这也是创意物化的过程。任务可根据课程内容和学员年龄，设计多种形式和不同的难易程度。学员可通过分组讨论、创作和成果展示，分享自己或团队的感想和成果，锻炼语言表达、写作、创新能力。此环节能充分体现学员的人际交往与合作能力、个人责任感和集体荣誉感，导师需要照顾学员的个性差异，给予每个学生平等的机会，使每个学生都获得成功的体验，以建立学员自信。

⑤活动评价：评价从多视角切入，并渗透在活动实施过程中。具体包括学员自评、互评，导师评价以及学员或家长对课程的反馈，以保证研学课程的系统性和完整性。项目组制定了评价量表模板，并根据每一场活动做个性化调整，使评价既有核心和重点，也有动态调整的空间，保持评价项目的基本一致性和可比性。评价表设置选择题和开放式问题。开放式问题让学员可以根据自己的想法作答，因而更具创新和创意，更能反映个性化思考和意见。其中学员自评和互评，能使学生既有机会对自己的研学情况进行反思，又能表达对同学的看法；导师评价是对标教育部《中小学综合实践活动课程指导纲要》中“课程评价主张多元评价和综合考查”，对学员的学习过程、表现或研学成果进行评价分析，尊重个性差异、鼓励多元发展，建立以质性评价为主的科学评价机制；学员或家长对课程的反馈，包括课程设计总体满意度、主题吸引度、流程清晰度、活动趣味性、环节合理度、导师团队满意度等，这能为项目的升级优化提供意见和建议，用以项目反思与总结，考核活动成效和升级优化活动设计，提升活动质量。

（三）加大品牌宣传力度

项目建立了专门的研学空间，设计了专用旗帜、横额、肩贴、胸卡，印制了宣传折页和课程海报，在课程前后为学员精心策划启动和结班仪式，并通过官网、微信公众号、短视频、抖音、微博、直播等新媒体渠道宣传。一系列规范化和标志性操作，有助于增强学员集体荣誉感、项目辨识度和公众认可度。

二、项目实施成效

（一）项目实施情况

在相关政策和规范的指导下，结合受众服务需求和图书馆服务特点，项目围绕八大主题板块开展了多主题多形式的研学活动，并以传统文化、国情教育、劳动教育三大主题板块为重点打造精品课程，初步搭建了三大研学课程体系。

传统文化板块的“粤读剧目”系列课程，是以联合国教科文组织人类非物质文化遗产、岭南传统文化典型代表——粤剧文化为抓手，分析剧本写作背景、人物形象特征、剧情发展，以及粤剧四功五法等专业知识，并以折子戏模拟对白、四功五法体验、面谱绘制为呈现形式的一套课程。目前已开设“刁蛮公主戆驸马”“搜书院”“山乡风云”等课程。

国情教育板块的“阅游羊城”系列课程，是以广州地域文化传承为抓手，依托图书馆丰富的地方文献资源，带领学员学习如何挖掘和利用特色馆藏资源，以参观或徒步的方式领略广州城市风貌，探索这座城市的前世今生，并以二次文献或手绘笔记等为呈现形式的一套课程。课程包括“当《广州大典》偶遇《老广新游》”和“走读广州”两个系列。前者特邀广州文献典籍《广州大典》资深编辑赵晓涛博士和城市绘本《老广新游》编辑王大欣为导师，从编辑的角度带领学员探讨广州市风土人情，并从典籍中追根溯源，每一期课程都围绕一个话题开展。后者“走读广州”系列带领学员行走在图书馆、博物馆或是广州城内大街小巷，探访具有广府文化特色的场馆、藏品和古迹，目前已开设“走读十三行”“走读旧东山”“走读镇海楼”等课程。

劳动教育板块的“见圕识广”系列课程，是以图书馆素养教育和图书馆员职业教育为抓手，带领学员学习图书馆相关知识和业务，学习如何更好地利用图书馆资源和服务，培养学员的阅读兴趣和阅读能力，养成良好的图书馆职业意识和职业精神，并以图书馆员职业体验为呈现形式的一套课程。

课程包括“图书馆大不同”“书的前世今生”“不一样的馆藏”“索书号的秘密”“玩转信息检索”“阅读与礼相伴”“图书馆小使者”七个单元。最终以学员体验阅读推广员、咨询导读员、图书管理员、图书馆讲解员等岗位呈现研学收获。

从 2021 年项目正式启动至 2023 年 6 月，项目围绕八大主题板块，共举办了研学活动 27 期，参与者 1571 人次，完成研学任务 476 项。

图 3-8-1　2021 年 7 月 20 日，“书及远方”广图研学第一期课程“粤剧变变变”在红线女艺术中心启动

图 3-8-2　2021 年 11 月 7 日，自然生态板块的“拿起望远镜去观鸟”课程中，学员在观鸟

图 3-8-3　2022 年 1 月 3 日，劳动教育板块的“小小馆史讲解员”课程中，学员在搜集编写讲解素材

图 3-8-4　2022 年 6 月 18 日，传统文化板块的“刁蛮公主戆驸马”课程中，学员体验粤剧戏服与表演

图 3-8-5　2022 年 7 月 8 日，国情教育板块的“寻找广图里的广府文化”课程

图 3-8-6　2022 年 8 月 20 日，国情教育板块的“当《广州大典》偶遇《老广新游》”课程系列之“广州十三行”

图 3-8-7　2023 年 5 月 14 日，劳动教育板块的“见圕识广”系列课程之“图书馆大不同 · 广州白云区图书馆”

图 3-8-8　2023 年 6 月 3 日，国情教育板块的“当《广州大典》偶遇《老广新游》”系列课程之“镇海楼”

图 3-8-9　2023 年 6 月 23 日，国情教育板块的“走读旧东山”课程

（二）受众参与度高，反馈良好

项目组定期面向中小学生、家长及学校开展活动满意度调查分析，回收研学反馈表 527 份（含学员及家长反馈），反馈表从研学的选题、课程设计及活动流程、导师教学、综合满意度等几个方面进行调查，其中选题满意度 93%，课程设计满意度 93.3%，导师教学满意度 93.9%，综合满意度 95.4%。以上满意度数据均高于广州市研学基地每年抽样调查平均满意率指标，同时也高于广州图书馆年度绩效目标值。

广州图书馆、社会合作方、新闻媒体等单位发布与“书及运方”广图研学相关的活动报道共计 70 余篇次，公众访问达 5 万余人次。研学课程不仅吸引许多公开招募的读者，还吸引了广州市各中小学校的主动邀约，包括天河区龙口西小学、天河区昌乐小学、天河区第一小学、白云区华师附中实验小学、越秀区铁一小学等学校。

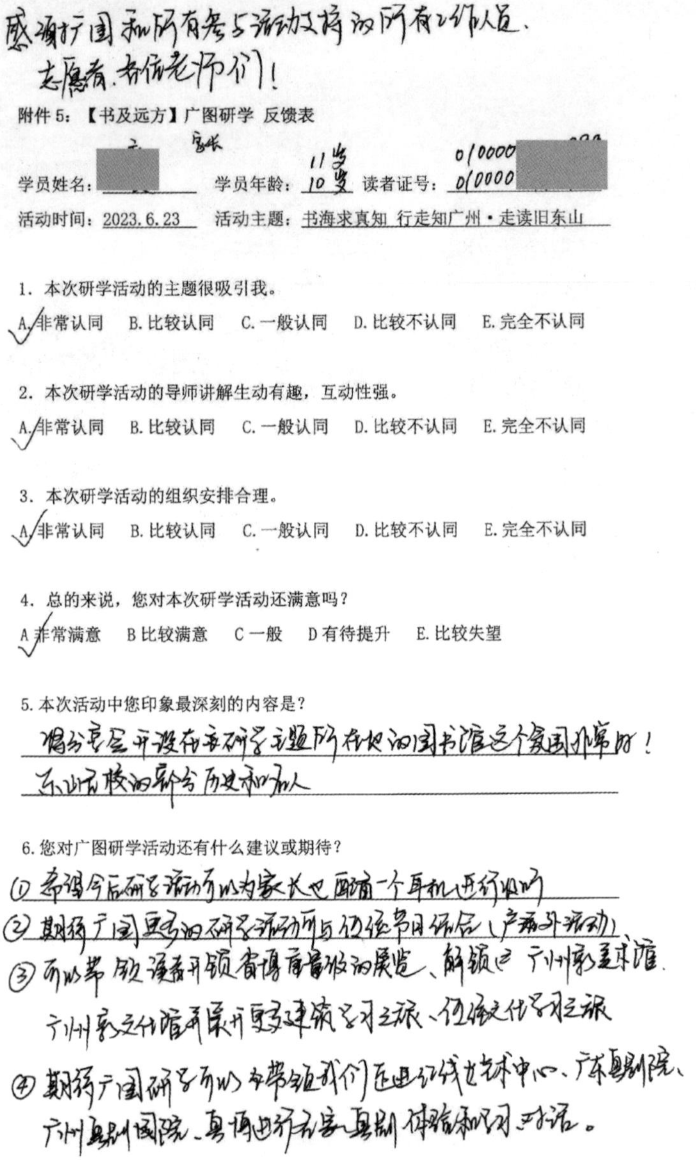

感谢广图和所有参与活动支持的所有工作人员、志愿者、带队老师们！

附件 5：【书及远方】广图研学 反馈表

学员姓名：[redacted] 家长　学员年龄：11岁 10岁　读者证号：0/0000[redacted]

活动时间：2023.6.23　活动主题：书海求真知 行走知广州·走读旧东山

1. 本次研学活动的主题很吸引我。

A.非常认同 ✓　B.比较认同　C.一般认同　D.比较不认同　E.完全不认同

2. 本次研学活动的导师讲解生动有趣，互动性强。

A.非常认同 ✓　B.比较认同　C.一般认同　D.比较不认同　E.完全不认同

3. 本次研学活动的组织安排合理。

A.非常认同 ✓　B.比较认同　C.一般认同　D.比较不认同　E.完全不认同

4. 总的来说，您对本次研学活动还满意吗？

A 非常满意 ✓　B 比较满意　C 一般　D 有待提升　E.比较失望

5. 本次活动中您印象最深刻的内容是？

得知学堂开设在该研学主题所在地的图书馆这个氛围非常好！东山口校的部分历史和名人

6. 您对广图研学活动还有什么建议或期待？

① 希望今后研学活动可以为家长也配备一个耳机进行旁听

② 期待广图更多的研学活动能与传统节日结合（广府节活动）

③ 可以带领读者开放看博物馆的展览、解锁已广州家画馆、广州艺术馆开展建筑学习之旅、传统文化学习之旅

④ 期待广图研学可以多带领我们走进红线女艺术中心、广东粤剧院、广州粤剧团院、真请由演员家粤剧体验和学习对话。

图 3-8-10　国情教育板块的“走读旧东山”课程的家长反馈

附件 5：【书及远方】广图研学 反馈表

学员姓名：[redacted] 学员年龄：14岁 读者证号：[redacted]

活动时间：2023.5.27 活动主题：编辑带你读懂镇海楼（五月篇）

活动反馈：

1. 本次研学活动的主题很吸引我。

A. 非常认同 ✓ B. 比较认同 C. 一般认同 D. 比较不认同 E. 完全不认同

2. 本次研学活动的导师讲解生动有趣，互动性强。

A. 非常认同 ✓ B. 比较认同 C. 一般认同 D. 比较不认同 E. 完全不认同

3. 本次研学活动的组织安排合理。

A. 非常认同 ✓ B. 比较认同 C. 一般认同 D. 比较不认同 E. 完全不认同

4. 总的来说，您对本次研学活动还满意吗？

A 非常满意 ✓ B 比较满意 C 一般 D 有待提升 E. 比较失望

5. 本次活动中您印象最深刻的内容是？

《广州大典》典籍众多，有700多册

6. 您对广图研学活动还有什么建议或期待？

还可以组织读书会[illegible]

图 3-8-11 “当《广州大典》偶遇《老广新游》”系列课程之“镇海楼”的学员反馈

（三）媒体关注度高，受行业认可

2022 年 5 月，广州图书馆参加广州市第二批中小学生研学实践教育基地申报，经专家对基地特色、硬件设施、安全保障、团队建设、课程体系、实施情况严格审核及实地考评，广州图书馆终获广州市第二批中小学生研学实践教育基地称号。

“书及远方”广图研学2022年4月荣获“4·2国际儿童图书日”暨“广州读书月”之“最美未成年人阅读推广项目”称号；2022年10月，“书及远方”广州图书馆中小学生研学服务实践案例入选中国图书馆学会论文和业务案例征集活动（专题交流活动征集）交流名单；2022年11月入选第34届全国十五城市公共图书馆工作研讨会案例征集活动交流名单，并在会上做了交流分享。

“书及远方”广图研学课程在主题和内容上全方位锻造中小学生的社会主义核心价值观和时代精神，贴合儿童与青少年的文化追求，跨学科式课程设计丰富了研学形式。受众的喜爱引发主流媒体的高度关注，新华社、《羊城晚报》、《广州日报》、《南方日报》、《信息时报》、南方少儿频道、网易新闻等媒体发布相关报道34篇次，项目社会影响初见成效。

三、项目特点分析

（一）秉持顶层设计，形成系统性的可复制的运行模式

自2021年至今，项目在目标定位、团队建设、主题板块、课程设计规范、课程实施等方面，形成了较为合理和规范的“图书馆+”运作模式，并充分发挥图书馆本行业服务优势，与社会力量成功合作，实现空间、资源、内容、形式的跨界融合。严谨规范的项目建设程序和管理机制，助推了项目稳健且可持续发展。

项目管理方面，“书及远方”广图研学采取项目制运营，建立健全了项目团队和管理机制，明确职责分工、绩效考核、沟通协调等管理制度。建立了以阅读推广馆员为主，社会专业力量为补充的专业导师队伍，其中馆员队伍以跨部门双向选择的方式招募，多学科背景导师队伍的构建，既使馆员获得更多职业成长机会，又能充分发挥社会资源的专业优势。项目定位方面，项目前期对政策背景、受众需求、图书馆自身优势进行了充分调研分析，建立了一套清晰的指引性总体方案，明确项目定位和目标。课程内容方面，项目充分结合学校学科内容、广州地区文化特色，同时突出图书馆学科特色和

广州市情和广府文化，形成全面的、多学科性的八大主题内容板块，相较于单一主题的研学基地课程，内容更广泛、更多元。研学形式方面，项目制定了课程设计模板和各类应用表格，构建了系统化、专业化的课程设计模式和评价机制。服务群体方面，项目采用常规课程和学校团体定制相结合的方式，服务覆盖图书馆周边中小学生群体，体现服务的人性化。

严谨规范的项目建设程序和管理机制，使项目以广州图书馆为中心，向广州市体系内各级服务网点进行复制和延伸，更吸引了学校的主动合作，使项目覆盖面更广泛，影响力更深远。

（二）课程设计彰显图书馆特色

“书及远方”广图研学立足图书馆阅读推广根本要义，将阅读推广与研学有机融合，发挥图书馆文献资源全学科特色和主题场馆空间优势。课程设计以阅读为核心，融入信息素养、阅读素养等教育内容，通过原文导读、内容挖掘、延伸阅读、书目推介和二次文献整理等方法，把图书馆文献服务紧密贯穿于研学始终。以图书馆为核心内容的“图书馆素养提升与职业体验”系列课程，紧密结合图书馆基础知识，引导学员了解图书馆及其文献的历史演变，开展文献分类、书标解读、图书布局、信息检索、服务管理等方面的学习研究和实践。

在研学过程中，课程结合各种图书馆知识和阅读内容加以延伸和回归，在实现了对中小学生价值体认、责任担当、问题解决和创意物化等能力培养的同时，也实现了图书馆素养教育和能力提升。阅读是行万里路的基础，读万卷书，行将更远。项目引导中小学生在阅读中探索研究广阔的知识远方，从而实现“书及远方”广图研学品牌“始于阅读，不止于阅读”的美好愿景，彰显图书馆模式的研学特色。

（三）跨学科融合，打造全方位互动体验

“书及远方”广图研学以馆员队伍为核心，以社会力量合作为支持。课程设计采用分馆员自主设计和社会力量联合设计两种模式，一方面充分发挥图书馆的多学科背景、阅读推广能力和社会教育职能，另一方面统筹协调各

学科领域的专家志愿者和公益组织，引入戏剧表演、地方文化、非遗文化、科普教育、科技创新等专业师资力量。在社会力量的加持下，课程内容和形式更加多元化，也更具科学性、趣味性。在课程中，学员通过导览、讲座、讨论、寻宝、答题、挑战、演练等多种形式，充分调动感官，获得了倾听、观察、思考、实践等多种体验。此外，课程充分利用周边便利的交通，以及博物馆、户外自然景观、建筑场馆等公共资源，加强课程的知识性和趣味性设计，实现项目的跨学科、跨行业、多主题、多形式，使课程“易参与、易体验、易收获、易实现”，从而实现社会服务效益的最大化。

（四）引入品牌营销理念，提升项目黏性

项目品牌名“书及远方”诠释了图书馆研学的实质性内涵：用脚步，丈量书籍的厚度；以书籍，触及更远的远方。广图研学，始于阅读，但不止于阅读。项目设有品牌 Logo、形象标签和宣传策划方案，有助于在受众中建立固定的品牌符号。课程实施过程中的各环节体现了项目的系统性、完整性和规范性，有助于提升受众对项目的期待感、依赖感和信任感；品牌营销式的宣传推广策略和特色化优质服务，提升了学生、家长、媒体以及同行对项目价值的认可度，更吸引了各方社会力量包括中小学校的主动合作。

四、项目局限及发展方向

（一）制定合理化运营机制

“书及远方”广图研学的核心团队是图书馆员，主要负责项目开发管理、课程设计与实施，在实际操作中人力和财力均存在不足的情况，不仅如此，安全管理、宣传、交通、外联、效益评价等其他配套服务运营也缺乏健全的保障机制。

研学项目的运营关系，除基地本身，还包括如政府、学校、学生、家长、研学服务机构、行业协会等各种利益相关者，项目在统筹时需协调各种利益关系，整合各种资源。此外，在自主、合作甚至代理等运作管理模式

中，项目仍需探索出一条适配于公共文化服务单位的研学运营路径。

（二）提升课程设计与实施质量

项目因人力和资金的不确定性，缺乏长效机制，课程设计与实施难以达到研学课程标准化要求，如课程系统性和完整性有待加强，课程梯度不明显，在研学时间、探究学习、互动体验、评价激励的质量方面仍有提升空间等。

项目发展的下一步，项目组需从理念、目标到内容、评价等坚持一体化思路，在内容上不断梳理清晰各大主题板块间的逻辑关系，使课程设计具有系统性和层次性。课程实施过程中，要提高每一环节每一节点的标准化和规范化程度。课程实施后，要完善评价机制和绩效分析方法，深入推进闭环式管理。

（三）拓宽服务群体覆盖面

目前“书及远方”广图研学的主要受众群体是中小学生，馆校合作能更好地促进校外实践与校内学科的有机结合，有效促进图书馆与学校教育的互相渗透和延伸。但因管理体制的约束，项目与学校合作仍未能全面打通，未能达成全面的共识与联动。未来希望项目能结合广州市地域、学校、学生等情况，通过“基地＋学校”的馆校合作，推动基地学习与学校教育的有效衔接，构建一体化共生新模式，营造共建共享的研学发展新格局。

（四）巩固和健全研学师资队伍

想要更好地彰显和发挥图书馆研学基地作用，人才队伍建设尤为重要。项目目前因人力和专业的局限，仍不能完全满足可持续发展要求。项目的运营管理、优质课程开发、活动策划与组织实施、授课师资、绩效管理等工作都需要一支具有综合性的全能型专业队伍作支撑。图书馆要积极联合社会力量，合理吸收在校大学生、行业专家等专兼职相结合的教育师资。同时，馆员仍然是队伍建设的核心和关键，未来图书馆要充分重视馆员的业务素养和能力培养，打造一支高水平的研学导师队伍。

案例九　从“1”到“n”的家庭阅读之旅

——“n+1 家阅读”项目

宋昀真

为响应广州图书馆“十四五”发展规划中关于高质量发展和精准化服务的要求，立足于公共图书馆资源及馆员专业素养，广州图书馆于 2021 年启动“n+1 家阅读”项目。为提高品牌辨识度，项目根据其服务对象和理念特点特设计了专属 Logo。

图 3–9–1　“n+1 家阅读”品牌 Logo

“n+1”指一座图书馆联动“n”个家庭，以“图书馆 + 家庭”的模式共同推动公共图书馆家庭阅读。同时，“n+1”作为一种数学表达语言，代表递增的意思，寄托了项目希望有源源不断的新家庭能成为图书馆的读者并爱上阅读、受惠于阅读的美好愿景。

“n+1 家阅读”项目以亲子家庭为服务对象，从以往图书馆员、社会力量等主体在活动中单向地向读者推广图书资源、传递阅读经验的传统路径，转为“图书馆员 + 读者家庭”共同展示阅读故事及经验，引导亲子家庭更好地阅读的创新模式。

在定位上，“n+1 家阅读”项目区别于以图书分享为主的读书会活动，追求图书馆与读者双向沟通、相互促进，为读者家庭打造展示个性故事、交流亲子阅读经验、学习策划阅读活动技能的阅读推广平台。

在活动主体上，“n+1 家阅读”项目以图书馆员为专业主导力量，通过图书馆员专业阅读推广技能引导读者家庭成为阅读推广活动主体。

在活动内容上，“n+1 家阅读”项目以讲好图书馆和读者的故事、传递家庭阅读经验，以及交流阅读推广技能为主。

在活动方式上，“n+1 家阅读”项目以线上 + 线下两种方式开展活动。项目分为以下三个子系列：

①阅梦留声机。该系列旨在获取读者阅读需求，主要通过问卷调查、投票、活动反馈等方式引导读者表达对公共图书馆的阅读推广服务需求，并整理读者共性需求和个性需求，完善相关活动设计。

②书香家庭养成计划。该系列旨在提升家长亲子阅读、策划主讲阅读推广活动的技能，主要通过组织举办“如何策划阅读推广活动”“如何引导孩子阅读”等主题活动，提升家庭阅读兴趣，丰富家庭阅读内容，指导家庭策划阅读推广活动等，打造“授人以鱼不如授人以渔”的阅读推广模式。

③领读家庭故事汇。该系列旨在讲好图书馆和读者的故事，通过举办读者阅读经验分享沙龙，线上刊载读者家庭阅读经验、读者家庭与图书馆的故事等方式展示有代表性的读者家庭阅读故事，加强公众对图书馆的关注和了解，加强读者家庭和图书馆之间以及不同家庭之间的互动交流。

“n+1 家阅读”项目希望通过公共图书馆和家庭的双向沟通，打造公共图书馆赋能家庭的“图书馆 + 家庭”阅读推广模式，结合读者家庭阅读需求，讲好图书馆故事、讲好读者故事、传递家庭阅读理念、培育家庭良好阅读风气、提升家庭阅读技能，同时进一步提升图书馆的社会形象和职业辨识度，丰富城市精神文明，吸引更多读者走进图书馆，充分发挥图书馆的文化传播功能，助推少儿阅读推广服务，让更多家庭受惠于图书馆和阅读。

一、案例背景

（一）读者需求留言引发对“家庭阅读个性需求背后的共性规律”的思考

“n+1 家阅读”项目的前身为“圆梦广图”项目，它的专业缘起于一位家长对图书馆服务的期待。这位家长在留言中表达了其孩子对三国演义主题活动的需求，希望广州图书馆能多举办相关主题阅读活动。经讨论评估后，广州图书馆为这组家庭策划了三场相关主题活动：一场是主题绘本读书会；一场是为这组家庭提供展示平台，邀请其作为主讲人为其他读者讲述三国故事；一场是邀请这组家庭作为采访对象，口述其家庭和图书馆的故事并拍摄成短片在公众号播放。这三场活动都受到读者的好评。为了圆更多家庭的阅读梦，鼓励更多孩子走进图书馆、爱上阅读，让孩子们在图书馆看到阅读给生活带来的各种美好的可能性，趁此机缘，广州图书馆特策划“圆梦广图”项目，通过收集读者留言、投票、问卷等形式收集读者阅读需求，帮助更多家庭实现阅读需求。截至 2021 年 6 月，“圆梦广图”共为 40 多组家庭策划相关主题阅读推广活动，涵盖了家庭阅读故事分享会、家庭和图书馆的故事分享会、读书会、写作指导、小小图书馆员体验等主题和形式，取得较好的社会反馈。

11 期“圆梦广图”活动的成功举办，也引发了馆员对读者个性需求背后的共性规律的思考。假如一直沿袭“圆梦广图”的模式，项目可能会局限于“读者提出个性需求—图书馆实现读者个性需求”的单一模式中。为了进一步挖掘读者家庭个性背后更深层次的共性需求，并针对这些需求设计出能够提升读者家庭阅读技巧的相关主题活动，实现“授人以鱼不如授人以渔”的美好愿景，广州图书馆在“圆梦广图”的基础上重新构思策划，将项目升级为“n+1 家阅读”项目。

（二）从“图书馆 +”思想出发的“图书馆 + 家庭”模式引导

“图书馆 + 家庭”模式从“图书馆 +”思维出发，是以图书馆为主导，以促进家庭阅读推广为目的而建立的一系列有关阅读的产品供给、设施网络、服务指导等制度和系统的总称，其核心价值在于为家庭提供资源、技术、设施、人才支持[①]。“n+1 家阅读”项目旨在突破“以家庭为单位等同于家庭阅读”的推广模式，引导家庭对图书馆“反哺”，形成“图书馆收集家庭个性需求，整合共性需求—图书馆设计满足家庭阅读需求的活动（主题活动、读者沙龙分享、读者阅读故事展示等）—读者家庭获取家庭阅读经验技巧—图书馆设立‘领读家庭库’，为家庭提供平台，引导领读家庭成为图书馆活动主讲人—图书馆和家庭共同满足其他家庭的阅读需求”的闭环式的“图书馆 + 家庭”阅读推广模式。

（三）读者日益增长的服务需求，以及高质量发展、精准化服务的社会要求

随着社会的发展和人们生活水平的提高，读者对公共图书馆服务的广度和深度有了更高的要求，“高质量发展”成为各行各业对自身发展的要求，精准服务也成为各服务行业的发展趋势，图书馆行业也不例外。作为城市的窗口，广州图书馆更应围绕读者实际需求提供高质量、精准化的服务。

（四）在“图书馆之城”建设背景下，城市中心图书馆职能的拓展和深化

公共图书馆是公共文化服务体系的核心，城市中心图书馆又是公共图书馆服务体系的关键所在，讲好图书馆故事、讲好读者故事和讲好广州故事，有助于进一步提升公共图书馆的社会形象和图书馆员职业辨识度，丰富城市精神文明，充分发挥文化传播功能，激发更多家庭和读者对图书馆、公共图书馆服务体系，乃至对广州这座城市的认同感。

---

① 陈艳.“图书馆+家庭”阅读服务体系构建研究[J].图书馆研究，2019(1):67-72.

二、项目实施的可行性分析

（一）丰富的图书馆藏

“三军未动，粮草先行。”根据“n+1 家阅读”项目三个子系列活动的特点，家庭阅读指导类、阅读推广类业务学习用书，以及绘本、小说、漫画、科普、历史等少儿书籍作为项目的主要“粮草”，彰显了广州图书馆的馆藏优势。家庭阅读指导类、阅读推广类业务学习用书等主要分布于社会图书一区、社会图书二区、中外文报刊区和儿童与青少年部，图书馆内更是有着 70 多万册的少儿书籍馆藏，无论是供馆员组织项目活动时参考使用，还是作为活动中的推荐书目供读者借阅，都能较大程度地满足项目活动的开展需求。

（二）多样的宣传窗口

“n+1 家阅读”项目结合线上与线下方式进行宣传，多样的宣传窗口有助于项目的宣传及读者知晓度的提升。《广州图书馆通讯》、“广图少儿”微信公众号、“广州图书馆”微信公众号等都是宣传的窗口。

（三）庞大的读者群体

诗云：“问渠那得清如许，为有源头活水来。”阅读推广也同样需要源源不断的“活水”。“n+1 家阅读”项目依托于广州图书馆各阅读推广项目长期凝聚的读者群体，无论是在“书香家庭养成计划”“领读家庭故事汇”系列中的专业阅读推广社会力量挖掘、读者故事征稿，还是在“领读家庭”生力军来源等方面均有较为明显的优势。

（四）专业的少儿馆员

“n+1 家阅读”项目团队成员主要是主持或参与过多项阅读推广活动的少儿馆员，不仅有着丰富的活动组织策划实践经验，而且注重学术理论学习，善于将理论知识转化成可操作性强的实践，在一定程度上保障了项目的可持续性发展。

三、项目实施过程

“n+1家阅读”项目紧扣“家庭阅读”元素，以“满足家庭阅读需求”“讲好家庭阅读故事”和“传递家庭阅读理念和技巧”三大主线为切入点，设计递进式、系统化的内容和服务，形成以下三个子系列活动。

（一）阅梦留声机

该系列以线上+线下的形式开展。线上由馆员根据学龄前儿童和中小学生阅读特点，设计跟阅读相关的梦想需求库，通过发布微信推文引导读者投票，针对票数最高的选项，设计和完善相关阅读推广活动；线下则通过给参加活动的读者发放活动反馈表获取读者意见及了解阅读需求。

（二）书香家庭养成计划

该系列采用“线下为主，线上为辅”的形式开展活动。

1. 线下活动

活动每季度围绕“阅读推广活动策划主讲”“亲子阅读技巧”“阅读经验分享”等主题开展，活动主讲人为图书馆员、阅读经验丰富的领读家庭、专业社会力量等。活动结束后，图书馆员收集读者反馈意见，根据读者意愿邀请读者加入“领读家庭库”，重点将这部分家庭培训成具有阅读推广能力的领读家庭，并鼓励其策划主讲阅读活动，通过试讲制度筛选、专业馆员指导彩排等环节，将领读家庭打造成可以直接面向读者的活动主讲者。这样在为读者提供丰富阅读资源的同时，也扩大了图书馆的阅读推广人队伍。

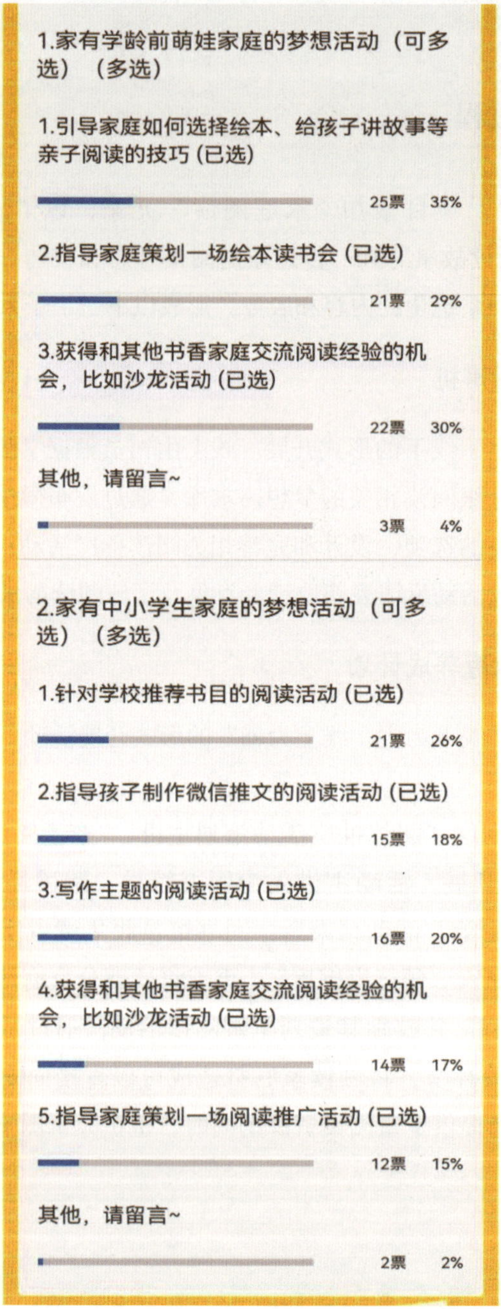

图 3-9-2　2022 年 2 月 5 日“说出你的梦想活动”线上投票活动

图 3-9-3　2021 年 11 月 7 日，“孩子识字了，还需要亲子阅读吗？”活动，馆员为读者家庭分享亲子阅读的经验

图 3-9-4　2021 年 12 月 4 日，“这不是一节作文课”活动，馆员和家长探讨阅读与写作

此外，活动不定期开展领读家庭图书分享会，由馆员组织，邀请领读家庭主讲，另外招募数组普通家庭共同参与。活动形成了“领读家庭分享图书—每组家庭进行阅读心得交流及图书推荐—领读家庭分享亲子阅读经验”的流程框架。

图 3-9-5　2022 年 7 月 16 日，“带上孩子最爱的书来参加读者沙龙吧”活动，领读家庭的沈欣霖小朋友（右上方）为读者分享图书《奇风岁月》

2. 线上活动

“n+1 家阅读”项目组定期发布“给孩子的财商课”“和孩子一起读报刊”等系列主题微信推文，为读者家庭提供具体的阅读资源及相关亲子阅读指导，综合提升家庭阅读兴趣和技巧。

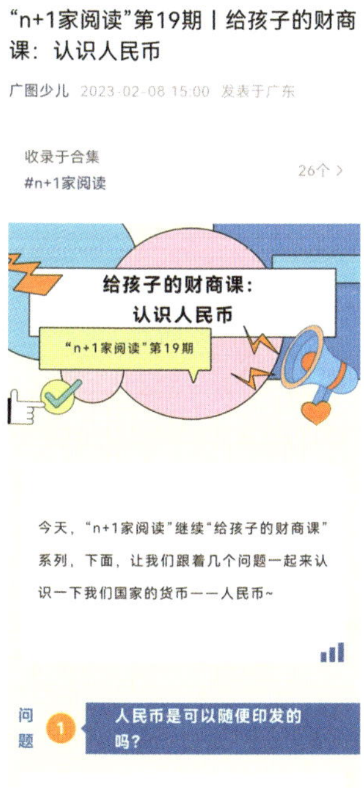

图 3-9-6　2023 年 2 月 8 日，项目组发布的“给孩子的财商课：认识人民币”推文

图 3-9-7　2022 年 3 月 26 日，项目组发布的“和孩子一起读报刊：谁还不是个爱写诗的少年”推文

（三）领读家庭故事汇

该系列采用“线上为主，线下为辅”的形式开展。

1. 线上活动

活动长期向读者征集稿件，主题涵盖“读者家庭和图书馆的故事”“家庭阅读经验故事”等，馆员筛选有代表性的故事稿件，经编辑后刊载于“广图少儿”微信公众号等宣传平台。

图 3-9-8　领读家庭故事汇活动在“广图少儿”微信公众号展示系列读者家庭故事

2. 线下活动

（1）读者阅读分享沙龙

活动定期以“馆员 + 领读家庭”的组合方式开展读者家庭阅读经验分享沙龙，引导报名参加活动的读者说出自己在家庭阅读上的困惑、经验、技巧以及推荐书目等，为参加的读者提供了良好的交流学习平台。

图 3-9-9　2023 年 1 月 23 日读者阅读分享沙龙活动，馆员和各领读家庭共同交流探讨亲子阅读经验

图 3-9-10　2022 年 11 月 14 日读者阅读分享沙龙活动，“小狮书读书会”和四组家庭为读者分享家庭共读经验

（2）年度领读家庭展

广州图书馆每年年底精选数组有代表性的领读家庭故事，制作成展板在阅览区展出。

图 3-9-11　2022 年 11 月至 2023 年 2 月举办的“2022 年领读家庭成果展”的展板

无论是线上还是线下，领读家庭故事汇活动都遵循“讲好图书馆故事、讲好读者故事”的底层逻辑，加强家庭与家庭、读者家庭和图书馆之间的互动交流，提升图书馆阅读推广服务形象。

四、项目创新与意义

（一）项目创新点

1. 建立有效的“家庭 / 馆员”沟通机制，增强家庭和图书馆的联系

馆员通过线上设计“阅读梦想需求库”、引导读者对阅读推广活动的需求投票，结合线下征求的家庭意愿，组建“领读家庭库”，搭建家庭和馆员的有效沟通平台，可由家庭主动联系馆员，也可由馆员主动发掘典型家庭，有助于获取家庭的整体阅读特征信息，增强家庭和图书馆的联系。

2. 突出广州图书馆作为城市中心图书馆的宣传“窗口”功能，建立“讲好图书馆和读者的故事”的推广机制

“n+1 家阅读”项目通过对家庭阅读经验、家庭和图书馆的故事的报道，充分发挥读者的“广告效应”，有效地激发更多家庭和潜在读者的情感共鸣，提升图书馆员的职业辨识度及社会形象，提升更多家庭对阅读及图书

馆的认同感。

3. 引导家庭对图书馆服务“反哺”，打造闭环式的“图书馆 + 家庭”模式

“n+1 家阅读”项目通过三个子系列环环相扣的活动设计，打造了“图书馆收集家庭个性需求，整合共性需求—图书馆设计满足家庭阅读需求的活动—读者获取家庭阅读经验技巧—图书馆建立‘领读家庭库’，为读者提供平台，培养引导领读家庭作为图书馆的活动主讲人—图书馆和家庭共同满足其他家庭的阅读需求”的闭环式“图书馆 + 家庭”特色阅读推广模式。

（二）项目意义

1. 理论意义

（1）丰富了公共图书馆的服务内涵，深化了“图书馆 + 家庭”模式概念及内容

“n+1 家阅读”项目以“图书馆 +”思维为引领，通过“图书馆 + 家庭”阅读推广模式的实践，系统呈现了该模式下的阅读推广现状，一方面让图书馆的内涵和功能得以拓展，另一方面深化了“图书馆 + 家庭”模式概念和具体内容，为更深层次的活动机制、效能评估提供参考。

（2）“图书馆 + 家庭”阅读推广模式的新突破

国内目前已有相关实践案例，如：长沙市图书馆的“青苗计划”，通过对未成年人长期跟踪记录和分级指导，给予家庭阅读指导；上海市青浦区图书馆的“家庭图书馆种子计划”，以“家庭图书馆”的形式推广家庭阅读和举办各类特色活动；厦门图书馆的“爸妈阅读”，通过促进学龄前儿童家长自身阅读行为以提升其亲子共读能力等；佛山图书馆以家庭为单位建立的“邻里图书馆”，为公众提供文献借阅、阅读活动等服务，形成项目信息化管理、制定《邻里图书馆绩效考核管理办法》等项目实施路径。根据调研，现有很多家庭阅读推广活动，都局限于以未成年人为服务对象、以家庭为单位参加的读书会等图书馆单向输出的亲子活动模式，并没有真正意义上形成双向沟通的机制。

“n+1 家阅读”项目从“图书馆 +”思维模式出发，在一定程度上突破

“以家庭为单位等同于家庭阅读”的推广模式，无论在物资和人力成本上，还是在项目活动的可复制性上，均有效保障了项目的可持续性发展，主要表现为以下两点：①依托图书馆现有读者资源并充分发挥其奉献精神、专业背景、动人经历等优势，形成广告效应，不断吸引新读者对图书馆的关注；②以图书馆馆员专业阅读推广技能为主导力量，积极整理读者家庭阅读需求，建立领读家庭阅读推广生力军，引导读者成为图书馆阅读活动的策划主讲者，突出阅读推广的“反哺”效果，形成闭环式的“图书馆 + 家庭”阅读推广模式。

2. 实践意义

（1）在“图书馆之城”建设背景下，城市中心图书馆职能的拓展和深化

公共图书馆是公共文化服务体系的核心，城市中心图书馆又是公共图书馆服务体系的关键所在，“n+1 家阅读”项目尝试“图书馆 + 家庭”阅读推广服务，并通过图书馆的阅读推广，激发更多家庭和读者对图书馆、公共图书馆服务体系，乃至对一座城市的认同感。

（2）有助于诠释公共图书馆传承文化、阅读推广、社会教育的职能，提升公共图书馆社会影响力

通过活动设计和实践，“n+1 家阅读”项目激励、辐射和影响更多家庭、潜在读者走进图书馆和形成良好的家庭阅读习惯，有助于进一步提升公共图书馆的社会形象和图书馆员职业辨识度，丰富城市精神文明，充分发挥文化传播功能。

（3）区别于以图书分享为主的读书会活动，建立了图书馆与读者双向沟通、相互促进的阅读推广平台

“n+1 家阅读”项目以亲子家庭为服务对象，从以往图书馆员在活动中单向地向读者传播阅读经验，转为馆员和优秀阅读家庭共同展示阅读经验，引导亲子家庭更好地阅读。

五、成效与影响

（一）项目成效

“n+1 家阅读”项目自 2021 年 11 月启动以来，已顺利开展线上、线下活动共 29 场，其中包括 22 场常规系列活动、4 场“和孩子一起读报刊”系列线上期刊推荐活动，以及 3 场“2022 年领读家庭成果展”展览活动（本馆 1场，广州图书馆富春山居分馆、市一宫分馆各1场）。截至2023年初，“n+1 家阅读”项目线下常规活动读者参加人次为 164，线上活动点击量逾 6200，“2022 年领读家庭成果展”观展者约 41300 人次。

在读者家庭资源上，共有 12 个家庭加入项目的“领读家庭库”，与图书馆共同推动家庭阅读推广服务发展。

在活动内容上，“n+1 家阅读”项目为丰富项目主题内容，在 2023 年增加了“给孩子的财商课”系列内容，旨在通过阅读引导和资源推荐，帮助各家庭培养孩子的财商思维。

在社会力量资源上，“n+1 家阅读”项目引进持有金融分析师证书的财商主题类公众号主理者，在丰富活动内容的同时，也提升活动的专业性。

领读家庭故事汇系列活动作为项目的重点内容，在一定程度上有效激励了其他家庭营造良好的阅读氛围，激发他们想要成为图书馆的领读家庭的意愿，让读者更好地感受到阅读中蕴含的生活力量。曾有其他读者看到这些故事后，主动联系馆员，希望图书馆通过专业力量帮助其在社区开展阅读活动，以让更多家庭接触阅读和好书。线下活动的突破创新主要体现在以下两点：

（1）形成“馆员挖掘书香家庭—馆员培养指导书香家庭开展读书会—书香家庭为其他家庭分享阅读成果及经验—书香家庭激励其他家庭”的良性循环模式，为日后培养图书馆“领读家庭”阅读推广队伍起到示范式的作用。

（2）通过有代表性的家庭阅读故事激励、辐射和影响更多家庭、潜在读者走进图书馆，形成良好的家庭阅读习惯的同时，也以“讲好图书馆故事”和“讲好读者故事”的方式充分发挥图书馆的文化传播功能，进一步提升公共图书馆的社会形象，有助于诠释公共图书馆传承文化、阅读推广、社会教育的职能，提升公共图书馆社会影响力。

（二）项目影响

1. 读者反馈情况

在回收的调查问卷中，读者对活动的满意率为 100%，90% 的读者表示愿意成为图书馆的领读家庭，并作为主讲人来广州图书馆开展活动、分享自己的阅读经验成果等，还有部分读者表示“这类活动很有意义”“希望增加活动场次”“希望活动返场”等。

2. 相关报道情况

活动报道刊登于《广州图书馆通讯》，并受到少儿频道记者的关注，相关报道在广东少儿频道播出。

3. 学术研究成果情况

“n+1 家阅读”项目诞生于 2021 年广州市图书馆学会课题“城市中心图书馆未成年人‘图书馆 + 家庭’阅读推广模式研究”（编号：2021GZTK16）的研究期间，系该课题的阶段性成果，旨在通过“理论 + 实践”去探索一套行之有效的“图书馆 + 家庭”阅读推广模式。针对“n+1 家阅读”项目的研究已形成两篇论文成果：①冯莉《从〈公共图书馆宣言〉认识公共图书馆阅读推广》，刊载于《图书馆学刊》2023 年第 12 期；②宋昀真《公共图书馆“图书馆 + 家庭”阅读推广模式探析——以广州图书馆为例》，刊载于《广州市“图书馆之城”研究论文集 2024》。

六、项目未来发展规划

（一）存在不足之处

“n+1 家阅读”项目自启动以来，取得了一定的阅读推广效果，但也存在不足之处，具体如下：

①阅梦留声机系列覆盖面不够广泛，目前主要通过线上投票和线下活动的问卷反馈等形式了解读者的阅读需求，其覆盖面有限，读者激励机制有待完善。

②领读家庭故事汇系列的读者故事征稿量不多，目前与项目“建立较为完善的领读家庭库以培养家庭读书会主讲人”的目标仍有一段距离。

③书香家庭培养计划内容体系有待完善，目前该系列内容主要以“家长如何开展亲子阅读”等主题为主，未来需进一步丰富其内容和形式。

④项目专业社会力量不足。目前项目主要由馆员主导及主讲，但因项目“家庭阅读”的内容定位还涉及心理学、教育学等专业知识，相关社会专业力量的加入能大大提高项目的专业性和可持续性。

（二）未来改进措施

针对以上不足，该项目计划在未来作出以下改进：

①加强宣传和推广，寻求学校、社区等机构的合作，拓宽项目发展渠道。

②进一步丰富项目活动主题、提高活动内容质量，以打造“精而深刻”的内容为目标去策划线下活动及线上活动推文，以吸引读者关注，增强读者黏性。

③通过为家庭提供学习、展示机会等方式激励读者投稿故事，从而吸引更多读者家庭关注活动，鼓励他们踊跃参与其中。

④案例不局限于对“单馆”的影响，通过构建服务案例和资源下沉推广机制，拓展其职能，将项目延伸至区馆、社区分馆等图书馆总分馆体系内及扩大到社会层面。

⑤馆员应注重对家庭阅读主题文献的二次整理和总结，完善自身阅读推广能力等综合素质，充分发挥图书馆员在“图书馆＋家庭”推广模式中的引导作用。

附：领读家庭故事汇系列活动的读者故事征稿模板

1. 题目：

2. 孩子的姓名、年龄、借书证号和联系方式（电话和电子邮箱）、个人照片（包含在馆内的阅读照片、参与活动照片及获得荣誉的照片等，数量不限）。

3. 孩子的阅读年龄多长？

4. 您和孩子什么时候开始与广州图书馆结缘？也可以补充一些在其他图书馆阅读的经历。

5. 孩子通过阅读哪些图书，获得了成长的帮助或感悟？

6. 孩子曾经参与广图举办的哪些活动？曾获得哪些荣誉？这些活动对孩子成长的影响是什么？您对广图阅读活动的开展有什么建议？

7. 您和孩子通过广图的阅读经历是否认识了馆员或其他读者，请说说对他们的印象，以及他们对您家庭的影响？

8. 请说出您和孩子想要对广图说的话。

备注：

（1）提交照片的范围包含馆内外的阅读照片、参加活动照片及获得阅读荣誉的照片等，数量不限。

（2）请将照片原图以“拍摄时间 + 内容”命名并打包以附件形式提交。

（3）投稿作品经审核后，如采纳将电话通知您，该稿件将在“广图少儿”“广州图书馆”等微信公众号刊登。

案例十　无惧障碍　跨越未来

——读写障碍儿童阅读服务

方筱盈

一、案例摘要

2013 年，由华南师范大学束漫教授主持的国家社会科学基金课题“公共图书馆为阅读障碍人群服务的理论、方法与对策研究”立项，广州图书馆作为该项目实践基地之一，按课题要求成立“儿童读写能力提升”子项目组，积极开展读写障碍儿童阅读服务研究与服务实践工作。

广州图书馆读写障碍儿童阅读服务对象主要为需要提升读写能力的儿童，或者经过读写能力初步测评与评估，被诊断为仍需要继续进行医疗诊断的疑似读写障碍儿童。阅读服务内容与形式包括：面向公众开展问卷调查及宣传普及工作，了解其对读写障碍的认知程度；构建专题资源馆藏，为同行及有需要的家长提供参考文献；邀请读写障碍研究领域的专家、社会工作者、教师及普通读者等群体，参与学术交流分享，普及读写障碍专题知识及服务信息。

多年来，广州图书馆联合社会专业力量，利用经过科学设计的活动内容和流程，选择绘本、桥梁书等“易读资源”，策划开展学习潜能体验营、暑期伴读、读写实践、易读活动等多种形式的专题阅读服务，以期提升读写障碍儿童阅读兴趣与阅读能力，帮助其树立学习信心、健康成长。

二、案例背景

读写障碍（Dyslexia），又称读写困难、阅读障碍、失读症，是一种特定的学习障碍，源于脑神经生理原因，并不是因智力因素或学习环境不良及缺少学习经验所导致。其特点是难以准确或流利地识别文字，拼写和解码能力也较差。其衍生的后果包括阅读理解困难，以及因阅读经验减少而妨碍词汇和背景知识的增长[①]。上述定义指出读写障碍是一种先天性神经系统疾病，导致读写障碍人士的大脑会以不同的方式处理和解读信息。而由其他原因引起的，在语言表达、阅读、书写、写作及数理上存在学习或处理的困难也可纳入读写障碍范畴，如印刷品障碍、阅读困难、书写困难等。根据北京师范大学舒华教授的说法，按照 10% 的发生率统计，我国约有 1500 万儿童受到读写障碍的困扰。

2020 年 12 月，我国第一部为读写障碍人士服务所制定的国家标准《公共图书馆读写障碍人士服务规范》（GB/T 39658—2020）指出，公共图书馆“应开展专业培训，提高为读写障碍人士服务的能力；应为读写障碍人士提供图书馆专业服务，满足读写障碍人士对相关文化活动的需求”[②]。

2021 年，中华人民共和国文化和旅游部印发的《“十四五”公共文化服务体系建设规划》提出，要“建设以人为中心的图书馆、加大对特殊群体公共文化保障力度，进一步丰富特殊群体精神文化生活，推进基本公共文化服务均等化”[③]。

2022 年 8 月，国家版权局根据《中华人民共和国著作权法》和我国批准的《关于为盲人、视力障碍者或其他印刷品阅读障碍者获得已出版作品提供便利的马拉喀什条约》，印发《以无障碍方式向阅读写障碍者提供作品暂行

---

① What is dyslexia［EB/OL］.［2023-07-23］.https://eda-info.eu/what-is-dyslexia/.

② 公共图书馆读写障碍人士服务规范［EB/OL］.［2023-07-23］.https://https://std.samr.gov.cn/gb/search/gbDetailed?id=B691BB7786A4D126E05397BE0A0AF3B3.

③ “十四五”公共文化服务体系建设规划［EB/OL］.［2023-07-23］.https://www.gov.cn/xinwen/2021-06/23/content_5620454.htm.

规定》[①]，为制作、提供无障碍资源格式版本的图书提供了具体指引，保障读写障碍人士的合法权益免受不合理的侵害。

以上各项国家政策与服务规范的制定与颁布，为公共图书馆员对读写障碍的专业认知提升，公共图书馆读写障碍读者阅读服务水平提高提供了政策依据与服务标准方面的支持。

《广州图书馆 2021—2025 年发展规划》提出："面向未成年人群体内部差异和未成年人特殊群体阅读需求，提供系列化、多样化和针对性服务，深入推广重点读者活动品牌。"[②]该规划为广州图书馆实施读写障碍儿童阅读服务指明了发展方向。近年来，国内各大公共图书馆针对读写障碍儿童持续开展阅读服务实践，并明确了读写障碍的有关症状和改善方法，该群体的阅读需求等方面的信息逐渐被社会公众了解与关注。

三、项目实施的可行性分析

（一）专业理论与实践支撑

现有研究显示，读写障碍可能与遗传、神经结构功能异常、语言认知缺陷等方面有关，是一个涉及多学科的复杂问题。而我国公共图书馆读写障碍读者服务正处于从无到有、逐渐发展的起步阶段，仅凭借单馆之力，无法在宣传、检测、干预等方面为读写障碍读者提供全面、专业的支持与帮助。

2013 年起，"公共图书馆为阅读障碍人群服务的理论、方法与对策研究"项目组为广州图书馆开展相关阅读服务提供了理论与实践上的充分指导，如提供专业宣传资料，推荐社会合作力量，邀请馆员参与专业服务培训，开展专题讲座、学习潜能体验营、暑期伴读计划等专项阅读服务。

① 以无障碍方式向阅读障碍者提供作品暂行规定［EB/OL］.［2023-07-23］.https://www.gov.cn/zhengce/zhengceku/2022-08/10/content_5704896.htm.

② 广州图书馆 2021—2025 年发展规划［EB/OL］.［2023-07-23］.https://www.gzlib.org.cn/devplan1/203908.jhtml.

（二）专题图书馆藏支撑

广州图书馆多年来坚持将文献资源建设与阅读推广活动开展同步进行，提升专题文献资源利用率。2014 年起，为丰富专业馆藏，广州图书馆采购了 100 多种国内外出版的“读写障碍”专题图书，同时面向读者和图书馆同行提供借阅服务。广州图书馆内 97 种国内出版的“读写障碍”专题图书借阅量显示：2014—2017 年，该专题图书被借阅了 69 种 9529 次；2018—2021 年，借阅种类增至 91 种，借阅次数 14577 次。以上数据显示，“读写障碍”专题文献利用率得到了充分提升，从而也证明了社会公众对读写障碍读者服务的认知与关注程度正逐步提高。

2023 年 1 月，广州图书馆“易读空间”正式成立，面向需要提升读写能力的读者及疑似读写障碍儿童提供“易读资源”服务（目前，读写障碍儿童群体以小学生为主，根据该群体的阅读需求，馆藏“易读资源”暂时以易读桥梁书为主）。为持续更新和丰富“易读资源”，图书馆上架 1600 多种“易读资源”，借阅数据呈现持续上升趋势。

广州图书馆以增设“易读空间”馆藏地为契机，集中收藏不同主题、类型的参考资源及“易读资源”（如专题参考书、易读绘本、科普图书、电子图书等），通过深化专题资源服务，增加公众对读写障碍的认知，拓展“易读空间”的服务对象，令更多特需儿童及成人读者从“易读空间”资源服务中受益。

（三）阅读服务实践经验的累积

2014 年起，广州图书馆持续开展“读写障碍”专题宣传与阅读服务，开启了我国公共图书馆为读写障碍人士服务实践的先河。2023 年，广州图书馆根据“读写障碍”专题知识及多年来服务经验的积累，致力于打造融合教育创新阅读服务项目——“易读空间”及“易读资源”服务，从空间标识、资源供给和服务宣传等方面对“易读空间”进行氛围设计，并加强易读桥梁书、易读绘本等“易读资源”建设及推广工作，为读写障碍读者及普通读者营造一个开放、友好、融合的阅读空间。

广州图书馆读写障碍儿童阅读服务的持续开展，既能够培养馆员的服务意识及服务技能，也能为图书馆积累一定的特殊群体服务经验，使该项服务获得更广泛的读者关注，并向品牌化、创新化方向发展。

四、项目实施过程

（一）实施前期调研，了解读写障碍儿童的社会认知情况

2013 年 10 月，广州图书馆首次面向成人读者发放《广州图书馆读写障碍儿童研究调查报告——面向家长的调查问卷》[①]，目的是考查公众对读写障碍的认知情况。此次调查共发放问卷 2100 份，回收 2071 份，有效问卷 2006 份，有效率为 96.86%。调查结果显示：仅有 2.35% 的调查对象表示非常了解读写障碍，95.12% 的调查对象支持公共图书馆开展读写障碍儿童阅读服务。

此外，关于公共图书馆开展读写障碍儿童阅读服务的建议集中在以下方面：14.93% 的调查对象认为应利用海报、阅读活动、展览公告、媒体报道、图书推荐等途径加大宣传，广泛引起社会关注，12.36% 的调查对象认为应该设置专题服务区，安排具有专业知识的馆员为读写障碍儿童提供信息咨询、阅读与书写辅导服务；还有部分读者建议应加强公共图书馆环境建设和建立多方协助机制等措施。以上的问卷分析结果，为广州图书馆“读写障碍儿童”阅读服务实践提供了重要的参考依据。

（二）推动专题信息宣传，重视馆员业务培训

2013 年起，广州图书馆开展了多种形式的读写障碍信息宣传工作，措施包括印制宣传单页、设置宣传海报；向读者推荐“读写障碍”专题图书、期刊及视频、网站等资源；举办“公共图书馆读写障碍服务高级研修班”“读写障碍症报告会”等专题讲座；播放“读写障碍”专题影片；利用广州图书馆

---

① 王蓉，苏丽平，田花蔓，等.我国公共图书馆“读写障碍症”服务的调查与对策分析[J].图书情报工作，2014(12):64-70.

微信平台发布“读写障碍”“易读资源服务”专题系列宣传推文等。

广州图书馆积极发挥“儿童读写能力提升”子项目组成员在专题服务中的重要作用。2014年7月，子项目组成员前往深圳市卫宁读写困难服务中心、东莞图书馆少儿分馆，对两个单位开展的读写训练课程情况进行考察，掌握读写障碍儿童辅导的方法与技巧。

图3-10-1　2014年，在深圳市卫宁读写困难服务中心开展的快乐读写小组训练课堂中，学生通过视频认识汉字从象形文字到现代文字的演变过程

图3-10-2　2014年，在东莞图书馆少儿分馆开展的读写训练班课堂中，老师引导学生利用彩色粘土拼贴汉字

2015年3月，“儿童读写能力提升”子项目组出席由深圳市科学技术协会主办的“关注读写——首届读写障碍服务联动研讨会”，深圳市卫宁读写障碍服务中心、增城市乐众社会工作服务中心、中山市阳光社会工作服务中心、广州阳光社会工作事务中心等活动组织机构希望通过活动策划与开展，联合医学界、教育界、社会服务、图书馆、家长等各方力量进行交流互助，唤起社会公众对读写障碍人群的关注，通过相关服务措施惠及更多读写障碍人群和家庭，促进国内的教育公平发展。

图3-10-3 2015年，“关注读写——2015首届读写障碍服务联动研讨会”现场

（三）强化“易读资源”建设与推广，突出读写障碍儿童阅读服务特色

2014年至今，广州图书馆曾先后与广州阳光社会工作事务中心、华南师范大学、华南农业大学志愿者合作，持续举办“学习潜能体验营”、广州图书馆暑期儿童伴读计划、“易读资源”阅读推广等形式多样的阅读活动。活动通过特色课程策划，采取多感官体验、游戏与运动、一对一伴读等学习方式，为50多名疑似读写障碍或需要提升读写能力的儿童提供专题服务，帮助其改善阅读方法，拓宽阅读范围，提升阅读兴趣，增强其克服学习困难的勇气。广州图书馆读写障碍儿童阅读服务获得了读者的普遍好评。

图 3-10-4　2014 年，小读者在广州图书馆“学习潜能体验营”中进行阅读训练

图 3-10-5　2017 年，小读者参与广州图书馆暑期儿童伴读计划的活动

图 3-10-6　2023 年，广州图书馆举办“易读资源”读书会

为突出广州图书馆读写障碍儿童阅读服务宗旨与目的，为读写障碍儿童读者营造开放、包容和贴心的阅读氛围，2023 年，广州图书馆设立“易读空间”，搜集和整理易于阅读的桥梁书、大字书和专题儿童文学等各类图书资源，并制作读写障碍知识普及和“易读资源”专题推荐书目，为有需要的家长、教师及特需儿童群体提供便利的借阅服务。在保证“易读资源”质量的同时，广州图书馆结合好书推荐、易读活动等多种阅读推广方式，将读写障碍、“易读资源”、易读服务等创新服务理念和服务方式向读者定期输送，力图将空间服务、专题资源服务与“易读资源”推广充分结合，深耕品牌效应，促使广州图书馆读写障碍儿童阅读服务走上新的台阶。

图 3-10-7　2023 年，广州图书馆建立“易读空间”

图 3-10-8　2023 年，广州图书馆“易读空间”内的“易读专架”

五、成效与影响

（一）实践成果

1. 活动深受读者及家长认可

2015—2019 年，广州图书馆为多名读写能力较弱或疑似读写障碍儿童坚持开展 30 多场暑期儿童伴读计划活动，并建立读者交流微信群，便于馆员、志愿者、家长的实时交流，为广州图书馆继续追踪读写障碍症儿童阅读情况调查建立更为畅通的途径。伴读活动收到来自小读者、家长及志愿者对活动的良好反馈。一名参与暑期儿童伴读计划的儿童表示："400 个字的小故事，我可以阅读 2 小时。但是我终于把不懂的汉字弄懂了，希望以后还能参加这种活动。"暑期儿童伴读计划志愿者表示，自己掌握了许多伴读方法，例如可通过声音、动作、角色反串等方法，调动小读者的学习兴趣。同时还必须进行巩固和强化训练，包括反复写、读和比较学习。最重要的是伴读者必须保持耐心。

一位儿童的家长则表示："此项活动，我们已经是第三年参加，每次暑假，孩子都很期待来图书馆参加伴读活动，第一年的伴读活动使孩子对阅读产生了兴趣，每到假期，就会到图书馆背回一大书包的书；第二年的伴读活动使孩子学到阅读方法，结交了很多新朋友；在第三年的伴读活动后，孩子已经将图书馆视为自己度假的好去处，几乎每天都泡在图书馆。在广州图书馆的阅读经历，不仅帮助她在阅读上从泛读发展到精读，提升创作能力，培养良好的阅读习惯，也使她的阅读之路越走越远。"

2. "易读空间"推进读写障碍儿童阅读服务创新发展

广州图书馆"易读空间"的建立，标志着广州图书馆读写障碍儿童阅读服务进入新的发展阶段。"易读空间"建设前期，儿童与青少年部利用颜色、Logo、专题漫画故事及有特定意义的动物形象等设计元素在公众中普及"读写障碍"专题信息；并且设置"易读专架"，提供"易读资源"及专题文学资源，为读者提供借阅服务。

“易读空间”开放后，广州图书馆着力培养专业馆员，以多种形式推广“易读资源”，如发布系列推文、定制音频版易读图书、完成荐购书单、开展“易读资源”借阅分析、“易读资源”赏读活动，并计划与广州市少年宫、读写障碍人群教育工作者等合作，共同为读写障碍儿童开展伴读活动。

（二）理论成果

2014—2015年，“儿童读写能力提升”子项目组成员撰写学术论文两篇，分别是《我国公共图书馆读写障碍症服务的调查与对策分析》（王蓉、苏丽平、田花蔓、束漫）及《广州图书馆读写困难症儿童服务研究》（招建平、方筱盈、苏丽平）。2018年3月，“公共图书馆为阅读障碍人群服务的理论、方法与对策研究”课题顺利结项。2023年，“广州图书馆读写障碍读者服务案例”被纳入《公共图书馆读写障碍人士服务的广东经验》，为其他公共图书馆开展同类型服务提供相关经验借鉴。2019年，束漫博士在其专著《图书馆阅读障碍症人群服务研究》中对广州图书馆读写障碍儿童阅读服务的内容与形式进行了概述与经验推广[①]。

（三）社会影响

2014—2023年，广州图书馆面向一般公众及疑似读写障碍儿童读者开展专题知识普及阅读推广活动共计50多场，共6000多名读者参与，推荐“读写障碍”专题图书与电影140多部，并为50多名需要读写能力提升的儿童及疑似读写障碍儿童提供阅读辅导服务。同期，媒体发布与广州图书馆读写障碍儿童阅读服务相关报道和信息70多条，获近5万次读者关注量。

广州图书馆暑期儿童伴读计划及专题电影播放也受到媒体关注。2016年，南方网、中国作家网、《新快报》、《南方都市报》、网易新闻、《信息时报》、广州广播电视台“府前直通车”节目组等媒体对广州图书馆暑期儿童伴读计划进行多次报道。

---

① 束漫.图书馆阅读障碍症人群服务研究［M］.北京：国家图书馆出版社，2019：113.

图 3-10-9　2016 年，广州广播电视台“府前直通车”节目组报道广州图书馆暑期儿童伴读计划

图片来源：截图自广州广播电视台提供的视频。

2021 年，国内首部“读写障碍”专题影片《五彩缤纷》在广州图书馆展映并入藏，展映活动预告在广东广播电视台触电新闻频道播出并获得两万名读者的关注。活动结束后，《羊城晚报》、广东广播电视台分别对活动进行了录音和报道。2021 年，另外一部“读写障碍”专题纪录片《我不是笨小孩》在广州图书馆举办放映及交流活动，反响热烈。

图 3-10-10　2021 年，国内首部关注读写困难专题电影观影及交流会在广州图书馆举办

六、项目发展规划

（一）服务空间与设施持续更新与优化

2013—2022年，广州图书馆读写障碍儿童阅读服务主要以专题书目荐购、馆藏分布介绍及图书推荐等方式开展。2022年底，广州图书馆建成了“易读空间”，它是一个以为读写障碍儿童群体进行阅读疗愈为目的，以“易读资源”建设为基础的服务空间。在读写障碍儿童阅读服务的发展上，广州图书馆应充分利用阅读空间，配备特设的阅览桌椅、书架，以及阅览相应电子资源的设施和设备，为读写障碍儿童营造一个轻松、平等和贴心的融合阅读氛围，促使广州图书馆读写障碍儿童阅读服务从“易读资源”服务起步，向空间服务发展，向设备服务延伸，保持可持续发展趋势。

（二）服务内容与方式持续完善与改进

2015年起，广州图书馆与大学志愿者团队合作，每年开展暑期儿童伴读计划。该计划以阅读辅导为主要服务方式，志愿者利用易读绘本及易读桥梁书陪伴疑似“读写障碍儿童”或者需要读写能力提升的儿童进行阅读。活动目的是：减少儿童学习压力，帮助其提升阅读兴趣，掌握正确的字词句拼读，同时向家长提供阅读方法建议，逐渐提升儿童阅读能力。馆员和志愿者为有需要的读者实施“一对一”或“一对二”伴读，这对公共图书馆开展“读写障碍儿童”阅读服务来说，是一种重要的阅读推广手段。

2023年，随着广州图书馆“易读空间”的建立及易读活动的陆续开展，亲子家庭、社会公众及专业合作机构对广州图书馆“读写障碍儿童”阅读服务的内容、形式及效果必然产生更高的期待值，服务需求量也势必增加，广州图书馆暑期儿童伴读计划需要在服务内容与方式方面进行完善与改进。例如：适当延长和增加活动时长与频次；与广州市少年宫融合教育部等专业机构合作，扩大特需读者服务范围；丰富特需读者阅读兴趣培养及艺术教育手段，帮助其从易读活动中受益；深入“易读资源”建设工作，构建电影、音乐、动漫、有声书、电子数据库等更易被读写障碍儿童等特需儿童喜爱和接受的多媒体资源或电子资源。

读者故事篇

故事一　赖诺衡小朋友与广州图书馆的故事

林晔（小读者赖诺衡的妈妈）

每个小朋友心中都会有属于自己的乐园，它可能会是动物园、海洋馆、游乐场……而在赖诺衡小朋友心中，广州图书馆就是她的第一个乐园。

2021 年 7 月 17 日，还记得那天赖诺衡小朋友第一次走进图书馆，她那充满好奇的小眼睛到处打量着这个陌生又神秘的地方。没多久，她就被琳琅满目、精美有趣的书籍吸引。这里环境宁静，没有嘈杂的人群，只有认真看书学习的大哥哥大姐姐们；绘本、儿童杂志、历史书、科普书等各种书籍应有尽有。虽然她还不识字，但这里的一切，让她觉得去图书馆是一件很好玩的事情，从此以后图书馆就成了她每周必去的地方。

在这里，她第一次参加广州图书馆小河马玩具馆的活动，认识了和蔼可亲的玉米老师、热情的 Amy 老师和搞怪的大圣老师，在家长的陪护下和老师们的引导下，自由选择自己喜欢的玩具。在这里，她学会了怎样和小朋友友好相处，分享喜欢的玩具，并养成自己收拾玩具的好习惯；在这里，她学会了第一支舞蹈《幸福拍手歌》，这激发了她对舞蹈的兴趣；在这里，老师们会将一个个有趣的故事用生动的形式讲述出来，小朋友们都听得津津有味。听着老师讲的故事，他们的小脑袋会联想到一个个活灵活现的画面，这些画面深深地印在他们的脑海里。回到家里，她会根据自己的记忆说出属于她自己的故事！作为妈妈的我看到这一点感到很欣喜，广州图书馆的这些活动能启迪孩子的想象力和看图讲故事的学习能力。因此在上幼儿园之前，每周我们都会带她去小河马玩具馆参加两次亲子活动，让她可以更好地融入集体生活。在此，特别感谢小河马玩具馆的老师们，他们会在讲完故事后带领小朋友们玩游戏，或者教他们唱歌跳舞等。赖诺衡凭借老师们教的舞蹈通过面试，成功入选了心仪的幼儿园和舞蹈团。小河马玩具馆里的一切都深深吸引着赖诺衡，这里成为她每周打卡的胜地！

每次参加完小河马玩具馆的活动，我们都会让她根据自己的喜好去阅读区挑选喜欢的书籍，她会让家长讲述绘本故事，或者自己静静地翻看这些有趣的绘本，她的想象力和看图讲故事能力也在不知不觉中提高。图书馆是最适合阅读的地方，让她体会到读书的乐趣，从而爱上阅读，从小养成良好的阅读习惯；让她能在书的海洋中汲取书籍里的知识，明白里面那些浅显易懂却能伴随终身的道理，培养好的学习态度；让她在书中找到自己的兴趣爱好，兴趣爱好在她的成长道路上起到积极的引导作用。

广州图书馆为了鼓励小朋友热爱阅读，每年都会开启阅读攀登计划。阅读攀登计划由“阅读星”挑战赛、“阅创达人”挑战赛、21 天“阅读攀登”接力赛等项目组成。其中有一个活动需要孩子与家长一起创作阅读成果，当时还发生了一个难忘的小故事。有一次，赖诺衡小朋友在图书馆里看到《儿歌三百首》里面有一首儿歌叫《飞机》：“天上有架大飞机，一会儿飞得高，一会儿飞得低，一会儿飞进云彩里。”她说：“妈妈我也想有架小飞机，让我的小伙伴（毛绒玩具）可以飞上天去，我们一起做一架飞机吧。”这就让我们萌生了制作飞机的念头。一次偶然的机会，我们看到一本关于环保的绘本，讲的是一个小纸箱要被送去销毁，但它觉得自己还是有用的，它想成为一架可以飞上天的飞机，它求助于一群热心的小朋友。小朋友们各展所长，将不玩的玩具里面有用的部件（如马达，齿轮）拆下来，帮助这小纸箱飞上天空，完成它的愿望。看完这个绘本，我们就有了自己的想法，我们准备好纸箱和纸袋后，就开始动手了，赖诺衡小朋友主要负责选材料、涂颜色、粘贴，家长就负责剪裁，用热熔枪粘贴整合的部分，最后完成了一架手工飞机。这次亲子手工成果小飞机在广州图书馆 2021 年阅读成果展览中展出。这次活动不仅让家长与小朋友体验制作飞机的乐趣，还考验了小朋友的耐心，同时培养她从小动手的能力，能引导她专心致志地完成任务，更让我们从中感受到了亲情的温暖。小飞机能成功参展让她很有成就感，并能鼓励她多开动小脑筋，发挥创新精神，自主制作更多新的作品！

今年赖诺衡小朋友已经四岁了，她已经养成了每天看书、读书的好习惯，对于自己喜欢的书籍也能根据每页的图画讲述一个完整的故事。这一切都要感谢广州图书馆浩瀚的书海及有意义的读书活动，让她的视野更加开阔，想象力更加丰富，思维也更加活跃。我们会坚持每周都来广州图书馆看书、借书、参加活动，经常到图书馆才能真正见识到知识的海洋有多广阔，希望书籍能一直陪伴着她快乐成长！

故事二　熹熹和广州图书馆的故事

卢国捷（小读者卢彦熹的爸爸）

熹熹喜欢书，尤其喜欢绘本故事。他在睡觉前经常会让爸爸妈妈还有奶奶为他读绘本故事，这种习惯在熹熹 1 岁多的时候就已经养成。因为早在熹熹出生之前，妈妈就已经收藏了很多国内外绘本，当熹熹还没学会走路的时候，妈妈就经常和熹熹一起读这些绘本故事，让他感受文字和画面的魅力，或许这就是熹熹喜欢绘本的原因。爸爸妈妈在房间的一角为他打造了一个属于他自己的书柜及阅读空间，在新冠疫情时期，这个角落是他最主要的活动小空间。

图 4–2–1　熹熹的书柜

2022 年 10 月，熹熹的幼儿园因新冠疫情而停课，刚进入幼儿园状态的熹熹只能在家中读书，很快家里的图书已经满足不了他的求知欲望，他想要看更多有趣的书。一个偶然的机会，妈妈带着熹熹到图书馆还书，帮他办理了一张属于他自己的借阅证，由此开启了熹熹与广州图书馆的旅行故事。

熹熹到图书馆去就像一场旅行。他会拉着行李箱出发，换乘地铁 8 号线、3 号线、APM 线等多次线路，乘坐交通工具才能到达那儿。大剧院的出口上来还可以见到东塔、西塔、广州塔等比云层还要高的建筑。这一路充满他最喜欢的交通工具和最有识别度的广州市地标。这也是他目前除了去幼儿园的路之外，最熟悉的一条路线。

图书馆的南二楼是亲子绘本阅读馆，熹熹知道，从图书馆大门口进去，通过安检后的扶手电梯上去就是他想到达的地方。有一次爸爸妈妈没空，需要奶奶带着他去图书馆，熹熹告诉奶奶不用怕，他认识路，最终成功“指引”着奶奶顺利到达。对熹熹来说，图书馆是一个特别神奇的地方，他说这里除了很漂亮之外，还比家里多了很多很多的书架，里面的图书就像山一样高；亲子绘本阅读馆里有他家里有的《小鼠波波》等绘本，还有和他家里的图书“一样又不一样”（系列）的图书，就连电视上播放的《小猪佩奇》的绘本都能找到。熹熹可以在书的海洋中找到各种各样精美又有趣的绘本。他经常会先在一楼借一个有轮子的蓝色书篮子，发现自己喜欢的绘本，便会将其放进书篮子里面，借回家看；遇到他特别好奇的，他会跟其他孩子们一样，席地而坐，盘着腿在地板上翻阅。

熹熹很爱惜书籍，也很遵守借阅规则。他见到残缺及被涂画的图书时，都会跟爸爸妈妈说，是哪个不乖的小朋友撕破、乱画图书。亲子绘本阅读馆可以提供多达 30 册的图书借阅服务，每次借书前他都会逐一盘点数量后再进行借阅操作。熹熹经常会让爸爸在自助借书终端机前抱着他，自己亲手插上借阅证办理借阅手续，每次借完书还会到一楼的图书消毒机进行图书消杀，并把书篮子归还到原处。图书馆的一切，对他来说都很新鲜。

熹熹还特别喜欢图书馆的各种活动。自疫情缓和后，周末爸爸经常会带着熹熹到广州图书馆看书、借还书及参与图书馆组织的各种活动。如“小樱桃”阅读树，这是一个面向亲子家庭的绘本阅读推广品牌活动，是以倡导亲子共读，培养孩子热爱阅读为目的的亲子活动。熹熹在这里体验过几个不同主题及形式的阅读活动，他聆听过绘本解读，尝试过角色扮演，制作过主题绘画及“樱桃小手作”等。他每次参加活动都很投入，还结识了一些同样热爱阅读的孩子们，他会与孩子们抢着举手回答老师的问题，轮流讲述他们对绘本故事的见解。“小樱桃”阅读树的丰富的主题及活动形式让孩子们都感到既生动又有趣，能够很好地激发他们的阅读兴趣。

图 4-2-2　熹熹在“小樱桃”阅读树活动中和故事姐姐互动

当然，熹熹最喜欢的，还是广州图书馆最受欢迎的小河马玩具馆。这里是一个有着各种各样的玩具，可以让孩子们发挥无限想象力和创造力的空间。他每次都会早早地到达小河马玩具馆门口排队，等待老师宣布可以进馆的时刻。号称“玩具馆最爱搞怪”的大圣老师，每次都会非常热情地和孩子们击掌互动，再为孩子们讲述一个精彩又生动的故事。他会根据故事的主题，引导孩子们认识一些新事物或明白一些规则、道理，然后还很有耐心地讲解怎么用积木或者其他材料搭建出故事中的场景或者角色，还会让孩子们想象并创造自己的版本。熹熹每次都搭建得很快，因为除了可以和其他小朋友比赛谁搭得快之外，他还知道搭建完积木后，可以挑选他喜欢的玩具来玩。每次活动结束的时候，他会意犹未尽地抱怨时间过得太快。小河马玩具馆吸引着众多来馆的儿童和家长，是广州图书馆少儿服务的一大亮点，也经常有媒体来拍摄报道。

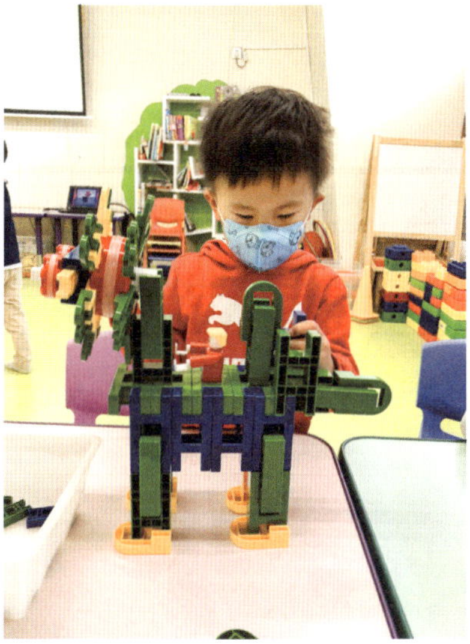

图 4-2-3　熹熹参加小河马玩具馆的活动

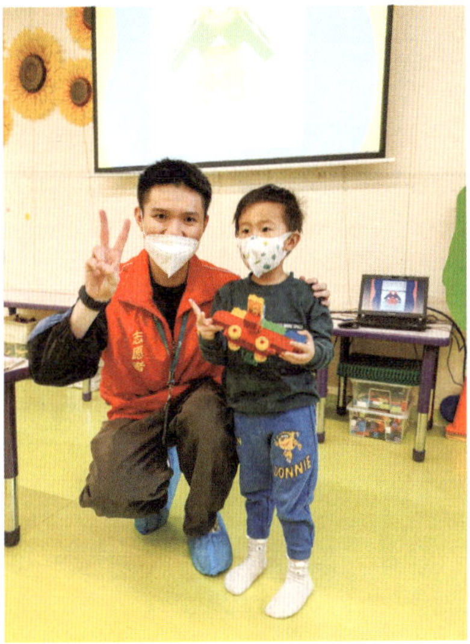

图 4-2-4　熹熹和大圣老师开心地合影

熹熹还参加了广州图书馆的少儿阅读攀登计划，这是一个长期的阅读量成长计划。每参加一次活动，我们的阅读护照就可以获得一枚“活动达人”章。熹熹从办理借阅证至今，短短的半年时间已收集了多枚“活动达人”章。其中最珍贵和值得纪念的是“2023 年春节儿童原创绘本展活动”的蓝色章。在这次活动中，熹熹和妈妈创作的《我的广州》被选为活动展览的入围绘本之一，熹熹把他去图书馆路上所乘坐的地铁、APM 线，所见到的花城广场建筑群、广州塔、珠江等，在妈妈的悉心指导下用剪贴及图画的方式融入绘本作品，这是一本属于他和广州的绘本故事，也是他和广州图书馆的绘本故事。这是熹熹获得的第一个荣誉证书，全家人都为他感到高兴，这会是对孩子热爱创作的一种鼓励。

图 4-2-5　熹熹绘本创作花絮

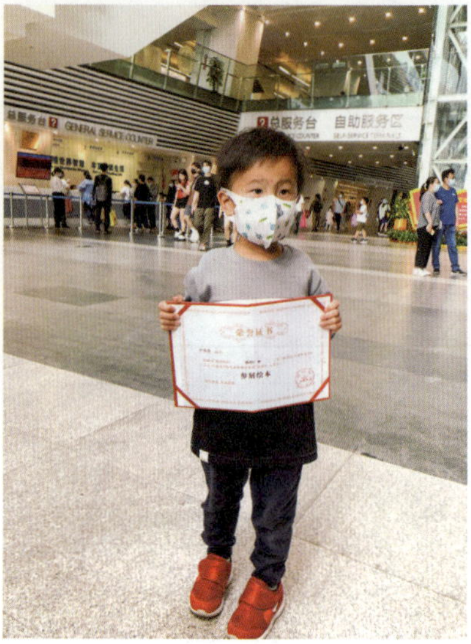

图 4-2-6　熹熹的作品入围“2023 年春节儿童原创绘本展活动”参展绘本

熹熹热爱阅读，更热衷于畅游在广州图书馆的书海。每个周末，熹熹都会早早起床，然后叫爸爸妈妈起床陪他去图书馆。广州图书馆是熹熹及热爱阅读的孩子们学习、成长的好地方，在这里，他们可以发现新世界、结交新朋友并享受阅读的乐趣。很感谢广州图书馆提供的阅读机会及阅读空间，让熹熹及热爱阅读的孩子们在阅读中收获知识和快乐。希望熹熹及热爱阅读的孩子们以后能够坚持参加图书馆的活动，让他们与广州图书馆的故事继续发展下去。

故事三　广州图书馆

——我和孩子的宝藏基地

马磊（小读者马子桓的爸爸）

我常常带孩子来花城广场玩耍，却不曾走进广州图书馆这座造型独特的建筑。一次偶然的机会，我跟孩子终于走进建筑，发现广州图书馆不仅造型独特，内部也大有乾坤。走进虽不算特别宽敞的大门，却有种豁然开朗的感觉，现代化的玻璃幕墙和灰色墙砖的包裹下，是南北两个塔楼，每层塔楼根据书籍类别和功能被划分为多个区域，文学、历史、科学、地理、艺术……各种各样的书籍，琳琅满目。这真是一个难得的好地方。子桓正准备上幼儿园，这正是培养阅读的好时机，我给他办理读者证，以后他需要借什么书，就可以直接到这里找。

广州图书馆南二楼设置的亲子绘本阅读馆最符合我们的需求。当时图书馆正在举办“婴幼儿阅读攀登计划”活动，我们也领取了阅读包。现在回想起来，我们正是跟随着阅读包的亲子阅读指引，参加一系列打卡活动，才逐步培养了孩子坚持阅读的好习惯。

我们与孩子在“知识的海洋”中不断探索，发现广州图书馆亲子绘本阅读馆确实是一个难得的宝藏地，这里不仅有《三字经》《弟子规》《千字文》等适合幼儿启蒙的国学经典读物，让孩子在国学经典中不断受到熏陶，还有《贴“福”字的来历》《过年都是新的》《步步登高重阳节》《千里共婵娟：中秋节》《七夕节》《端午划龙舟》《夏：欣欣向荣》《清明节的来历》等传统节日的绘本，让孩子在绘本阅读中潜移默化地学习了解时令节气、四季变换和传统民俗。

最有意思的要属“揭秘系列”的百科类绘本了。这类绘本内容从人文到历史一应俱全，例如《揭秘汉字》《揭秘古罗马》《揭秘博物馆》《揭秘时间》《揭秘数学》《揭秘日本》《揭秘垃圾》《揭秘火车》《揭秘汽车》……从地理到科学知识，包罗万象。极其丰富的内容和有意思的配图让孩子在百科知识中不断探索，既增长了见识，又拓宽了视野。

我和孩子最喜欢五味太郎的作品了。他的作品受众覆盖各年龄段，几乎本本都是经典，情节简单生动，构思巧妙，极易激发幼儿的阅读兴趣。比如说《黄色的……是蝴蝶！》，以一位小男孩追寻一只黄色蝴蝶的踪迹为主线，描述由此引发的一系列有趣而又生动的“误会”：第一次以为抓到的是蝴蝶，其实是一朵小黄花；第二次以为抓到了树上的蝴蝶，结果是黄色的果子；第二次以为抓到了蝴蝶，结果是猪鼻子……每一次转折都让人意想不到，却又似乎合情合理，真是太有趣了。还比如说《从窗外送来的礼物》，孩子读了好几遍，仍觉得趣味无穷。粗心的圣诞老人，送礼物时总是搞错每一家的小动物：明明看到的是小猫的家，其实却是穿着小猫图案的小猪在家睡觉；明明看到的是斑马的家，却又突然变成鸵鸟的家；明明看到的是白花花的鳄鱼的牙齿，你会认为这次肯定到鳄鱼的家了，没想到却是兔子的家……每一页翻开总有意想不到的惊喜，小朋友最喜欢这种风趣幽默的设置了。子桓还选择他最喜欢的五味太郎的绘本《欢迎来到神奇船》，录制朗读作品，参加了广州图书馆“云上童声”音视频征集活动，并有幸获得了“金牌小主播”称号，这是目前我们在引导孩子阅读的道路上所获得的里程碑式的成就了。

另外，广州图书馆还有比较多的习惯养成类绘本，这类题材也是众家长经常借阅的，涵盖卫生习惯、行为习惯、交通安全、性格培养等，内容和题材较为丰富。总之，作为家长，你在广州图书馆总能挑到属于你的“菜”。无论你是要借几本书给孩子随意读读，还是要完成学校的阅读作业；无论你是想要熟读几首唐诗，还是要在国学经典中接受熏陶；无论你是想从书中感知时节，还是从百科中汲取知识，拓宽视野，在广州图书馆这个我和孩子的“宝藏基地”，你总能在探索中发掘不同的“宝藏”，并受益良多。

图 4-3-1　马子桓在家中认真阅读绘本

图 4-3-2　马子桓荣获 2021 年度广州图书馆“悦读童行”婴幼儿阅读攀登计划“小状元”的称号并与自己的作品合影

图 4-3-3　马子桓荣获 2022 年度广州图书馆“悦读童行”婴幼儿阅读攀登计划“小状元”及“阅创达人”称号

故事四　你是阳光、空气和水分

——与广州图书馆少儿服务结缘的七年

王婼莎（小读者谢炫亨、王舒啸的妈妈）

如果说孩子是一粒种子，那么广州图书馆少儿阅读服务就是阳光、空气和水。在广州图书馆儿童与青少年部的书香天地，我们全家一起度过了很多温馨而难忘的图书馆时光，收获了无数的阅读快乐。

广州图书馆儿童与青少年部位于广州图书馆南二楼至南四楼，整体布局充满现代流线型设计感，让人赏心悦目；内部书籍摆放井然有序、干净整洁；“悦读伴岛”和小河马玩具馆内充满了儿童喜爱的卡通元素，活泼有趣的氛围深受小读者青睐；此外，儿童与青少年部还专门设置了母婴室，提供给有需要的读者，特别暖心。

我是一个二孩妈妈，在大儿子 3 岁时有幸与广州图书馆儿童与青少年部结缘，现在几乎每个周末，我们都会带着哥俩一同到广州图书馆共度亲子阅读时光。

广州图书馆为读者提供的丰富的少儿阅读资源让我惊叹，也激发了孩子们对阅读的浓厚兴趣。这里书籍资源丰富，种类繁多，并持续上新，让孩子们能不断拥有最新阅读资源。南二楼亲子绘本阅读馆是孩子们最常来的地方，在这里就像回到自己家一样亲切，孩子们总能轻车熟路地在书架上探寻自己喜爱的书籍，有时坐在沙发上认真地阅读或和我一起进行亲子共读，有时也会主动给我分享他们的阅读心得。每当借书、还书时，孩子们都是清点和打包的好帮手。目前，两个孩子已累计借阅了上千本绘本书籍，我和孩子们也经常把在图书馆收获的知识、快乐与周围的老师、同学、伙伴们分享。在广州图书馆这个开放包容的平台，我们有幸多次通过《广州日报》《信息时报》等媒体向公众分享我们的阅读生活，希望鼓励更多的读者一起来到广州图书馆收获阅读的快乐。

阅读不仅仅是看故事、听故事、讲故事。广州图书馆的每个角落仿佛都住着精灵，它们有时候是一场活动，有时候是一个展览，有时候是一个故事，有时候是一位志愿者，有时候是一位老师……广州图书馆儿童与青少年部定期举办主题丰富、形式多样的少儿阅读推广活动，孩子们就像进入了阿里巴巴的山洞，里面数不尽的知识宝藏让他们大开眼界，流连忘返。

孩子们在参加“小樱桃”阅读树、悦读会等活动时，既可以听古今中外、天马行空的故事，又可以做手工、玩游戏；在小河马玩具馆的活动中，既可以动手拼搭玩具，又可以听故事、长知识；在参加“n+1 家阅读”活动时，可以跟着老师现场写读后感，与老师和小伙伴交流家庭阅读学习的秘诀；在参加悦赏书影活动时，可以通过电影架起与书籍的桥梁，从书本和电影中得到无穷的力量。新冠疫情防控期间，线上活动也丰富起来，我们足不出户也能连线图书馆。现在，我们已经累计参加广州图书馆各类少儿主题活动一百余场次，孩子们沉浸在寓教于乐的阅读活动中，不知不觉插上了想象的翅膀、播撒了理想的种子。

广州图书馆在全公益地为孩子提供高质量的资源和服务的同时，还不遗余力地提高小读者的阅读积极性，在广州图书馆“阅读攀登计划”“n+1 家阅读”“‘小樱桃’阅读树读书会开放日”“广州市公共图书馆年度好读者”评选等一系列活动激励下，孩子们对阅读兴趣盎然、激情满满。哥哥和弟弟先后获得广州图书馆 2017 年至 2021 年阅读攀登计划小状元、2018 年和 2021 年广州市公共图书馆年度好读者、广州图书馆 40 年好读者之星等荣誉称号，我们家也获得了 2018 年最美亲子阅读家庭的荣誉称号，孩子们都成了广州图书馆的铁杆小粉丝。

参加馆内活动意犹未尽的哥哥几乎每个晚上都会要求继续阅读和听故事。当然，和哥哥的亲子故事时间慢慢也转变成弟弟的胎教时间，再转换为我们全家的阅读时间，全家一起努力让阅读变成一种习惯。通过阅读，孩子们对生活抱有各种好奇，语言表达能力和思维能力得以提升。当我们打开书，可以到天涯海角去旅行采风；可以探究名山大川、古迹名胜的传说和故事；可以了解不同时代的伟人名家的传奇；可以体会成千上万不同角色的人生……书籍让孩子们变得有温度，爱思考，让孩子们渐渐明白是非功过，渐渐褪去懵懂和无知，让孩子们敢于表达，敢于用清澈的头脑去仰望星空。

广州图书馆儿童与青少年部的老师们和志愿者们对读者既热情又周到，既友好又谦逊。他们总能将最好的服务，最美的笑容，最温馨的提醒，最有趣的知识提供给小读者们，他们无疑是图书馆的活名片。在此，我想对所有广州图书馆的工作人员、老师们、志愿者们说一声：你们辛苦了！感谢你们对少儿阅读工作的无私奉献和辛勤付出！

谢谢广州图书馆儿童与青少年部在孩子们心里播下这颗阅读的种子！我们庆幸结缘广州图书馆，她就是孩子们阅读之路的指路明灯和良师挚友。最后，衷心地祝愿广州图书馆儿童与青少年部越来越好！

图 4-4-1　哥哥和弟弟的家庭阅读时光

图 4-4-2　全家一起参加亲子阅读活动

图 4-4-3　王舒啸获评 2021 年度广州市公共图书馆“好读者”

图 4-4-4　王舒啸申领婴幼儿阅读包

图 4-4-5　王舒啸为广州图书馆捐赠自己的图书

图 4-4-6　谢炫亨获评 2018 年度广州市公共图书馆“好读者”

故事五　我们家和广州图书馆的故事

冯丹丹（小读者於子洋的妈妈）

我们一家和广州图书馆的渊源，要从孩子说起。和大多数父母一样，我们也是上班族，平时由老人带孩子。我们留给孩子的时间只有晚上和周末，所以我们就想利用这段时间通过亲子阅读和一些亲子活动来培养良好的亲子关系。

说起亲子阅读，我们也经历了一段摸索时期，有烦恼也有开心，有挫折也有收获。在子洋几个月大的时候，我们给他看过黑白卡、彩卡，主要为了让他认知颜色。紧接着我们会选择一些颜色鲜艳且带有响纸的布书以及形状奇特的洞洞书给他，让他观察、触摸。我们很认真地为他讲解书中的图片，可小家伙却不“买账”，又是手撕又是啃咬，不少书被他破坏了。我们没有制止也没有放弃，因为我们知道他在探索书。这个探索过程因为效果不明显就停滞了。

后来，在子洋差不多 1 岁的时候，我们发现他很喜欢车，就决定从他的兴趣入手，给他买点相关图书和挂图，通过点读认识各种车，通过听读书的音乐对读书产生兴趣，让他明白书不是用来撕的，涉猎的范围从交通工具到日常生活中的物品及动植物等。在子洋 2 岁的时候，我们发现通过阅读，他很快就学会了说话，逻辑思维也很清晰。渐渐地，书架上的书越来越多，因为我们要在他每个成长阶段配备不同种类的书籍，这让我们花费了大量的时间和金钱。子洋爸爸提议：“我们可以去图书馆借书，利用公共资源。”于是我们马上注册了读者证。

记得那是 2021 年 4 月的一天，广州图书馆举行了“第六届广州读书月发布会”，会上评出了“好读者”及“好馆员”。年龄最大的读者康幼之和年龄最小的读者王舒啸，向我们讲述了与图书馆的故事，听着他们的心路历程，我们感触颇深。看到来自不同领域的人都在广州图书馆感受书的魅力，我们深感读书应该从娃娃抓起。发布会结束后，我们走进了图书馆，参观了每一层阅览区。我们看到，广州图书馆布局分区合理，设备齐全，能在网上浏览往期报纸，上网区只需刷身份证就能“上机”，还有整洁的自习区，舒适的沙发阅览区等。

走上南二楼，映入眼帘的是“亲子绘本阅读馆”几个大字，墙壁上都是色彩鲜艳而独特的设计，让人感觉很温馨。向里面走，我们看到的是服务台工作人员和志愿者忙碌的身影，精美的手工作品陈列在展示柜里，海量书籍整齐地摆放在各个书架上，有中文的、外文的，有近现代的、古代的，有卡通的、漫画的……目不暇接，种类丰富。家长和小朋友们都在津津有味地看书，有的围坐在桌边，有的坐在地上，丝毫不影响他们的热情。子洋刚来这里，对一切都很好奇，但就是不看书，一会儿学着其他大哥哥大姐姐躺到圆洞里面，一会儿抢其他小朋友的书，抢来看了一下觉得无聊又跑到其他地方玩，甚至洗手间垃圾桶的盖子都被他当成了玩具，他看其他小朋友坐着电梯上上下下，完全把这里当成了游乐场。熟悉了这里的环境之后，我们借了一些书，并从图书馆的宣传手册上了解到“悦读童行”婴幼儿攀登计划活动，便领取了阅读护照，准备参加此次活动。

自从参加了阅读攀登计划，每天晚上我们固定好一个时间进行亲子阅读，翻阅借来的书籍。刚开始小家伙也不是很配合，总是跑来跑去，很不专注。我们就先带他看一些交通工具的图书，等他进入状态再慢慢深入，从单一图画的“汽车嘟嘟嘟”系列到看图说话式的“歪歪兔”“小熊很忙”系列等。他渐渐地不排斥了，并且还能选择自己想看的书籍，向我们提问题，和我们互动，我感到十分欣喜。就这样反反复复，我们发现子洋的专注力也提升了，从最初的 10 分钟到 20 分钟、30 分钟。我们坚持每个月定期去广州图书馆等公共图书馆更换书籍，也很荣幸子洋能在阅读攀登计划中取得佳绩，获得“小状元”的称号，这让我们更有信心了，并积极参加广州图书馆举办的其他活动。如今子洋已参加了两次阅读攀登计划，还参加了小河马玩具馆的创意交流活动及一些亲子阅读活动，取得了不错的成绩。婴幼儿阅读攀登计划设计科学合理，例如读者可以通过借图书的本数和次数来获得印章兑换积分，有效提高图书的利用率和培养孩子的阅读习惯；还能通过手工及绘画作品获得积分，锻炼孩子动手的能力。

从此我们成了广州图书馆的常客，在这里，子洋遨游在书籍的海洋和知识的世界中，享受着阅读的乐趣。从刚开始我们帮他选择书籍，到现在他独自选择，甚至可以一拿上书就席地而坐仔细品读，完全忽略周围的环境，我们甚感欣慰。

在阅读的这条路上，我们一直坚持着。阅读成了他的兴趣爱好，每天他都会自己主动看书，很专注，并且向我们讲述书中的内容。阅读不仅培养了我们的亲子关系，也使我们感受到阅读带给我们的影响，让我们体会到只要坚持就会有所收获。

广州图书馆是广州文化的窗口，更是一个知识的殿堂。阅读点亮人生，书香浸润童年。感谢广州图书馆为我们搭建的平台，让我们感受到在喧嚣的世界有一方净土让我们获得宁静，让孩子们褪去平日的顽劣，静下心来，全神贯注，汲取书中的营养。未来的路还很长，让我们一起与广州图书馆携手同行，共同进步！

图 4-5-1　於子洋和妈妈一起阅读

图 4-5-2　於子洋和妈妈的家庭阅读时光

故事六　亲子阅读，我们的秘密花园

——我的亲子阅读故事

乐玭玭（小读者刘怡乐的妈妈）

著名插画家白蒂利亚曾说过：“儿童的成长，一半在于饮食，而另一半在于阅读。”作为家长，我们也深深地认识到阅读的重要性。

孩子出生后，我和孩子爸爸就达成共识：要培养孩子的阅读兴趣。我们从自身做起，到家后，将手机调至静音状态，并将其放置在“停机坪”。到了一个约定好的时间，我们再先后查阅处理手机上的重要信息。

关于如何培养孩子的阅读兴趣和习惯，我们也是和孩子一起成长，一起摸索，一起探寻最适合乐乐的阅读方式。回顾这 5 年的成长经历，初为父母的我们主要侧重于以下几点：

一、创设良好的阅读环境，营造书香氛围

（一）环境布置

在家居布置中，我们家最多的就是书。除了书房，入户花园、客厅及卧室都摆放了孩子的书籍，甚至茶几上、沙发上、桌子上都会随意摆放孩子的有声书、立体书、故事书、贴纸书等。有时，孩子不经意经过时，也会去翻一下或用手按一下有声书的按键。

（二）时间安排

我们尽量每天安排 15—30 分钟的阅读时光。上幼儿园前，阅读时间不

固定。上幼儿园后，时间固定在晚饭后和睡觉前。这样，孩子会自然而然形成阅读习惯及心理暗示。一到固定时间，孩子会主动提出来：妈妈，讲故事啦！

（三）示范引导

家长是孩子的第一任老师。根深才能叶茂，要培养爱阅读的孩子，家长也要爱看书。在家里，我和孩子爸爸也会看自己的专业书籍。有时，孩子甚至会从书柜上抽出我们的书籍，请我们阅读。

（四）营造仪式感

孩子上幼儿园后，我们和孩子约定好每周去一次图书馆，我们想给孩子一种心理暗示：阅读很重要，图书馆很好玩。在此，也要特别感谢广州图书馆。位于南二楼的亲子绘本阅读馆是孩子最喜欢的地方，在那里她总能找到自己喜欢的书籍。

二、尊重孩子的认知规律，尊重阅读选择

尊重孩子的成长规律。孩子半岁前，我们经常和孩子一起看黑白卡，然后逐步过渡到彩色卡。孩子半岁后，我们开始给孩子听有声书、玩立体推拉书、洞洞书，以及洗澡时也能玩的布书。这些书都像玩具一样，深深地吸引了孩子，让孩子感受到“读”书和玩游戏一样有趣。

孩子咿呀学语时，也慢慢能跟唱一些儿歌童谣，这时，我们会有意识地带孩子看书里面的图。孩子 2 岁多时，我们开始订阅巧虎书籍和配套玩具；孩子上幼儿园后，我们开始订购《幼儿画报》。我们会有意识地带孩子去购书中心和图书馆选书。一开始，孩子选书毫无规律，我们也不干涉。符合孩子年龄和心智特点的图书，我们就当场讲给孩子听；不符合的图书，我们就在不经意间放回书架。时间长了，孩子会逐渐根据封面甚至内容来挑选书，有时还会问我，这本书的名称是什么，是关于什么的，进而形成自己初步的阅读判断，甚至表达自己的阅读欲望：这一本我想借回家。每一次借完书回

家，再读时，她也能选择哪些是想要再反复阅读的，哪些是可以早一些还给图书馆的。

当然，我们也会根据老师的推荐及幼儿园的活动，相应挑选一些书籍和孩子一起阅读。孩子非常喜欢上幼儿园，老师也会经常布置一些很巧妙、有趣且综合性较强的任务。比如，立夏时，老师组织孩子们学习了解“立夏”的习俗，我们就会带孩子相应地进行阅读，获取相关知识。前段时间，孩子养了几只蚕宝宝，非常感兴趣，每天都去观察蚕宝宝的变化。后来在图书馆借书时，我们选取了相应的书籍《纺织姑娘》《科学的种子：蚕的一生》等讲给孩子听。

三、设置多样的阅读形式，增强阅读体验

（一）演读式

孩子喜欢的书都是偏故事类的趣味性较强的书籍。给孩子读故事时，我们一般都会声情并茂地朗读。比如，孩子很喜欢《山精和三只小羊》，读这个故事时，我们用粗粗的、低沉的声音模仿山精说话，营造一种恐怖的氛围；用细细的、童稚的声音模仿三只小羊，传达小羊的弱小，通过音量的变化来传达小羊的智慧。孩子很喜欢这个故事，在很长的一段时间里，我们反复一起读这个故事。读《小红帽》及其他故事时，我们也会用同样的方法，让孩子更加投入地倾听故事，理解故事中的角色，加深对故事的理解。有时候，我们会借助动物公仔或指偶辅助讲故事。

（二）接力式

小孩子的记忆力非常强。读过几次，就能将书中的情节甚至文字表述记得很清楚，这时，我们就开始尝试接力式阅读。有一段时间，孩子非常喜欢《奇先生妙小姐全新故事集》，每天我们都要读上几个小故事。孩子看到封面，就能说出故事，如《颠倒先生买房子》。我们就一起边翻边讲。我讲：“颠倒先生说话做事总是……”孩子会接下去：“颠三倒四的。”我继续：“比

如开车……”孩子会继续讲：“他居然倒坐在驾驶座上。”就这样，接力式阅读也逐渐成为我们家的一种阅读常态。

（三）互动式

在阅读故事的过程中，我们也会和孩子进行互动。每一本故事书，我会先带着孩子指读标题。比如读《渔夫和金鱼》时，我会指着标题和孩子一起读一遍。然后，我会和孩子一起观察封面：从封面中你看到了什么？还有什么呢？接下来开始边读，边根据情节请孩子进行预测。如：渔夫忙活了一整天，他只捕到一条小金鱼，他是什么心情？当小金鱼告诉老渔夫它会满足他所有要求时，渔夫会提要求吗？会提什么要求呢？我们通过提问，引导孩子张开想象的翅膀，对故事进行想象预测。这样，可以很好地激发孩子的阅读兴趣。在表演故事时，孩子扮演小金鱼，还会给自己增加台词：“老爷爷，你回去告诉老奶奶，她太贪心了，总是不满意！”读完整个故事后，我们还会讨论：“你最喜欢故事中的谁呀，小金鱼、渔夫还是老太婆？”有时候孩子还会反问我们：“你们呢，爸爸妈妈，你们喜欢谁呢？”

（四）分享式

当孩子听的故事越来越多时，我们也会进行故事分享，即家长和孩子互相给对方讲故事。家长讲一个故事给孩子听，孩子讲一个故事给家长听。讲完后，孩子通常还会问：“我今天讲得怎么样？你听懂了吗？”有时，我们会改编故事中的情节。比如讲《小红帽》时，我会说：“今天我要讲一个跟之前不一样的小红帽……”听完后，孩子也会说：“我也要讲一个不一样的小红帽，她非常勇敢，一下子就把大灰狼赶走了……”

四、重视孩子的阅读反馈，共情阅读感受

在阅读经典绘本《抱抱》时，我们发现孩子的同理心很强，情感特别细腻。那时，孩子还不会表达，但每次读这本书时，她都会掉下大颗大颗的眼泪，甚至哭出声。这时，我会停下来安抚她：“你是不是不想要小猩猩找不

到妈妈？”她点点头。我就告诉她：“那我们一起给她加油，让她快点找到自己的妈妈，好不好？”后面看到妈妈和小猩猩团聚时，她也跟着开心起来，破涕为笑。当然，当孩子比较小的时候，这种比较容易引发孩子伤感情绪的书籍，我们会暂时搁置起来，等孩子大一些时再和孩子分享探讨。

五、适时进行阅读成果展示，增强阅读自信

由于工作原因，我平时习惯拍摄照片或小视频记录工作当中的点点滴滴。在陪伴孩子阅读时，我也会习惯性地捕捉孩子阅读的照片或视频。有一次，孩子 2 岁多时独自边翻阅书边讲《丑小鸭》，我很幸运地将这一部分捕捉下来了。偶尔将这一段播放给孩子看时，她也很开心，更加愿意阅读和分享了。

最近，孩子很喜欢“没想到幼儿哲学启蒙绘本”系列的故事《就不》。这个故事简短有趣，也很契合孩子现阶段的年龄和心理特征。她很喜欢讲这个故事。于是我邀请孩子一起录制这个故事的视频，并参加广州图书馆的“云上童声”系列活动，孩子看到自己的作品被发布在“广图少儿”微信公众号上时，更有成就感了，也更有自信了。此外，广州图书馆还开展了很多其他活动，激发孩子们的阅读兴趣，提升阅读素养，如“小樱桃”阅读树系列活动，“悦读童行”婴幼儿阅读攀登计划等，我家孩子都积极参加。自从作品被图书馆选用后，她的阅读兴趣更浓了，最主要的是她的阅读分享意愿更强烈了，每次读书都很有意识地进行故事分享并录制视频，现在已录制了几十个阅读视频了。2023 年 3 月，乐乐很幸运地获评了广州图书馆婴幼儿阅读攀登计划的“小状元”，孩子受到了很大鼓舞，更积极地前往广州图书馆参加活动和借阅书籍。很感谢广州图书馆为孩子们创设良好的阅读氛围，提供各种展示和提升的平台。

亲子阅读是属于我们的秘密花园，也是属于我们的幸福时光。阅读是最好的家庭教育。我希望在亲子阅读中，孩子能感受真善美，形成初步的价值判断，明辨是非。同时，能养成良好的阅读习惯，让阅读习惯陪伴孩子幸福成长！

图 4-6-1　在广州图书馆亲子绘本阅读馆专心阅读的刘怡乐

故事七　和广图朝夕相伴的小学六年

张潇予

以书为伴、以图书馆为家，转眼间，广州图书馆已和我朝夕相伴六年，它陪我度过了小学的生活，我参加儿童与青少年阅读攀登计划也已有五年。白驹过隙，图书馆教会我坚持阅读，让我“腹有诗书气自华”。

2017 年 12 月 9 日周六晚，我第一次踏入广州图书馆的大门。之前，我一直住在郊区，只知道去购书中心买书，不知道原来还有这么漂亮、这么智能、这么完备的可以免费借书的图书馆。瞧我第一次看到有这么多书的时候一脸吃惊的表情。因为当时是晚上，所以我没能进入南楼少儿区，但我在门口导览区看到儿童与青少年阅读攀登计划的简介，立刻就被上面列举的形式各样的阅读活动深深地吸引了，连连叮嘱妈妈几次一定要带我来南四楼参加。于是，在一年级寒假，我顺利拿到了第一本“阅读护照”，可以通过参加各种形式的活动打卡积累积分，年底的时候不仅可以参加“小状元”的评选，还可以兑换礼物。别看我人小但力气大，我用力踮脚尽可能多选一些自己喜欢的书，一本也不能错过。从此，我开始了跟广州图书馆朝夕相伴的日子。

图 4-7-1　张潇予的第一本阅读护照

图 4-7-2　张潇予在广州图书馆阅读书籍

自从拿到阅读护照，我就绞尽脑汁想着怎么才能获得更多的积分，妈妈也关注了“广图少儿”公众号，每个周末都会有“青少年艺术坊”、“阅创空间”、“小樱桃”阅读树等活动，只要提前预约，就可以免费参加。2018 年 3 月我参加了《幼学琼林》读书活动，5 月参加了植物世界科普活动和“我是小小建筑师”亲子讲座。在植物世界科普活动中，我通过积极回答问题获得了一沓很厚的漂亮书签，那时我暗自想自己也要好好读书，像华南农业大学的大哥哥大姐姐一样当志愿者，服务社会。

而在“我是小小建筑师”讲座中，我亲手拼出的双层小房子更足以让我在同学面前炫耀很久。不仅如此，自己的动手能力也在慢慢提高，当时我心想作个建筑师也不错，可以将自己的建筑专业知识跟环保等理念相结合，绘制心中的蓝图。

6 月，我参加了“夏至——节气体验课”、“寿命的秘密”科普讲座和“非遗课——波罗粽制作技艺体验课”。在节气体验课上，我在老师的引导下写下三种可以体现夏天味道的食物，还画了一个心目中的冰激淋，样子有点丑，有些字那时不会写还用了拼音，但有关夏至这个节气的知识和夏日甜丝丝的味道却深深地印在我的心里。

图 4-7-3　张潇予参加广州图书馆“夏至——节气体验课”活动

图 4-7-4　张潇予的“夏至——节气体验课”活动作品

在“寿命的秘密”科普讲座上，华南农业大学的哥哥姐姐们向我们展示了各种植物，并告诉我们怎么判断这些植物的寿命，特别是如何通过年轮判断大树的年龄。其间又有一些问题抢答环节，回答正确还可以获得小礼物，哥哥姐姐们在欢声笑语中用知识浸润着我们，我真是太喜欢“阅创空间”系列的活动了。更值得一提的是波罗粽的制作，开展课程的那天刚好是端午节，全家人都陪我一起来参加活动。传承人彩姐团队，带着备好的糯米、绿豆，还有现场用五香粉和二锅头腌制的五花肉，耐心细致地一步一步教每个小朋友怎么制作波罗粽，通过动手体验的方式让我们从小就了解这种非遗物质文化，在潜移默化中完成对它的传承。每参加一次活动，我就迫不及待地提醒妈妈赶紧看看下周有没有新的活动，帮我预约，生怕约不到。

图 4–7–5　张潇予参加广州图书馆“非遗课——波罗粽制作技艺体验课”活动

7 月，期盼已久的暑假来了，我有更多的时间去图书馆了。我总是一整天泡在图书馆，把作业也带过去，写作业、看书、参加活动，中午在负一楼的餐厅吃饭，真的是以图书馆为家了。妈妈也会分享每次的活动到朋友圈，好多同学都闻讯而来，大家远离电子产品，一起学习，共同进步。

如果你真的很想得到你需要为之努力的东西，就把握机会，永远别放弃！这是我参加绘本《我……有梦》赏读后得到的启发，人有梦想才有奋斗的方向和动力，心有梦想，一路坚持，做最好的自己，永不放弃。

2018 年 6 月，我第一次参加了阅读分享会，主讲人是小朋友们都喜欢的郁雨君老师。我聆听了她创作的灵感，获得了一本她现场签名的书，而且在互动环节向她提了一个特别的问题：您喜欢吃榴莲还是臭豆腐？她哈哈大笑。现在翻看起妈妈当时录制的视频，我自己也会偷笑，这是我第一次跟作家近距离接触，真心感谢广州图书馆给予的机会。

图 4–7–6　张潇予参加著名作家郁雨君阅读分享会并获得作家签名

接下来的整个暑假我几乎都泡在图书馆，每每看到图书管理员要上架新书，我便飞快地冲上去排队，嘴巴乐开了花，连缺口的门牙都能看得一清二楚，什么都阻挡不了我对书的热爱和对知识的渴望。另外，每个季度的阅读成果提交，比如手抄报、阅读笔记、书画、手工、创客作品等，我也没漏掉。连续几个季度图书馆里都有我的作品展示呢，我要特别感谢广州图书馆的工作人员，花费精力把大家的作品尽可能精美地展示出来，给了我很大的信心继续努力提升阅读效果和作品质量，期待每次都能被评选上。

我就这样一直坚持阅读和积累积分，完成了一年的活动。终于在 2018 年 11 月 24 日，我第一次登上了“小状元”的颁奖台，在负一楼展览厅可以看到我的作品以最完美的形式被呈现，我还走上大舞台，由馆长亲自给我颁了奖，所有的掌声都在鼓舞着我，每一声都是对我的肯定和鼓励。这让我越来越相信阅读的力量！

图 4-7-7　张潇予的手工作品在广州图书馆展出

图 4-7-8　张潇予在 2020 年广州图书馆儿童青少年阅读攀登计划中获得“小状元”荣誉称号

图 4-7-9　张潇予的作品参加阅读攀登计划优秀作品展

一鼓作气，我连续五年参加了阅读攀登计划。随着学业的不断加重，我无法像低年级时参加那么多丰富多彩的活动，但坚持每天阅读的习惯至今未变。读书，不仅开阔了我的眼界，更重要的是还帮我积累了深厚的文化素养。

2020 年，我仍坚持读书打卡，366 天无间断，这一事迹被刊登在《广州日报》和《信息时报》等媒体平台。我坚持参加阅读整本书挑战、阅读交流分享、修整破损书籍志愿服务、好书推荐、1 小时阅读挑战赛、童心向党活动、红色基因和好家风故事展，以及 2022 年的“带着图书去旅行”、“小小拍客”等活动。一次次的活动让我的能力得到锻炼和提升，感谢广州图书馆无私地为我们提供机会，而且不断推陈出新，优化我们的阅读体验。

我也有越来越多的作品被展示，并连续多年获得“小状元”的称号。五年来阅读护照的不断更新也体现了广州图书馆儿童与青少年部与时俱进、不断优化，一直走在图书馆界的最前列。

图 4-7-10　张潇予领过的阅读护照、展示的成果及获得的部分荣誉

图书馆里的我已经从一个调皮懵懂的小男孩成长为一个即将踏入中学大门的少年，所看书籍也渐渐由南楼转入北楼。感谢广州图书馆引领我迈入阅读的大门，提供给我优良的阅读环境，感谢阅读攀登计划督促我养成了坚持阅读的习惯，用知识滋养着我的成长。在广州图书馆少儿服务创办十年之际，我由衷地说声：真心谢谢您！终身的良友！传播阅读的力量、传承文明、怀揣梦想，祝愿广图越来越好！

故事八　我与广图的七年

罗弘毅

时光飞逝，我即将小学毕业，回想七年前还在上幼儿园的我第一次来广州图书馆的场景，至今仍历历在目。那是一个月朗星稀的夜晚，凉风习习。晚饭后，妈妈说要带我去“城堡”探险，我一下来了精神，迅速穿好衣服，满怀期待地跟着妈妈出发。

在一个大广场边上，一座玻璃城堡矗立着，城堡的形状有点奇怪，像用三角形积木随意搭建的。走近入口处，有一个奇怪的雕塑：一本打开的大书，书页上放着把钥匙。城堡的钥匙还放门口，不怕有贼吗？我心里冒出个大问号，一边想着一边进入“城堡”。城堡里灯火通明但异常安静，我有些害怕，紧张地握着妈妈的手，贴在妈妈身后，妈妈轻轻地抚摸了我一下，得到妈妈的鼓励，我壮起胆子跟着妈妈朝北楼走。我抬头好奇地四处张望，南楼充满童趣的装饰吸引了我，拉着妈妈要往那边去，却被妈妈悄悄地告知，南楼晚上不开放，但下次早点来就可以进去。

渐渐地我不再紧张，听着“唰唰”书页翻动的声音，看着一排排好高好高的书架，我很好奇，那些都是什么神奇的书？大人是被施了孙悟空的定身法术吗，一个一个都专心致志看手中的书？这七年我与图书馆的故事就是从这一刻好奇开始的。

几周后，我央求妈妈带我去玻璃城堡时，妈妈怔住了，不明白我所说的城堡是哪。我着急地解释着，费了好大力气妈妈才明白我所说的城堡是什么意思。这时，我才知道，玻璃城堡的正式名称是广州图书馆。

再一次来到广州图书馆正值中午，太阳光透过正门的玻璃墙照进馆，大厅显得格外宽敞明亮。站在通往南二楼的手扶梯时，我看到扶梯上举着牌子的志愿者哥哥，在阳光的映衬下，闪闪发光，就像超人猪猪侠，我睁大眼睛看着他。志愿者哥哥微笑着让我注意脚下安全，注意只可以走不能跑。虽然我到达令人心驰神往的南二楼，心情有些激动，但我也像他那样礼貌地微微一笑，接受他的建议。

南二楼绘本区书架上有几个可以容身的大洞洞，我小小的身躯，略弯腰就能钻进去，接着又调皮地钻出来。没过多久，洞洞周围来了好些小朋友，我赶紧选几本书再次钻进洞洞。当我翻开绘本坐在洞中时，仿佛进入另一个世界，洞洞外的喧闹嬉戏被屏蔽，洞洞里就像一个只有自己的世界，这种感觉太奇妙。

从这时起，我爱上了广州图书馆的亲子绘本阅读馆，那段时间几乎每隔一周就要来一次。随后，我办了张借书卡，把心爱的书带回家继续看。

一次在一楼还书时，我发现回收车上有本《山东寻宝记》，好奇地拿起来看，结果一发不可收拾。各种寻宝记，我都喜欢看。不久，我就发现寻宝记类的书在南三楼的 23 号书架放着，于是，我不再满足于亲子绘本阅读馆，想到更广阔的“世界”去，我要到南三楼看书。

23 号书架有我喜欢的各类寻宝记、“丁丁历险记”丛书、“植物大战僵尸”丛书、“生存记”丛书。然而这些都是抢手货，经常抢不到。2017 年，每周日我在图书馆对面的少年宫上语言课，九点半下课后都会跑着来图书馆，在大厅等着南楼开放。因为，我知道在开馆三分钟内我必须到达南三楼 23 号书架，不然我最喜欢的书就会被一扫而空。自从掌握这个窍门，23 号书架上的书很快被我看了个遍。

大多数男生天生是军事迷，我也不例外。我在小说专区发现军人叔叔写的“少年特战队”“特种兵学校”系列军事题材小说。我如饥似渴地看，沉浸在军队中，想象着自己长大后成为一名军人。我开始有选择地借阅书籍，在南四楼中小学生综合书刊区，那里有数不胜数的书刊，《轻兵器》《兵器知识》《航模》《航空知识》……不论是月刊还是双月刊，都逃不出我的手掌心。通过这些刊物，我能了解最近各国的局势、最先进的武器装备与科技，以及对它们最全面的分析。这三个“最”使我不上网也可以和大人们“侃侃而谈”军事时事。通过这些刊物，我知道一些有趣的电影和纪录片。于是，我上南六楼，挑选感兴趣的影片看。这里的影片资源极其丰富，只有你想不到，没有你找不到的，最关键的是这些还都是正版影片。周末的时光，经常在这些影片的陪伴下偷偷溜走。通过这些刊物，我依葫芦画瓢，制作船模的手工，拆解飞机，我想我长大后会成为一名军工设计师。

我爱广州图书馆，感谢你陪伴我度过即将逝去的小学时光，希望你能一直陪伴着我长大。祝广州图书馆新馆十周岁快乐。

图 4-8-1　罗弘毅正在阅读从广州图书馆借的图书

故事九　广州图书馆

——我家的营养补给站

崔雁（小读者李泰阳、崔朗的妈妈）

2017 年 10 月，我们一家人带着户口本，在广州图书馆一楼办理了 4 张读者证，从此开启了我们的阅读之旅，我们家，也多了一座“营养补给站”。

图书馆给我们留下的第一印象，当然是海量的图书。我家有两个儿子，平均每人每年的借阅量为 150 册。2017 年至今，我们全家的总借阅量达到 1415 册，其中儿童图书类就有 1308 册。我们从图书中获得的营养无穷无尽，两个孩子可以说是在广州图书馆泡大的。

泰阳和朗朗两兄弟的阅读轨迹，从最初的南二楼的亲子绘本阅读馆，逐步“升级”到南三楼的中小学生文学艺术图书区、南四楼的中小学生综合书刊区。最近哥哥又迷上了北六楼的历史类书目。阅读，已经成为他们成长路上最重要的一种习惯。

机缘巧合下，我们发现了图书馆的另一大宝藏——亲子活动。哥哥从 4 岁开始参加，弟弟更是从 2 岁就开始参加了。两兄弟从最初的小河马玩具馆的活动、“小樱桃”阅读树系列活动，到后来陆续参加了“小小创客”、“科普小达人”、悦读会、文学后花园、“书及远方”广图研学、华夏小手工等系列活动，也跟随着广州图书馆走过十三行博物馆、孙中山大元帅府纪念馆，还去户外研究建筑物结构、进行观鸟等。每个周末在广州图书馆都能看到我们家两兄弟的身影，图书馆为我们打开探索之门，是我们飞向未知世界的营养补给站。

广州图书馆给予我们家的营养很均衡，包括我这个新手母亲。负一层报告厅周末经常会举办各种讲座，包括亲子阅读、广府文化、唐诗宋词类……

包罗万象，丰富多彩。作为家长，这些讲座让我受益匪浅。让我更为惊喜的是，孩子们也愿意陪伴我一起听讲座，一起接受阅读的熏陶。虽然他们有时候看上去是一知半解的样子，但也听得津津有味。负一层的展览厅基本上是我们结束一天的图书馆之旅前的最后一站。展览的主题，涵盖了古今、国内外等各种创作风格。在这些展览中走一走，看一看，偶尔发发呆，思考一下人生的同时，这些文化也在孩子们的心底种下了艺术的种子。我们家长要做的，就是静静地等待它们发芽。

学习是伴随每个人一生的事。在学习的过程中，我们最强的后盾就是广州图书馆，是它一直给我们前进的动力，指引正确的方向，源源不断地为我们提供营养补给，让我们的学习更加动力十足。孩子们，让我们一起携手广州图书馆，享受阅读，奔赴未来吧！

故事十　我和“我的图书馆”

沈欣霖

广州图书馆是我的启蒙之地，因为从小到大，只要周末有空闲，我和妈妈总是不约而同地选择去图书馆看看。

在我还很小的时候就和广州图书馆邂逅了，那时候儿童与青少年部就是我的乐园。妈妈带着小小的我去借绘本，当时的我对图书馆方老师给我介绍的书基本上是来者不拒、照单全收。此外，我还参加了“悦赏书影”、公益阅读、悦读会、艺术坊、“小小创客”等各种各样有趣的活动。

白天，在图书馆里，我可以和很多小朋友一起玩有关书籍的游戏；晚上回到家，妈妈会给我读许多好听的绘本故事。渐渐地，我对图书馆产生了更大的兴趣和热情，每星期去一次图书馆便成了我家雷打不动的周末活动。广州图书馆也为小小的我提供了大大的、缤纷的世界。

广州图书馆举办的各类少儿活动精彩纷呈。从“小樱桃”阅读树活动中我能感受绘本故事的童真和精彩；从“悦赏书影”活动中我能欣赏到和图书相关的影视作品；在“小小创客”活动中我们通过编程做出七彩的花朵、极具挑战性的小树、动物台灯等，这让我产生了前所未有的成就感——原来我也可以设计出这么有趣的小程序，以至于每次参加完创客活动我都意犹未尽，回到家里第一时间就翻开刚借回来的图书，打开我家电脑上的编程应用程序，一头扎入编程的快乐与兴奋之中；“我是科普小达人”活动，让我沉浸在科学的精彩世界中；旅行记录册的成长公益课使我至今都保留着记录生活的好习惯……

我最热爱的是青少年艺术坊活动。我在火箭杯上用黏土做成的星球与银河黏土作品，至今还被展示在阅创空间。广绣叶片中的一针一线、折纸画的漂亮与鲜艳让我着迷不已。广州图书馆引领我发现了美、认识了美、爱上了美，为我上了生动的美学第一课。正是一次次有趣又精彩的活动，塑造了儿时活泼开朗、充满好奇心的我。

广州图书馆还见证了我的第一次“追星”之旅。在这里我第一次见到了作家曹文轩伯伯，并参加了他的阅读写作分享讲座。在此之前，他的书已经塞满了我家整整一排书架！在分享会上，曹文轩伯伯说：“一切的写作都来源于生活和经历。”这句话至今在我的脑海中萦绕，我开始尝试自己写一些东西。也许我的文章天真而单薄，但我相信这绝不是毫无意义。曹文轩伯伯的写作手法和观察事物的多元角度启发了我，让我重新认识和发现这个世界，我开始关注一些我之前从未关注过的人，了解他们正在经历或曾经经历的事。我学会在阅读中思考，在思考中写作。十分感谢帮我实现追星梦的广州图书馆儿童与青少年部，我对她的爱更深了。

时间一天天过去，我在慢慢地长大，陪伴我的图书也从绘本变成了小说，从童话类变成了生活纪实类。我徜徉在图书馆的大海里，不停地汲取养分。在广州图书馆的阅读岁月，不仅培养了我丰富的想象力，也锻炼了我的语言组织能力和逻辑思维能力，最终成就了崭新的我：广东电视台南方小记者。

在小记者的选拔、训练和日常采访过程中，我此前丰富的阅读积累派上了大用场。在记者辩论赛中，我的反驳有理有据、条理清晰；在组织稿件时我成稿速度快、质量高，屡屡获得老师们的好评；在阐述观点时我的表达真切且有说服力，很能打动我的观众。我知道，这一切靠的是多年来阅读的积累。经过几年的采编和播报，最终，我站上了小记者的最高领奖台，获得了南方小记者金话筒奖。每当我看到那金灿灿的奖杯时，都会很感谢广州图书馆，也感谢那个一头扎进图书馆、眼中充满兴奋、对每一本书充满了渴望的小小的自己。

终于有一次，我有机会回报这个为我插上梦想的翅膀、帮我圆梦的地方——我以一个记者的身份走入广州图书馆，向全省的小朋友们介绍这里举办的活动。在自己热爱的地方采访，我感到说不出的快乐和自豪。当我踏上广州图书馆的“舞台”，面对摄像头，手拿麦克风的时候，我感受到了作为一名图书馆小读者和一名南方小记者的双重使命。坐在台下参加活动的小朋友，都带着对阅读和知识渴望的眼神，这不就跟小时候的我一模一样吗？

我习惯把广州图书馆叫作“我的图书馆”。十年间，“我的图书馆”见证了我的成长，培养了我的兴趣，让我养成了爱阅读的习惯。我会在固定的时间，在家里找一个地方，拿起一本书，旁若无人地翻看，遇到喜欢的段落还会做摘抄。有时我本只想抽空翻两三页，但一拿起书就会持续看两三个小时，从第一页看到最后一页。

最后，跟大家汇报一下我与“我的图书馆”的近况吧。虽然学习越来越忙，但我还是会隔一两周就去一次。虽然我和妈妈每次都打着去还书的旗号，但为啥总有书要还呢——因为一进广州图书馆就舍不得出来了呀！每次往返这里，我们都是拎着一袋子书进来，又抱又扛地再搬一袋子书回家。

感谢“我的图书馆”，她还是一如既往地默默陪伴我，从南楼二楼亲子绘本阅读馆开始，升级到南三楼的中小学生文学艺术图书区、南四楼的中小学生综合书刊区，现在我已经开始向北楼出发啦。如果你问我什么是快乐，我会告诉你：快乐就是在书海遨游，在书山挖宝。在广州图书馆的书山书海中，我的探索仍在继续，我的快乐永不落幕。

故事十一　一扇时空穿梭门和一把钥匙

王　湾　王　暖　王一惜

在我们看来，广州图书馆不仅仅是浩瀚宽广的海洋、深邃神秘的宇宙，还是一扇时空穿梭门——带领我们穿越时空和地域，时而引领我们穿梭到文艺复兴时期的意大利，与艺术大师达·芬奇、拉斐尔进行跨时空对话，去聆听关于他们身处时代的故事，去感受他们对艺术的热爱与坚持；时而引领我们穿梭到热情奔放的西班牙，邀请我们进入艺术殿堂普拉多博物馆，“亲临其境”地走进西班牙的大航海时代，了解西班牙皇室的艺术审美意趣，欧洲的提香、鲁本斯等重量级艺术家的画作及其背后的故事；时而穿梭到历史悠久的古埃及，了解两河文明，与法老对话，了解他们独特的文字故事和金字塔的建筑智慧……

而我们的父母则是一把钥匙，引领我们走进并打开这扇时空穿梭门，到不同时空、地域，跨越中西去探索求知，去走进一个个奇幻的国度，独立自主地寻找、发现、思辨、收获、成长！

感谢爸爸妈妈和广州图书馆，在我们小小的心灵里种下了阅读的种子，在我们的小脑袋中植入大世界，培养了我们多维度的思辨能力，为我们隐形的翅膀不断输送营养，让我们加深了对努力和成功的定义和理解，以及对知识、未来和远方的期盼与向往！

下面，一起来了解我们与广州图书馆的故事吧！

一、阅读和成长——阅读之路始于广州图书馆这扇时空穿梭门

我们的家庭是一个快乐、包容的家庭，它也是一把钥匙。我们三姐妹，年龄相仿，最多不过相差 2 岁。爸爸妈妈对我们最基本的期盼是诚实正

直、明理善良、勤奋乐观。我们正式与广州图书馆结缘，都始于我们各自的8岁。

大姐姐湾湾始于2019年（当时8岁），现在12岁，至今有将近4年的广州图书馆小读者资历；二姐姐暖暖始于2020年（当时8岁），现在11岁，至今有将近3年的广州图书馆小读者资历；三妹妹一惜始于2021年（当时8岁），现在10岁。至今有将近2年的广州图书馆小读者资历。

以前我们都不怎么看书，礼仪和文明习惯都没跟上。“没文化，真可怕。”这句俗语虽难入耳，但说得却丝毫不错。养成良好阅读习惯后的我们变化很大。这当中，每一点点的进步都有赖于广州图书馆庞大丰富的多元化书籍资源。

我们从第一次参加活动的害羞到后来的自主发言，从看绘本再到中外小说等，从不看书到随时随地只要有书就能快速地进入忘我的阅读状态，这些进步是多么巨大！

二、活动和成长——快乐体验始于丰富多元的魔术穿梭门功能

广州图书馆的活动也为我们的童年留下了缤纷的一笔，让我们在美好的童年里遇见更棒的自己！在广州图书馆，绘画、研学、设计、手工创作、科技、健康、旅游、美食、音乐等主题都能很好地与阅读融合，而且，活动的内容、形式、互动交流等都对我们日后的深化学习有所帮助，为我们搭建通往知识殿堂的快速通道，这种寓学于乐的方式很值得赞扬！

其中，我们小小三姐妹们最喜欢的活动有：

（一）“漫绘阅读”——绘画与阅读的结合

（1）“把时光绘在手账里”活动，让我们养成了用绘画记录美食、旅游等日常生活的习惯，包括我们每次美好的“泡馆”经历。

（2）“大圣斗法的悟空100年”活动，激发我们对动漫角色人物性格多面性的重新思考。

（3）“粤剧面谱的专题讲座与绘画”活动，让我们有机会深入了解粤剧

中不同性格人物的面谱特征及其背后的意义。

（4）“戏曲角色创造的趣味”活动，让我们首次了解粤剧院的工作，也让我们更感慨粤剧工作者“台上一分钟台下十年功”的艰辛和不易！

（二）“书及远方”广图研学活动——立体化的研学体验

（1）“广州新中轴线上的城市建筑研学”活动。感谢广州图书馆邀请华南理工大学的哥哥姐姐们为我们开展了一次别开生面的研学活动，让我们了解了景点设计的特点和背后的小故事。我们在活动中既学习了建筑知识，也培养了团队协作精神，更体验了认识新朋友的乐趣——我们认识了同样是忠实读者的李泰阳家庭。从此我们两家的妈妈经常交换活动资讯，小朋友们见面也像同班同学一样亲切。

（2）“粤读剧目:《搜书院》”活动。感谢广州图书馆将粤剧剧本阅读与赏析搬到了图书馆舞台，并邀请红线女艺术中心的老师为我们现场示范粤剧唱腔和四功五法等表演程式，让我们爱上了戏剧故事和角色演绎。

这些少儿活动帮助我们培养了很多兴趣爱好，尤其是对粤剧的喜爱——所有与粤剧相关的文化、表演、书籍、戏曲故事等我们都“爱不释手”。我们第一次感受到文化“传承”的伟大深远意义，也为我们是广府中的一员而自豪。

广州图书馆为我们成长提供了最充足的精神养分。在新冠疫情期间，它在我们心底播种了无数的希望种子，让我们拥有丰富的知识储备，为我们未来提供了更多的选择。

每到周末，我们总是十分期待妈妈带我们去广州图书馆，因为每次都会有意想不到的收获。阅读让我们的心灵更充实，也让我们更加坚定未来的道路选择和目标追求！

我们想对广州图书馆说：感谢所有的馆员老师们，你们是如此用心地准备每场活动，并给孩子们提供足够的互动和展示机会。在这个广阔的大舞台上，我们每次都充满期待。同时，我们也积极参与广州图书馆举办的各项比赛活动，并享受与小伙伴们同台竞技、相互努力拼搏的美好感受。

希望今后广州图书馆可以在大自然、美术馆、博物馆、公园组织更多的研学活动，将更多的户外项目与阅读结合。还希望广州图书馆可以举办辩论大赛、演讲大赛，让我们在广阔的舞台上培养思辨能力！

附　录

附录一　服务数据

表附 1-1　广州图书馆 2013—2022 年新增注册读者类型统计

类型	2013 年	2014 年	2015 年	2016 年	2017 年	2018 年	2019 年	2020 年	2021 年	2022 年
新增未成年注册读者 / 名	74630	70511	72248	79995	75613	69745	67871	45877	70445	67828
广州图书馆新增注册读者 / 名	397566	296775	310914	334837	312054	270761	256499	333931	610833	494027
未成年人占比 /%	18.8	23.8	23.2	23.9	24.2	25.8	26.5	13.7	11.5	13.7

2013—2019 年，新增未成年注册读者比重大体呈上升趋势。2020—2022 年，受新冠疫情影响，广州图书馆实行实名制注册预约进馆，新增成年注册读者比重大幅增长，新增未成年注册读者比重有所下降。

表附 1-2　广州图书馆儿童与青少年部 2013—2022 年外借文献量分类统计表

年份	亲子绘本阅读馆外借量 / 册次	中小学生文学艺术图书区外借量 / 册次	中小学生视听资料区外借量 / 册次	中小学生综合书刊区外借量 / 册次	部门合计外借量 / 册次	广州图书馆总体外借量 / 册次	少儿外借文献占比 /%
2013	342006	706987	57442	254107	1360542	4215018	32.3
2014	729996	1330485	50412	446988	2557881	7326639	34.9
2015	850825	1390742	45240	480737	2767544	7540356	36.7
2016	1059223	1467436	37536	496884	3061079	7869856	38.9
2017	1010865	1348494	28299	502396	2890054	7436925	38.9
2018	1020075	1320060	19800	531845	2891780	7263431	39.8
2019	1167182	1324995	19531	590919	3102627	7384827	42.0
2020	786672	751104	6431	385302	1929509	4253588	45.4
2021	1165716	1025360	8235	586982	2786293	5749728	48.5
2022	955051	847759	4629	524293	2331732	4618910	50.5

2013—2022 年，少儿文献外借量（不含续借）占广州图书馆外借文献量的比重呈上升趋势。2022 年，少儿文献外借量（不含续借）占比超五成。

表附 1-3 广州图书馆儿童与青少年部 2013—2022 年读者活动场次分类统计表

年份	少儿活动举办场次	少儿活动参与人次	广州图书馆举办活动场次	广州图书馆读者参与活动人次	少儿活动举办场次占比 /%	少儿活动参与人次占比 /%
2013	—	—	623	309304	—	—
2014	522	73878	1077	412043	48.5%	17.9
2015	619	80169	1261	1133230	49.1%	7.1
2016	899	238698	1743	1458155	51.6%	16.4
2017	1426	244345	2631	1848790	54.2%	13.2
2018	1862	713754	3788	2272954	49.2%	31.4
2019	1494	581472	4360	2115365	34.3%	27.5
2020	903	336209	2731	11163748	33.1%	3.0
2021	1706	875690	4029	12857390	42.3%	6.8
2022	1420	1064365	3093	14584803	45.9%	7.3

2014—2018年，少儿活动举办场次、参与人次大体呈增长趋势。2020年，受新冠疫情影响，少儿活动场次、人次降幅较大。2020—2022年，广州图书馆积极探索线上线下相结合的阅读推广方式，少儿活动场次回升，活动人次呈上升趋势。

附录二　获奖情况

表附 2-1　集体获奖情况

序号	获奖时间	获奖者	奖项名称	颁奖部门
1	2013 年 5 月	广州图书馆儿童与青少年部	巾帼文明示范岗	广州市妇女联合会
2	2013 年 10 月	广州图书馆	广州市第 34 届“羊城之夏”青少年暑期系列活动积极单位	广州市文化广电新闻出版局
3	2014 年 10 月	广州图书馆	“广州图书馆绘本推广案例”荣获“2014 全民阅读年会”阅读案例一等奖	中国图书馆学会阅读推广委员会 韬奋基金会 中国出版集团公司 中国新华书店协会
4	2014 年 10 月	广州图书馆	“‘爱绘本 爱阅读’亲子读书会”在中国图书馆学会阅读推广委员会“图书馆‘书友会’优秀案例征集”活动中获优秀案例二等奖	中国图书馆学会阅读推广委员会
5	2014 年 10 月	广州图书馆	广州市第 35 届“羊城之夏”青少年暑期系列活动积极单位	中共广州市委宣传部 广州市文化广电新闻出版局 共青团广州市委员会 广州市妇女联合会 广州市社会科学界联合会 广州市关心下一代工作委员会

续表

序号	获奖时间	获奖者	奖项名称	颁奖部门
6	2014 年 10 月	广州图书馆亲子绘本阅读馆	全国十佳绘本馆	中国图书馆学会 《图书馆报》
7	2015 年 11 月	广州图书馆	广州市第 36 届“羊城之夏”青少年暑期系列活动积极单位	中共广州市委宣传部 广州市文化广电新闻出版局 共青团广州市委员会 广州市妇女联合会 广州市社会科学界联合会 广州市关心下一代工作委员会
8	2015 年 11 月	广州图书馆	“2015 全国少年儿童阅读年”——“中国传统节日”图书馆未成年人服务案例优秀组织奖	中国图书馆学会
9	2015 年 12 月	广州图书馆	“全国青年图书馆员朗读大赛”优秀组织奖	中国图书馆学会
10	2015 年 12 月	广州图书馆	“全国少年儿童绘本创作大赛”优秀组织奖	中国图书馆学会
11	2016 年 8 月	广州图书馆	“多元化的阅创空间——广州图书馆玩具图书馆活动案例”荣获中国图书馆学会第二届全国图书馆未成年人服务论坛案例征集活动二等奖	中国图书馆学会

续表

序号	获奖时间	获奖者	奖项名称	颁奖部门
12	2016 年 12 月	广州图书馆	“在阅读中成长——广州市青少年十年阅读系列活动（2007—2016）”优秀组织奖	广州市精神文明建设委员会办公室 广州市教育局 广州市文化广电新闻出版局 广州市关心下一代工作委员会 共青团广州市委员会
13	2016 年 12 月	广州图书馆	广州市第 37 届“羊城之夏”青少年暑期系列活动积极单位	中共广州市委宣传部 广州市文化广电新闻出版局 广州市教育局 共青团广州市委员会 广州市妇女联合会 广州市社会科学界联合会 广州市关心下一代工作委员会 少先队广州市工作委员会
14	2016 年 12 月	广州图书馆	“阅创空间 · 青少年艺术坊案例”荣获首届广东省图书馆阅读推广案例大赛三等奖	广东图书馆学会
15	2017 年 9 月	广州图书馆亲子绘本阅读馆	2017 年十佳绘本馆	中国图书馆学会 《图书馆报》
16	2017 年 9 月	广州图书馆	CACC 第 14 届中国动漫金龙奖少儿美术创作大赛最佳组织奖	中国国际漫画节金龙奖组委会
17	2017 年 11 月	广州图书馆	广州市第 38 届“羊城之夏”青少年暑期系列活动积极单位	广州市文化广电新闻出版局等

续表

序号	获奖时间	获奖者	奖项名称	颁奖部门
18	2017年11月	广州图书馆	第38届“羊城之夏”青少年暑期系列活动之全国少年儿童“图画书故事衣”创作大赛广州赛区优秀组织奖	广州市文化广电新闻出版局等
19	2018年3月	广州图书馆	《悦读童行——广州图书馆儿童与青少年阅读攀登计划》案例获第一届公共图书馆创新创意征集推广活动优秀奖	中国图书馆学会
20	2018年5月	广州图书馆	“身边的科学”系列活动获第二届“科普阅读推广优秀案例征集评选活动”一等奖	中国图书馆学会
21	2018年10月	广州图书馆亲子绘本阅读馆	2018年十佳绘本馆	中国图书馆学会《图书馆报》
22	2018年10月	广州图书馆	CACC第15届中国动漫金龙奖2018“漫话传统文化”未成年人漫画创作大赛优秀组织奖	中国国际漫画节金龙奖组委会
23	2018年10月	广州图书馆	“国际青少年书签设计交流活动”案例入选2018年广佛肇清云韶六市图书馆学会联合年会的创新服务案例	广州市图书馆学会等
24	2018年11月	广州图书馆	广州市第39届“羊城之夏”青少年暑期系列活动积极单位	广州市文化广电旅游局等

续表

序号	获奖时间	获奖者	奖项名称	颁奖部门
25	2019年4月	《International Youth Bookmark Art Exchange》海报	“未成年人阅读、学习与赋能国际研讨会：面向合作的专业化与标准化”最佳实践海报评选活动的优秀实践海报奖	中山大学国家文化遗产与文化发展研究院 中山大学资讯管理学院
26	2019年4月	《Parent-Child Reading from Baby》海报	“未成年人阅读、学习与赋能国际研讨会：面向合作的专业化与标准化”最佳实践海报评选活动的优秀实践海报奖	中山大学资讯管理学院ISC2019会务组
27	2019年5月	广州图书馆玩具图书馆2018年“绘玩无限”玩具创意比赛案例	2019年中国图书馆学会学术论文和业务案例征集活动三等奖	中国图书馆学会
28	2019年8月	“签·约世界”国际青少年书签设计交流活动	2018年阅读推广优秀项目	中国图书馆学会
29	2019年9月	“‘小樱桃’阅读树·咿呀大本营”案例	“家庭阅读推广优秀案例”三等奖	中国图书馆学会阅读推广委员会
30	2019年9月	广州图书馆	CACC第16届中国动漫金龙奖最具实力组织单位	中国国际漫画节金龙奖组委会
31	2019年11月	广州图书馆亲子 绘本阅读馆	2019年度影响力绘本馆	中国图书馆学会等

续表

序号	获奖时间	获奖者	奖项名称	颁奖部门
32	2019年11月	“广州图书馆婴幼儿阅读攀登计划”案例	2019年阅读推广案例大赛二等奖	广东图书馆学会
33	2019年11月	广州图书馆	2019年度广州地区红色故事讲解工作优秀单位	广州市文化广电旅游局
34	2019年11月	广州图书馆	“羊城之夏”青少年暑期活动40周年突出组织奖	广州市文化广电旅游局等
35	2020年4月	广州图书馆亲子绘本阅读馆	2020年“4·2国际儿童图书日”暨“广州读书月”之“最美少儿阅读空间”	广州市图书馆学会未成年人服务专业委员会
36	2020年10月	广州图书馆	第17届中国动漫金龙奖少儿美术创作大赛最具实力组织单位	中国国际漫画节金龙奖组委会
37	2020年11月	广州图书馆	广州市第41届“羊城之夏”青少年暑期系列活动积极单位	广州市文化广电旅游局等
38	2020年12月	广州图书馆亲子绘本阅读馆	2020年度影响力绘本馆	《图书馆报》
39	2021年9月	广州图书馆	“漫绘阅读·我的中国故事——广东首届青少年儿童美术作品展”优秀组织单位	广东省美术家协会等
40	2021年10月	广州图书馆	广州市第42届“羊城之夏”青少年暑期系列活动积极单位	广州市文化广电旅游局等

续表

序号	获奖时间	获奖者	奖项名称	颁奖部门
41	2022年4月	广州图书馆中小学生研学项目	2022年“4·2国际儿童图书日”暨“广州读书月”之最美未成年人阅读推广项目	广州市图书馆学会未成年人服务专业委员会
42	2022年4月	广州图书馆“阅创空间”	2022年“4·2国际儿童图书日”暨“广州读书月”之“最美未成年人阅读空间”称号	广州市图书馆学会未成年人服务专业委员会
43	2022年5月	广州图书馆	广东省优秀社科普及基地	广东省社会科学界联合会
44	2022年6月	广州图书馆	广州市少先队校外实践教育基地	少先队广州市工作委员会
45	2022年9月	广州图书馆	“漫绘阅读·我的中国故事”——广东第二届青少年儿童美术作品展暨创作交流活动优秀组织单位	广东省美术家协会
46	2022年9月	广州图书馆	广州市中小学生研学实践教育基地	广州市教育局
47	2022年11月	广州图书馆亲子绘本阅读馆	2022年度影响力绘本馆	《图书馆报》
48	2022年11月	广州图书馆	广州市第43届“羊城之夏”青少年暑期系列活动积极单位	广州市文化广电旅游局等

表附 2-2　员工获奖情况

序号	获奖时间	获奖者	奖项名称	颁奖部门
1	2013 年 10 月	王　蓉 招建平 冯　蕾 方筱盈 冼伟红 刘双喜 梁杰妍	广州市第 34 届“羊城之夏”青少年暑期系列活动积极分子	广州市文化广电新闻出版局
2	2013 年 12 月	王　蓉 招建平 刘双喜 肖秉杰 冯　蕾 冯　莉 方筱盈 冼伟红 朱小燕 吕满钊 郭起云 宋韵真	“在阅读中成长——广州市青少年十年阅读系列活动”之第二届绘本故事讲述大赛积极分子	广州市精神文明建设委员会办公室 广州市教育局 广州市文化广电新闻出版局 广州市关心下一代工作委员会 共青团广州市委员会
3	2014 年 10 月	吴翠红 王　蓉	“2014 年全民阅读年会”阅读案例一等奖	中国图书馆学会阅读推广委员会
4	2014 年 10 月	丁　玲	“2014 年全国少年儿童阅读年系列活动”之全国图书馆员绘本讲读大赛一等奖	中国图书馆学会
5	2014 年 10 月	冯　莉	“2014 年全国少年儿童阅读年系列活动”之全国图书馆员绘本讲读大赛三等奖	中国图书馆学会
6	2014 年 10 月	招建平	2013—2014 年度科普工作先进个人	广州科普基地联盟

续表

序号	获奖时间	获奖者	奖项名称	颁奖部门
7	2014年10月	吕满钊	2013—2014年度广州市文化广电新闻出版局优秀团员	广州市文化广电新闻出版局团委
8	2014年11月	王　蓉 招建平 冯　蕾 吕满钊 郑　爽 吴　飞	广州市第35届“羊城之夏”青少年暑期系列活动积极分子	中共广州市委宣传部 广州市文化广电新闻出版局 共青团广州市委员会 广州市妇女联合会 广州市社会科学界联合会 广州市关心下一代工作委员会
9	2014年11月	王　蓉 招建平 冯　莉 丁　玲 冯　蕾 黄　卉 方筱盈 宋昀真	“在阅读中成长——广州市青少年十年阅读系列活动”之第三届绘本故事讲述大赛积极分子	中共广州市委宣传部 广州市文化广电新闻出版局 共青团广州市委员会 广州市妇女联合会 广州市社会科学界联合会 广州市关心下一代工作委员会
10	2014年11月	招建平	2014年广东省先进文化志愿服务工作者	广东省文化厅
11	2014年11月	丁　玲	优秀志愿者	广东省康复中心
12	2015年3月	丁　玲	天河区首届科普讲解大赛暨第二届全国科普讲解大赛选拔赛三等奖及天河区十佳讲解员称号	天河区科技工业和信息化局
13	2015年5月	吕满钊	2014—2015年度广州市优秀共青团员	中共青年团广州市委员会
14	2015年10月	招建平	优秀会员	广东图书馆学会

续表

序号	获奖时间	获奖者	奖项名称	颁奖部门
15	2015年10月	柳　杨 刘　璐	2015年全省首届公共图书馆网上业务知识大赛初赛地区前6名	广东图书馆学会
16	2015年11月	丁　玲	全国青年图书馆员朗读大赛一等奖	中国图书馆学会阅读推广委员会 中国图书馆学会青少年推广委员会
17	2015年11月	丁　玲	全国少年儿童绘本创作大赛二等奖	中国图书馆学会 中国图书馆学会阅读推广委员会
18	2015年11月	郭起云	全国“我爱我家”书香家庭阅读微视频大赛三等奖	中国图书馆学会
19	2015年11月	冯　蕾 冯　冰 郭起云 张希慧 刘　智 谭绣文	广州市第36届“羊城之夏”青少年暑期系列活动积极分子	中共广州市委宣传部 广州市文化广电新闻出版局 中共青年团广州市委员会 广州市妇女联合会 广州市社会科学界联合会 广州市关心下一代工作委员会
20	2015年11月	黄　卉	“我的梦——第二届广东省演讲大赛”风采奖	广东省公共文化促进会
21	2015年11月	丁　玲	优秀志愿者	广东省康复中心
22	2015年12月	冯　蕾 宋昀真	全国少年儿童绘本创作大赛一等奖	中国图书馆学会
23	2015年12月	郭起云	全国少年儿童绘本创作大赛二等奖	中国图书馆学会

续表

序号	获奖时间	获奖者	奖项名称	颁奖部门
24	2015年12月	刘　璐 朱小燕 冯　莉	全国少年儿童绘本创作大赛优秀奖	中国图书馆学会
25	2015年12月	黄秋玲 招建平 刘　璐 冯　蕾 宋昀真	全国少年儿童绘本创作大赛指导奖	中国图书馆学会
26	2015年12月	黄秋玲 招建平 冯　莉 冯　蕾 郭起云 宋昀真 刘　璐 丁　玲	第九届“在阅读中成长——广州市青少年十年阅读系列活动”之绘本创作大赛积极分子	广州市精神文明建设委员会办公室 广州市教育局 广州市文化广电新闻出版局 广州市关心下一代工作委员会 共青团广州市委员会
27	2016年10月	郭起云	全国图书馆员少年儿童经典读物书评大赛一等奖	中国图书馆学会
28	2016年11月	刘　璐 宋昀真 邓杰明 宋慧慧 石钰冰	广州市第37届“羊城之夏”青少年暑期系列活动积极分子	中共广州市委宣传部 广州市教育局 广州市文化广电新闻出版局 共青团广州市委员会 广州市妇女联合会 广州市社会科学界联合会 广州市关心下一代工作委员会 少先队广州市工作委员会
29	2016年11月	冯　莉	广东最美图书馆员	广东图书馆学会

续表

序号	获奖时间	获奖者	奖项名称	颁奖部门
30	2016年12月	刘　璐 邓杰明 黄　卉 冼伟红 贺姿婧 方筱盈 宋慧慧 宋昀真	第十届“在阅读中成长——广州市青少年十年阅读系列活动”积极分子	广州市精神文明建设委员会办公室 广州市教育局 广州市文化广电新闻出版局 广州市关心下一代工作委员会 共青团广州市委员会
31	2016年12月	招建平 冯　莉 冯　蕾 方筱盈 冼伟红 刘　璐	“在阅读中成长——广州市青少年十年阅读系列活动（2007—2016）”先进个人	广州市精神文明建设委员会办公室 广州市教育局 广州市文化广电新闻出版局 广州市关心下一代工作委员会 共青团广州市委员会
32	2017年5月	刘　璐	2016—2017年度广州市优秀共青团员	共青团广州市委员会
33	2017年6月	朱小燕	第29届全国十五城市公共图书馆工作讨论会论文二等奖	中国图书馆学会
34	2017年9月	方筱盈	第14届中国动漫金龙奖少儿美术创作大赛最佳指导教师	中国国际漫画节金龙奖组委会
35	2017年9月	宗何婵瑞	“严守五条底线　弘扬优良家风”——广州市文化系统干部职工演讲比赛二等奖	广州市文化工会 共青团广州市文化广电新闻出版局委员会
36	2017年11月	冯　莉	2017年中国图书馆学会年会论文一等奖	中国图书馆学会

续表

序号	获奖时间	获奖者	奖项名称	颁奖部门
37	2017年11月	冯 莉	2017年广东图书馆学会优秀会员	广东图书馆学会
38	2017年11月	朱小燕	广东图书馆学会年会暨首届“图书馆发展岭南论坛”征文三等奖	广东图书馆学会
39	2017年11月	曾 茜 江海潮 贺资婧 朱小燕 李艳花 宗何婵瑞	广州市第38届“羊城之夏”青少年暑期系列活动积极分子	中共广州市委宣传部 广州市教育局 广州市文化广电新闻出版局 共青团广州市委员会 广州市妇女联合会 广州市社会科学界联合会 广州市关心下一代工作委员会 少先队广州市工作委员会
40	2017年11月	吴 玲 冯 蕾 宋昀真 丁 玲 郭起云 潘京花 宋慧慧	广州市第38届“羊城之夏”青少年暑期系列活动之全国少年儿童“图画书故事衣”创作大赛（广州赛区）最佳设计奖	中共广州市委宣传部 广州市教育局 广州市文化广电新闻出版局 共青团广州市委员会 广州市妇女联合会 广州市社会科学界联合会 广州市关心下一代工作委员会 少先队广州市工作委员会

续表

序号	获奖时间	获奖者	奖项名称	颁奖部门
41	2017年11月	贺资婧 朱小燕 李艳花	广州市第38届“羊城之夏”青少年暑期系列活动之全国少年儿童“图画书故事衣”创作大赛（广州赛区）优秀奖	中共广州市委宣传部 广州市教育局 广州市文化广电新闻出版局 共青团广州市委员会 广州市妇女联合会 广州市社会科学界联合会 广州市关心下一代工作委员会 少先队广州市工作委员会
42	2017年11月	冯　蕾	广州市第38届“羊城之夏”青少年暑期系列活动之全国少年儿童“图画书故事衣”创作大赛（广州赛区）指导老师奖	中共广州市委宣传部 广州市教育局 广州市文化广电新闻出版局 共青团广州市委员会 广州市妇女联合会 广州市社会科学界联合会 广州市关心下一代工作委员会 少先队广州市工作委员会
43	2018年4月	宋慧慧	广州市公共图书馆2018年度好馆员	广州图书馆
44	2018年9月	冯　蕾 刘　璐 宗何婵瑞 潘京花	2017年度广州地区出版物新闻奖其他类一等奖	广州地区出版物新闻工作者协会

续表

序号	获奖时间	获奖者	奖项名称	颁奖部门
45	2018 年 9 月	宋昀真	第一届“广州市图书馆学会青年学术论坛”宣读论文	广州市图书馆学会
46	2018 年 10 月	方筱盈 吕满钊 潘京花	CACC 第 15 届中国动漫金龙奖 2018“漫话传统文化”未成年人漫画创作大赛优秀指导奖	中国国际漫画节金龙奖组委会
47	2018 年 10 月	冼伟红 刘 璐 刘思佳	2018 年广佛肇清云韶六市图书馆联合年会创新案例奖	广州市图书馆学会
48	2018 年 11 月	颜戴丽 龙思宇 冼伟红 黄 卉 宋慧慧	广州市第 39 届“羊城之夏”青少年暑期系列活动积极分子	中共广州市委宣传部 广州市教育局 广州市文化广电旅游局 共青团广州市委员会 广州市妇女联合会 广州市社会科学界联合会 广州市关心下一代工作委员会 少先队广州市工作委员会
49	2018 年 11 月	冯 蕾 刘 璐	2018 年未成年人图书馆服务先进个人	广州市图书馆学会未成年人服务专业委员会
50	2019 年 3 月	冯 莉	2018 年度“最美少儿阅读推广馆员”	广州市图书馆学会未成年人服务专业委员会

续表

序号	获奖时间	获奖者	奖项名称	颁奖部门
51	2019年9月	李慧敏 招建平 陈思航 冯　蕾 方筱盈 吕满钊 陈宵羚 宋　青 陈思任 潘京花 黄　卉 吴　玲 王嘉宁 贺资婧 宋昀真	CACC第16届中国动漫金龙奖“优秀指导老师”	中国国际漫画节金龙奖组委会
52	2019年10月	陈思航	优秀服务奖	广东图书馆学会
53	2019年11月	吴　玲 潘京花 王嘉宁 丁　玲 郭　瑛 路晓娜	广州市第40届“羊城之夏”青少年暑期活动积极分子	广州市文化广电旅游局等
54	2019年11月	丁　玲	2019年红色讲解员大赛金牌讲解员	广州市文化广电旅游局
55	2019年12月	招建平	“羊城之夏”40周年突出贡献奖	广州市文化广电旅游局等
56	2020年4月	冯　蕾	2020年“4·2国际儿童图书日”暨“广州阅读月”之“最美少儿阅读推广馆员”	广州市图书馆学会

续表

序号	获奖时间	获奖者	奖项名称	颁奖部门
57	2020 年 4 月	李艳花	“iGroup”第三届图书馆最美女神大赛“最美女神奖”	iGroup 中国—长煦信息技术咨询（上海）有限公司
58	2020 年 6 月	黄 卉	全国方言大赛“十佳创意朗读奖”	蒲蒲兰绘本馆
59	2020 年 7 月	丁 玲	2020 年中国图书馆学会学术论文和业务案例征集活动二等奖	中国图书馆学会
60	2020 年 9 月	宋昀真	作品《最好的时代——流转在图书馆的岁月》进入“我与图书馆的故事”征集活动“最佳故事”名单	中国图书馆学会
61	2020 年 9 月	胡晨曦	第三届“广州市图书馆学会青年学术论坛”二等奖	广东图书馆学会 广州市图书馆学会
62	2020 年 11 月	冯 莉 贺资婧 胡晨曦 吕满钊 沈翠婷 邹也静	广州市第 41 届“羊城之夏”青少年暑期系列活动积极分子	广州市文化广电旅游局等
63	2020 年 11 月	冯 莉 黄 卉	“用诗歌的力量点亮梦想——2020 年童声诗歌朗诵会”优秀组织者	广东省南方阅读公益基金会
64	2021 年 2 月	冼伟红 邓杰明 丁 玲 贺资婧 王嘉宁	“‘签 · 约世界’国际青少年书签设计交流活动”优秀指导	中国图书馆学会阅读推广委员会

续表

序号	获奖时间	获奖者	奖项名称	颁奖部门
65	2021年4月	王嘉宁	“4·2国际儿童图书日”暨“广州读书月”之“最美未成年人阅读推广馆员”	广州市图书馆学会等
66	2021年9月	郭起云	第四届“广州市图书馆学会青年学术论坛”三等奖	广东图书馆学会 广州市图书馆学会 广州图书馆 《图书馆论坛》编辑部
67	2021年9月	陈思航 方筱盈 冯　蕾 吕满钊 宋　青 招建平	“漫绘阅读·我的中国故事——广东首届青少年儿童美术作品展暨创作交流活动”优秀指导教师	广东省美术家协会等
68	2021年10月	王嘉宁	“讲党史、话初心、践使命”第四届广州团干部讲党史团课大赛晋级赛优秀讲师奖	共青团广州市委员会等
69	2021年10月	黄　卉 胡晨曦	2021年童声诗会“请党放心，强国有我”优秀组织者	广东省南方阅读公益基金会
70	2021年11月	邓杰明 宋　青 宋昀真 范加丽 陈　阳 李　玉	广州市第42届“羊城之夏”青少年暑期系列活动积极分子	广州市文化广电旅游局等
71	2021年11月	王嘉宁	“讲党史、话初心、践使命”第四届广州团干部讲党史团课大赛决赛二等奖、优秀课件一等奖	中国共产主义青年团广州市委员会等

续表

序号	获奖时间	获奖者	奖项名称	颁奖部门
72	2021 年 11 月	陈丽纳 宋昀真	广州市公共图书馆2021 年度“最美图书馆员”	广州市图书馆学会
73	2022 年 4 月	云登嘉措	2022 年“4·2 国际儿童图书日”暨“广州读书月”之“最美未成年人阅读推广馆员”	广州市图书馆学会未成年人服务专业委员会
74	2022 年 6 月	蒋啸南 朱泽礽 周文绚	2022 年图书馆员信息素养业务能力提升行动“业务达人”称号	中国图书馆学会
75	2022 年 6 月	邓杰明	十二届广州市委第一轮巡察工作表现优秀干部	广州市委巡察工作领导小组
76	2022 年 6 月	宋慧慧	“一个博物馆，就是一所大学校”“下一站，南越王宫”分别获2022 年广州“5·18 国际博物馆日”系列活动短视频优秀作品奖	广州市文物博物馆学会
77	2022 年 8 月	招建平 陈思航 邓杰明 方筱盈 黄　卉 吕满钊 吴　玲 胡晨曦	“阅读推广人”培育行动（第十九期）——阅读推广人	中国图书馆学会
78	2022 年 8 月	黄　卉 卢白杨	“强国复兴有我 读懂广州文化 讲好广州故事”——2022 年广州地区讲解员大赛志愿组“优秀讲解员”	广州市文化广电旅游局

续表

序号	获奖时间	获奖者	奖项名称	颁奖部门
79	2022年9月	李慧敏 招建平 陈思航 陈思任 方筱盈 冯　蕾 吕满钊 潘京花 宋　青 颜紫琦	“漫绘阅读·我的中国故事”——广东第二届青少年儿童美术作品展暨创作交流活动优秀指导老师	广东省美术家协会
80	2022年10月	陈思航	“‘书及远方’——广州图书馆中小学生研学服务实践”入围第34届全国十五城市公共图书馆工作研讨会案例征集交流名单	中国图书馆学会
81	2022年11月	陈思航 宋昀真 宋　青 吕满钊 潘京花	“‘书及远方’——广州图书馆中小学生研学服务实践”入围2022年中国图书馆学会学术论文和业务案例征集交流名单	中国图书馆学会公共图书馆分会
82	2022年11月	方筱盈 冯　蕾 陈思航 吕满钊 宋　青	“‘漫绘阅读’——青少年儿童艺术素养提升项目实践案例”入围2022年中国图书馆学会学术论文和业务案例征集交流名单	中国图书馆学会公共图书馆分会

续表

序号	获奖时间	获奖者	奖项名称	颁奖部门
83	2022年11月	冯　莉 曾　洁 陈思任 刘　晶 吴　玲 温　戈	广州市第43届“羊城之夏”青少年暑期系列活动积极分子	广州市文化广电旅游局等
84	2022年11月	宋慧慧	“验核酸排队”“雨后彩虹”分别获第43届“羊城之夏”青少年暑期系列活动之童心爱广州照片优秀摄影奖	广州少年儿童图书馆
85	2022年12月	云登嘉措 刘志松 刘沛栋 李保东 周文绚 贺　蔚 蒋啸南 詹　田	新冠肺炎疫情防控工作表现突出人员	中共广州市文化广电旅游局党组

续表

序号	获奖时间	获奖者	奖项名称	颁奖部门
86	2022年12月	云登嘉措 刘志松 刘沛栋 李保东 周文绚 贺　蔚 蒋啸南 詹　田 邵　雪 朱　海 张诗阳 潘京花 彭　康 李罗佶 吴志鹏	闭环支援海珠区江海街疫情防控优秀干部	海珠区新型冠状病毒肺炎疫情防控指挥部办公室等

附录三 研究成果

表附 3-1 员工公开发表论文

序号	题名	作者	发布期刊	发表年份
1	图书馆小学生志愿服务初探——以广州图书馆为例	冯莉	科技情报开发与经济	2013 年
2	关于学龄前儿童读书会分龄问题的探讨——以广州图书馆亲子读书会为例	冯莉	科技情报开发与经济	2013 年
3	数字阅读视野下未成年人阅读推广的分析与实践	冯蕾	河南图书馆学刊	2013 年
4	手工绘本制作展区宣传设计构思	王蓉	图书馆建设	2013 年
5	浅论图画书的数字化阅读推广平台	冯莉，袁琳	科技情报开发与经济	2014 年
6	绘本阅读服务：广州图书馆的探索	王蓉	图书馆杂志	2014 年
7	我国公共图书馆“读写障碍症”服务的调查与对策分析	王蓉，苏丽平，田花蔓等	图书情报工作	2014 年
8	公共图书馆信息资源建设思考	冯冰	农业图书情报学刊	2014 年
9	图书馆馆员绘本讲述探究	冯莉	图书馆界	2015 年
10	公共图书馆英文绘本阅读推广策略初探	冯莉	山东图书馆学刊	2015 年
11	论现代公共图书馆服务模式的构架与整合	朱小燕	办公室业务	2015 年

续表

序号	题名	作者	发布期刊	发表年份
12	广州图书馆读写困难症儿童服务研究	招建平，方筱盈，苏丽平	国家图书馆学刊	2015 年
13	公共图书馆的多元服务空间建设初探——以广州图书馆亲子绘本阅读馆为例	朱小燕 .	河南图书馆学刊	2016 年
14	玩具图书馆活动实践策略初探——以广州图书馆玩具馆为例	郭起云	河南图书馆学刊	2016 年
15	我国公共图书馆自建数据库建设对策研究	冯冰	新世纪图书馆	2017 年
16	我国公共图书馆自建数据库建设现状研究	冯冰	河南图书馆学刊	2017 年
17	公共图书馆绘本故事会调研实践与思考	冯莉	山东图书馆学刊	2017 年
18	公共图书馆绘本借阅现状的统计分析——以广州图书馆亲子绘本阅读馆为例	刘璐 .	河南图书馆学刊	2017 年
19	美国公共图书馆儿童服务——以在家上学群体为例	宗何婵瑞	图书馆论坛	2018 年
20	国内公共图书馆开展婴幼儿服务的难点及对策研究	招建平	图书馆工作与研究	2018 年
21	关于“馆中馆”模式玩具图书馆的思考	招建平	图书馆研究	2018 年
22	我国图书馆微服务模式的现状与发展	黄卉	中国中医药图书情报杂志	2018 年
23	公众参与的图书馆创客空间运行模式研究	黄卉	农业图书情报学刊	2018 年
24	穗港澳汽车流动图书馆比较	李一熹	图书馆论坛	2018 年
25	公共图书馆噪音问题探析——以广州图书馆为例	邓杰明	河南图书馆学刊	2018 年

续表

序号	题名	作者	发布期刊	发表年份
26	公共图书馆开展绘本推荐的实践与思考——以广州图书馆亲子绘本阅读馆为例	刘璐	四川图书馆学报	2018年
27	面向视障儿童的图书馆绘本无障碍服务	陈思航	图书馆研究	2019年
28	公共图书馆婴幼儿阅读服务评估研究——以广州图书馆为例	冯莉	图书馆研究	2019年
29	玩具馆服务现状调查及发展对策——以广州地区公共图书馆为例	冯莉	山东图书馆学刊	2019年
30	玩具馆服务现状调查及发展对策——以广州地区公共图书馆为例	郭起云	河南图书馆学刊	2019年
31	玩具馆服务现状调查及发展对策——以广州地区公共图书馆为例对公共图书馆开展学龄前儿童参观业务的思考——以广州图书馆为例	宋昀真	河南图书馆学刊	2019年
32	玩具图书馆对儿童多元智能发展的效能研究——以广州图书馆为例	宋昀真	图书馆研究	2019年
33	读者个人信息的保护——以《中华人民共和国公共图书馆法》第四十三条为视角	邓杰明	图书馆研究	2019年
34	浅谈公共图书馆法治化建设	邓杰明	图书馆工作与研究	2019年
35	公共图书馆开展中小学生阅读推广活动的实践与思考——以广州图书馆为例	贺资婧	图书馆工作与研究	2019年

续表

序号	题名	作者	发布期刊	发表年份
36	玩具馆服务对儿童阅读行为促进性的分析与研究——以广州图书馆为例	冯莉	四川图书馆学报	2020 年
37	阅读推广视角下的馆员制度构建	冯莉	图书馆建设	2020 年
38	公共图书馆总分馆儿童服务满意度研究——以广州图书馆总分馆为样本的实证分析	冯莉	晋图学刊	2020 年
39	高校图书馆数字资源的使用成效——对中山大学研究生样本的观察	陈思任（第二作者）	图书馆论坛	2020 年
40	广州市“图书馆之城”未成年人阅读推广成效评估研究	陈思任	广州市“图书馆之城”研究论文集	2020 年
41	以“体系引领”的广州市公共图书馆未成年人服务提升思路	招建平	广州市“图书馆之城”研究论文集	2020 年
42	创新驱动 再焕广州地区基层分馆新活力	陈思航	广州市“图书馆之城”研究论文集	2020 年
43	《中华人民共和国公共图书馆法》第二十九条解读	邓杰明	图书馆工作与研究	2020 年
44	未成年人工作中的志愿者服务优化研究——以广州图书馆为例	贺资婧	内蒙古科技与经济	2020 年
45	公共图书馆线上阅读推广效能评估研究	胡晨曦	图书馆界	2021 年
46	公共图书馆玩具资源建设研究——以广州图书馆为例	冯莉	山东图书馆学刊	2021 年
47	公共图书馆安全保障义务的法律研究	邓杰明	图书馆建设	2021 年
48	公共图书馆信息网络传播权适用的困境与进路	邓杰明	国家图书馆学刊	2021 年

续表

序号	题名	作者	发布期刊	发表年份
49	少儿阅读激励项目实践研究——以广州图书馆“阅读攀登计划”为实例	冯莉	图书馆研究	2021年
50	文化治理视角下公共图书馆未成年人服务中的社会力量参与研究	冼伟红，刘璐	情报探索	2021年
51	公共图书馆自助服务模式下的误操作问题探析	李艳花	内蒙古科技与经济	2021年
52	社会合作模式下的公共图书馆少儿阅读推广服务思考——以广东地区为视角	黄卉	广州市“图书馆之城”研究论文集2021	2021年
53	《公共图书馆法》法律原则的确定与适用研究	邓杰明	国家图书馆学刊	2022年
54	《公共图书馆法》表达与实践的实证研究	邓杰明	国家图书馆学刊	2022年
55	《中华人民共和国公共图书馆法》第三十七条第一款的法律解读和制度构建	邓杰明	图书馆建设	2022年
56	公共图书馆服务体系阅读推广运营制度研究	冯莉	图书馆建设	2022年
57	公共图书馆少儿展览管理机制研究	冯莉	四川图书馆学报	2022年
58	公共图书馆创作交流项目发展策略研究——以“签·约世界”青少年书签设计交流项目为起点	冯莉	图书馆研究	2022年
59	玩具服务视角下的儿童阅读推广策略研究——基于广州图书馆的实践分析	胡晨曦	图书馆界	2022年
60	少儿艺术阅读推广馆社合作模式探讨——以广州图书馆为例	方筱盈	文化月刊	2022年

续表

序号	题名	作者	发布期刊	发表年份
61	突发事件中公共图书馆线上青少年阅读推广活动初探——以广州图书馆为例	胡晨曦	内蒙古科技与经济	2022 年
62	阅读推广品牌活动引领模式研究——以广州图书馆示范性体系为视角	冯莉	广州市“图书馆之城”研究论文集 2022	2022 年
62	玩具图书馆服务评价研究——以广州图书馆为样本	宋昀真	广州市“图书馆之城”研究论文集 2022	2022 年

表附 3–2　主持科研课题

序号	课题类型	课题名称	负责人	立项时间	结项时间
1	广东图书馆学会 2015 年课题	公共图书馆英文绘本阅读推广策略研究	冯莉	2016 年	2018 年
2	2015 年—2017 年中国图书馆学会专项资金资助项目	公共图书馆婴幼儿阅读推广实践研究	冯莉	2017 年	2020 年
3	广东省图书馆 2016 年课题	公共图书馆玩具图书馆活动推广及成效研究	招建平	2017 年	2020 年
4	广东图书馆学会 2018 年课题	广州市公共图书馆服务体系下的学龄前儿童阅读推广绩效研究	冯莉	2018 年	2021 年
5	广东图书馆学会 2018 年课题	设计思维应用于未成年人阅读推广策略和实践研究	冼伟红	2018 年	2022 年
6	广东省图书文化信息协会 2018 年课题	初中学生阅读需求与公共图书馆阅读推广策略研究	方筱盈	2018 年	2019 年

续表

序号	课题类型	课题名称	负责人	立项时间	结项时间
7	中国图书馆学会2018年阅读推广课题	设计思维下未成年人阅读推广策略的创新研究	冼伟红	2019年	2021年
8	广东图书馆2019年科研课题	基于公共图书馆少儿阅读推广服务的馆社合作研究	宋昀真	2019年	2023年
9	2020年中国图书馆学会阅读推广课题	公共图书馆绘本阅读与玩具服务融合路径研究——以“绘玩无限”玩具创意大赛为案例	冯莉	2020年	2021年
10	广州市图书馆2021年科研课题	“图书馆之城”建设背景下的公共图书馆绘本阅读推广模式研究	黄卉	2021年	在研
11	广州市图书馆2021年科研课题	城市中心图书馆未成年人“图书馆+家庭”阅读推广模式研究	宋昀真	2021年	在研
12	广东省图书馆2021年科研课题	公共图书馆司法案例特点及法律风险防范制度研究	邓杰明	2021年	在研
13	广州市图书馆2022年科研课题	法律解释视角下《中华人民共和国公共图书馆法》的条文解读和制度构建研究	邓杰明	2022年	在研
14	广州市哲学社会科学发展“十四五”规划2023年度共建课题	广州儿童友好图书馆高质量发展路径研究：基于儿童参与的视角	冯莉	2023年	在研

附录四　少儿服务合作伙伴

2014—2022年，广州图书馆儿童与青少年部共有合作伙伴175个，有42个合作伙伴为中长期合作伙伴，占总数的24%。

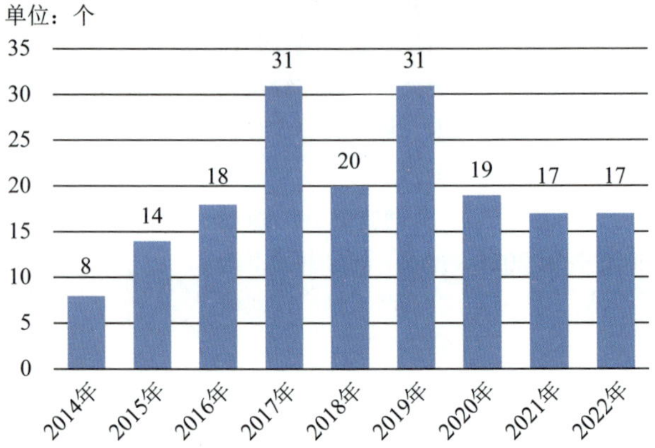

图附4-1　2014—2022年少儿服务合作伙伴数量

注：本图数量根据广州图书馆历年年报整理。

中长期合作伙伴如下：

党政团等组织（9个）：广东省文学艺术界联合会、广东省妇女儿童活动中心、广州美术学院、广州市教育研究院、广州市妇女儿童工作委员会办公室、广州市非物质文化遗产保护中心、广州市科学技术普及中心、广州市少年宫、红线女艺术中心。

文化团体与组织（17个）：广东省美术家协会、中国动漫金龙奖组委会、广东省动漫艺术家协会、广州市动漫艺术家协会、广东省少儿美育艺术研究院、广东省南方阅读公益基金会、深圳市爱阅公益基金会、广州市番禺区沙湾街文化体育旅游服务中心、广州市微笑公益服务中心、广州市海珠区满天星青少年公益发展中心、新东方广州学校、蒲蒲兰绘本馆、耐读文化空间、母乳爱志愿服务队、广州“小脚丫”家庭志愿服务队、创新林创客空间、中国太平洋学会珊瑚礁分会。

教育系统（8个）：华南理工大学建筑学院志愿服务队、华南农业大学义务工作者协会、广东第二师范学院志愿服务队、广东省外语艺术职业学院志愿服务队、天河中学、员村小学、广州市荔湾区乐贤坊小学、合美幼儿园。

多元文化领域合作伙伴（3个）：美国洛杉矶县立公共图书馆、法国里昂市立图书馆、俄罗斯国家外文图书馆。

媒体（1个）:《广州日报》。

企业（4个）：广州融至益教育信息咨询有限公司、广州乐同工业科技有限公司、广州艾想电子科技有限公司、广州图灵编程。

附录五　服务大事记

2013 年

5 月　儿童与青少年部获广州市妇女联合会授予“巾帼文明示范岗”称号。

6 月　新增少儿视听资料外借服务。

6 月　出版《阅读、创意、互动——绘本阅读推广的多元化策略》。

8 月　广州图书馆金花街分馆完成专业化升级改造，成为广州市首个具有完整成人与少儿借阅服务功能的分馆。

10 月　与美国洛杉矶县立公共图书馆联合举办 2013 年书签设计大赛。

12 月 15 日　举行第七届“在阅读中成长——广州市青少年十年阅读系列活动”之第二届绘本故事讲述大赛。

2014 年

1 月 1 日　小河马玩具馆对外开放。

2 月　广州图书馆猎德街分馆建成开放，是示范服务体系中首个具有少儿服务功能的新建分馆。

7 月 7 日　举办“公共图书馆儿童阅读推广”专题研讨会，德国汉堡市立公共图书馆基金会之儿童图书馆负责人艾普森等主讲。

2014 年 7 月—2015 年 1 月　广州图书馆沙湾分馆、钟落潭分馆相继完成升级改造，新增少儿服务区。

10 月　“广州图书馆亲子绘本阅读馆”获中国图书馆学会、图书馆报授予“全国十佳绘本馆”称号。

11 月 23 日　举行“在阅读中成长——广州市青少年十年阅读系列活动”之第三届绘本故事讲述大赛总决赛。

2015 年

5 月 18—21 日　首次承办全国少年儿童绘本创作大赛。

5—11 月　与美国洛杉矶县立公共图书馆联合举办书签设计大赛，共收到参赛作品 5128 份，并评选出 100 份获奖作品参加两地巡回展览。

9 月 17 日　少儿文献可外借册数从 10 册（件）提高至 15 册（件）。

12 月　广州市社会（儿童）福利院分馆正式开放，是全市首个以特殊儿童群体为服务对象的分馆。

2016 年

4 月 23 日　自 2016 年 4 月 23 日起，开通未成年人读者证、青少年读者证、家庭（成员含未成年人）读者证外借少儿港台、外文原版图书服务，其中可外借港台原版绘本不超过 2 册（件）、外文原版绘本不超过 2 册（件）。

5 月 20 日—8 月 20 日　与韩国光州广域市立图书馆合作举办韩国儿童绘本插画展，共展出韩国绘本插画 41 幅。

10 月 1 日　广州市儿童公园分馆正式对外开放，是广州地区首个少儿服务专业分馆。

12 月 26 日　广州图书馆南四楼青少年创客空间正式对外开放。

2017 年

4 月 23 日　启动“悦读童行”广州图书馆儿童与青少年阅读攀登计划。

7 月 1 日　开放部分成人群体外借少儿资源权限，对象包括中小学、幼儿园教师，儿童文学创作、研究人员，图书馆学、学前教育学、特殊教育学、儿童心理学、艺术设计类等专业人员，在读学生。

9 月　“广州图书馆亲子绘本阅读馆”获中国图书馆学会、图书馆报授予“2017 年十佳绘本馆”称号。

12 月 16 日　广州图书馆与荔湾区妇女儿童活动中心合作共建的荔湾湖分馆正式对外开放，是示范服务体系第二个以少年儿童为主要服务对象的分馆。

2018 年

3 月　首次举办“小金龙”未成年人漫画比赛。

4 月 23 日　调整未成年人读者证、青少年读者证、家庭证（成员含未成年人）少儿原版绘本外借规则，即可外借港台绘本从 2 册（件）调整为 4 册（件），外文绘本从 2 册（件）调整为 6 册（件）。

5 月 5 日　首次举办“小创客·大梦想”玩具图书馆路演活动。

10 月　“广州图书馆亲子绘本阅读馆”获中国图书馆学会、图书馆报授予“2018 年十佳绘本馆”称号。

2019 年

2 月 1 日　广州市、区两级公共图书馆调整单个读者证最多可外借文献量，由 15 册（件）提升至 20 册（件）。

6 月 1 日　开通少儿期刊外借服务。

7 月 1 日　调整少儿原版绘本外借规则，单个读者证最多可外借少儿港台绘本从 4 册（件）调整为 6 册（件），外文绘本从 6 册（件）调整为 9 册（件）。

7 月 22—26 日　招建平赴日本福冈开展业务交流，举办未成年人漫画创作大赛作品展。

10 月 18—21 日　冯莉、魏文晖、黄新慧 3 人赴澳门图书馆开展专业交流。

11 月 22—26 日　陈深贵、陈思航、张希慧 3 人赴澳门图书馆开展专业交流。

11 月　广州图书馆亲子绘本阅读馆获中国图书馆学会等授予“2019 年度影响力绘本馆”称号。

2020 年

4 月 23 日　调整单个读者证可外借文献量上限，由 20 册（件）提升至 30 册（件）。少儿读者证注册对象调整为“12 周岁以下未成年人”，青少年读者证调整为“18 周岁以下 12 周岁（含）以上未成年人”。

12月8日　海南省人大社会建设委员会副主任吴建东一行6人到馆调研少儿文化服务情况。

12月　“广州图书馆亲子绘本阅读馆”获图书馆报授予“2020年度影响力绘本馆”称号。

1月—12月　示范服务体系首次启动阅读推广活动外包项目，在分馆打造少儿阅读活动品牌，举办少儿活动141场，5364人次参与。

2021年

2月4日—3月7日　与广东省少儿美育艺术研究院、广东省南方阅读公益基金会联合主办“图书馆，让童年更美好——2021年新春少年儿童原创绘本展”。

7月1日　为怀孕的准妈妈们推出“孕妈妈”专享读者证，可外借少儿书刊及成人书刊合计不超过30册（件）。

2022年

1月17日　少年儿童服务区域（南楼二至四层）寒暑假期间延长开放1小时。

1月17日—2月15日　与广东省少儿美育艺术研究院、广东省南方阅读公益基金会联合主办“图书馆，让童年更美好——2022年新春少年儿童原创绘本展”。

9月　入选广州市第二批中小学生研学实践教育基地。

11月　“广州图书馆亲子绘本阅读馆”获《图书馆报》授予的“2022年度影响力绘本馆”称号。

12月14日　云登嘉措等8位同志在成建制支援海珠新冠肺炎疫情防控工作中表现突出，受到中共广州文化广电旅游局党组通报表扬。

1月—12月　流动图书馆配合市精神文明办落实乡村“复兴少年宫”项目，深入增城、南沙、从化、黄埔等边远乡村地区的8个文明实践所、中小学，开展阅读推广活动，延伸少儿服务触角。

附录六　广州图书馆儿童与青少年部分管领导及在编人员名录

分管领导： 黄秋玲　李慧敏　吴翠红

在编人员：（按拼音首字母排序）

陈思航　陈思任　邓杰明　丁　玲　范加丽　方筱盈
冯　冰　冯　蕾　冯　莉　郭起云　贺资婧　洪　骏
侯　梅　胡晨曦　黄　卉　黄　龑　贾　娜　李艳花
李一熹　刘　璐　柳　杨　卢白杨　吕满钊　潘京花
宋慧慧　宋　青　宋昀真　苏　艳　苏云玲　王嘉宁
王　蓉　温　戈　吴　玲　冼伟红　颜紫琦　云登嘉措
曾源茜子　招建平　周文绚　朱小燕　宗何婵瑞

后　记

本书是在广州图书馆领导的大力支持和鼎力帮助下完成的。感谢馆领导多年来对少儿服务工作的把舵定向，感谢你们对儿童与青少年部业务发展及人才队伍建设的关注与支持。本书从内容定向、题目选定到框架处理，从内容拟稿到全书统稿，整个编写过程都渗透着肖红凌老师、付跃安博士、蒋啸南博士、邵雪老师和聂勇浩副教授的谆谆教诲和悉心指导。

本书的实际编写时间不到半年，时间上的紧迫、任务上的繁重可想而知，衷心感谢广州图书馆研究发展部、办公室、技术部、中心图书馆办公室等部门领导给予的充分理解与无私帮助，编写工作才得以在预定的时间内顺利完成。

感谢广州图书馆陈超天、张伟、邓杰明、冯莉、胡晨曦、钟伟、陈思任、邱骋、黄卉、冯蕾、冼伟红、温戈、郭起云、方筱盈、招建平、陈思航、宋青、宋昀真、范加丽、王嘉宁等同事在编写过程中所付出的努力与汗水，这项工作铸就了珍贵的团队情谊，让我们在忙碌交织的工作里同舟共济。大家一起分工合作，一起加班加油。在本书完稿以后，冯莉、胡晨曦和钟伟共同完成了书稿的整合与审校工作，即使开头有着万般困难，结局仍然在大家的共同努力下变得圆满。感谢十年来为广州图书馆少儿服务发展贡献了力量和汗水的全体同事，同事间通力合作之谊让我们收获了很多，拥有了更加快乐的工作体验，以及更多共同研究、共同交流、共同学习、共同进步、共同成长的点点滴滴。

十年里的每一个脚步，都铿锵坚实，与此同时，一路上遍布了热心读者同行的声音。衷心感谢广州图书馆的多个热心读者家庭共同为本书贡献了属于他们的、最为独特的“我与广州图书馆的故事”。感谢王舒啸（哥哥）、谢炫亨（弟弟）小读者家庭，特别是两个孩子的妈妈王婳莎女士，感谢她始终支持着广州图书馆少儿服务工作，多年来不辞辛劳，几乎每周末都带着哥哥、弟弟和他们的爸爸一同到广州图书馆，共度无数亲子阅读时光。多年来，哥哥和弟弟先后获得了广州图书馆 2017 年至 2021 年阅读攀登计划年度“小状元”、2018 年和 2021 年广州市公共图书馆年度好读者、2018 年最美亲子阅读家庭、广州图书馆 40 年好读者之星等极具影响力的奖项，为无数小读者树立了标杆。2019 年，马子桓小朋友刚开始参加阅读攀登计划时只有 2 岁，便一举成为婴幼儿“小状元”，多年来，马子桓一直积极参与广州图书馆的各项少儿阅读推广项目，收获了不少殊荣，成为少儿阅读积极分子。另外，衷心感谢泰阳、沈欣霖、湾湾、暖暖和惜惜等多位小读者及其家庭，没有他们的支持，我们就没有今天的成果。

十年来，精彩纷呈的各类阅读活动早已举办过万场，各个美妙的活动瞬间犹如夜空中闪闪发光的星星，照亮了广大少年儿童的阅读之径，也照亮了“广图少儿人”的发展之路，更有部分光源来自我们的各位“好伙伴”，感谢他们贡献了自己的专业与爱心，用阅读的魅力托举广州图书馆少儿服务 10 年的成长。特别感谢广东省南方阅读公益基金会、蒲蒲兰绘本馆、广州市微笑公益服务中心、耐读文化空间、深圳市爱阅公益基金会等“好伙伴”，为广州图书馆亲子阅读系列活动输送了丰富的“专业养分”；感谢广东省美术家协会、广东省少儿美育艺术研究院、广州美术学院、广州市少年宫等合作伙伴，以艺术创作的方式启发少年儿童勇于表达、创作自己喜爱的故事，让阅读变得更有趣、更生动、更好玩，也因此诞生了“图书馆，让童年更美好”——少年儿童绘本创作交流活动、“漫绘阅读”——青少年艺术素养提升计划等一个个耳熟能详的项目品牌；感谢广州市科学技术普及中心、中国太平洋学会珊瑚礁分会、华南理工大学建筑学院志愿服务队等合作伙伴，常年协助广州图书馆开展多元化的科普阅读活动，持续大力地推广普及科学知识。

感谢国家图书馆出版社的编辑们严谨、专业的编审工作，让广州图书馆十年的少儿阅读服务创新发展得以更充分地展现，让图书馆业界、学界以及更多社会公众看到广州图书馆少儿服务发展的成果。

最后，我们要向本专著所参考和征引的文献资料的作者致以深深的谢意。由于研究者水平有限，疏漏之处在所难免，敬请读者不吝赐教。

本书编写组

2023 年 8 月